edition suhrkamp 2591

China Ende der fünfziger Jahre: Maos »Großer Sprung nach vorn« endet in der größten Hungerkatastrophe der Geschichte. Überall im Land werden die alten Eliten massenhaft als »Rechtsabweichler« in Umerziehungslagern interniert, so auch in dem abgelegenen Ort Jiabiangou. Bis in die neunziger Jahre blieb das Massensterben, das sich dort abspielte, politisches Tabu. Dann begann Yang Xianhui, nach Überlebenden zu suchen und ihnen in feinfühligen Protokollen Stimme und Gesicht zu geben. Das Buch, das dabei entstand, ist eine Sensation: Erstmals sprechen die Opfer selbst, berichten über die alltäglichen verlorenen und gewonnenen Kämpfe um ihre Menschlichkeit.

Yang Xianhui, geboren 1946, stammt aus der Gegend bei Jiabiangou und lebt heute in Tianjin. Stießen seine Recherchen zunächst noch auf starke politische Widerstände, erhielt er für seine Erinnerungsarbeit mittlerweile zahlreiche Preise und Auszeichnungen.

Yang Xianhui
Die Rechtsabweichler von Jiabiangou

Berichte aus
einem Umerziehungslager

Aus dem Chinesischen
von Katrin Buchta

Suhrkamp

Eine umfangreichere Ausgabe von 19 Erzählberichten
mit dem Titel *Gaobie Jiabiangou* 告别夹边沟 erschien im Jahr 2003
im Verlag Shanghai Wenyi Chubanshe 上海文艺出版社, Shanghai.

edition suhrkamp 2591
Erste Auflage 2009

Deutsche Erstausgabe

Satz: Hümmer GmbH, Waldbüttelbrunn
Druck: Druckhaus Nomos, Sinzheim
Umschlag gestaltet nach einem Konzept
von Willy Fleckhaus: Rolf Staudt
Printed in Germany
ISBN 978-3-518-12591-5

1 2 3 4 5 6 – 14 13 12 11 10 09

Die Rechtsabweichler von Jiabiangou

Erinnerung an eine vergessene Epoche

Vorwort der amerikanischen Ausgabe

Jiabiangou – das ist der Name eines Arbeitslagers, eines chinesischen Gulag, versteckt in der Wüste der nordwestlichen Provinz Gansu. Vor fünfzig Jahren (1957-1960) wurden etwa dreitausend Intellektuelle und ehemalige Regierungsbeamte der Region in Militärlastwagen an diesen abgelegenen Ort deportiert. Dort sollten sie sich einer »Umerziehung durch Arbeit« unterziehen, wie es in den Worten der Kommunistischen Partei hieß. Man bezeichnete sie als »Rechtsabweichler«; einige, weil sie abweichende Meinungen über die sozialistische Politik des Vorsitzenden Mao Zedong geäußert oder Parteifunktionäre brüskiert hatten, andere, nur weil sie in Familien aufgewachsen waren, die zur »Ausbeuterklasse«, den »Grundbesitzern« und »Kapitalisten«, gehörten.

Die großangelegte Verfolgung in Gansu war Teil einer landesweiten »Kampagne gegen Rechtsabweichler«, die Mao Zedong gegen seine Kritiker initiiert hatte. Er war der Auffassung, daß sie Chinas sozialistisches System sabotiert und sich zu weit nach »rechts« bewegt hatten. Sie sollten daher die harte Arbeit der Kleinbauern am eigenen Leib spüren und auf diese Weise diszipliniert werden. Maos Kampagne zerstörte dabei den beruflichen Werdegang und das Leben von mehr als 500 000 Chinesen, die einst zur intellektuellen und politischen Elite des Landes gezählt hatten.

In den Jahren zwischen 1957 und 1960 mußten sich die Rechtsabweichler in Jiabiangou unter der Aufsicht von Gefängniswärtern schinden. Unter den rauhen Bedingungen in der Wüste verrichteten sie Feldarbeit, züchteten Pferde und Schafe. An den Abenden studierten sie die Schriften des Vorsitzenden Mao und schrieben »Selbstkritiken« oder »Geständnisse«. Um Jiabiangou gab es nur ausgetrocknete Salzseen und Wüstensteppe, weshalb die Feldfrüchte nur in kleinen Oasen gedeihen konnten. Das Lager war ursprünglich als Strafanstalt für vierzig bis fünfzig verurteilte Verbrecher gebaut worden und konnte so unmöglich die mehr als dreitausend Neuzugänge versorgen. Die Regierung verweigerte jedoch jede Unterstützung mit Lebensmitteln. Die Rechtsabweichler kämpften deshalb von Anfang an ums Überleben.

Im Herbst 1960 wurde die Versorgungslage noch kritischer, und eine große Zahl von Hungertoden war zu verzeichnen. Die Insassen durchkämmten das Grasland um das Lager nach Eßbarem. Mit Blättern, Rinden, Würmern, Ratten, ja sogar dem Fleisch der toten Mitinsassen stillten sie ihren Hunger. Hunderte Tote lagen verstreut in den Sanddünen, weil die Inhaftierten zu ausgezehrt waren, um ihre verstorbenen Mitgefangenen noch zu begraben.

Als ranghohe Parteifunktionäre in Peking auf die elende Situation in Jiabiangou aufmerksam wurden, entsandte die Zentralregierung im Dezember 1960 schließlich eine Arbeitsgruppe zur Untersuchung der Verhältnisse. Diese kam zu dem Ergebnis, daß die Regierung der Provinz Gansu mit der Säuberungsaktion zu weit gegangen war. Die Staats- und Parteiführung erließ daraufhin eine Amnestie für die Lagerinsassen. Zu Beginn des Jahres 1961, als die Rechtsabweichler abgeholt werden sollten, waren aber nur noch 500 Menschen am Leben.

Der Parteisekretär der Provinz Gansu wurde seines Amtes enthoben, da ihm die übereifrige Verfolgung und die unmenschlichen Tode von Tausenden Rechtsabweichlern in Jiabiangou und anderen Arbeitslagern zur Last gelegt wurden. Trotzdem gelangte die Tragödie nie an die Öffentlichkeit. Die Funktionäre der Provinz Gansu hielten alle Dokumente unter Verschluß und vertuschten die Vorgänge systematisch. Nach der Anordnung der Zentralregierung im Oktober 1961, das berüchtigte Arbeitslager zu schließen, beauftragten die Provinzbehörden einen Arzt, die Krankenakten aller Opfer von Jiabiangou umzuschreiben. Sechs Monate verbrachte er damit, die Dokumente zu fälschen. In Briefen an die Angehörigen der Opfer führte die Regierung die Todesfälle auf verschiedenste fingierte Krankheiten zurück. Nirgendwo wurde das Wort »Hungersnot« erwähnt. Das führte dazu, daß die tragischen Details von Jiabiangou viele Jahre ein Geheimnis blieben.

Der Schriftsteller Yang Xianhui wurde in der Provinz Gansu geboren. Im Jahr 1965, als er in einem militärisch organisierten landwirtschaftlichen Kollektivbetrieb in der Wüste Gobi arbeitete, stieß er zum ersten Mal auf den Namen Jiabiangou. Damals war er 19 Jahre alt. Er hatte die Oberstufe der Mittelschule absolviert und war glühender Anhänger der Revolution. Wie Hunderte idealistische Jugendliche hatte er das angenehme Stadtleben aufgegeben und sich aufgemacht, die »Natur zu bezwingen« und »Chinas rückständigen Nordwesten« voranzubringen. Gemeinsam pflanzten sie Bäume, bestellten das Land und bauten Bewässerungssysteme in der Wüste. Yang Xianhui gab sich ganz der Sache der Revolution hin. Bei der Arbeit lernte er jedoch ehemalige Rechtsabweichler kennen, denen nach der Verbüßung ihrer Strafe eine Arbeit im Landwirtschaftsbetrieb zugeteilt worden war. Ganz beiläufig erwähnte einer von ihnen in einem Gespräch die tragischen Todesfälle von Jiabiangou, aber Yang Xianhuis

Nachfrage ließ ihn abrupt verstummen. Auch wenn das Gespräch nur kurz war, so war Yangs Neugier nun aber doch geweckt. Es schockierte ihn, daß die Kommunistische Partei derartige Grausamkeiten am eigenen Volk verübt haben sollte. Er wollte mehr erfahren. Da jedoch die Kulturrevolution gerade im Land tobte, hätten Versuche, etwas über Jiabiangou herauszufinden, als regierungsfeindlich ausgelegt werden können. So mußte Yang zunächst Vorsicht walten lassen.

Der Name Jiabiangou blieb ihm aber im Gedächtnis. Er verbrachte insgesamt 16 Jahre in dem Kollektivbetrieb, von 1965 bis 1981, anfangs als Arbeiter, später als Verkäufer im betriebseigenen Warenhaus, dann als Buchhalter und schließlich als Lehrer in der Schule für die Kinder der Angestellten. In seiner Freizeit schrieb er Geschichten über seine Pionierarbeit im entlegenen Nordwesten.

Ab Mitte der 1970er Jahre vollzogen sich dramatische Veränderungen in China: Mao Zedong war 1976 gestorben. Sein Nachfolger Deng Xiaoping beendete dessen radikale Politik und brachte China auf den Weg zu politischen und wirtschaftlichen Reformen. Ende der siebziger Jahre räumte schließlich die Partei Exzesse bei der Kampagne gegen die Rechtsabweichler ein. Die meisten Urteile wurden aufgehoben und die Freilassung der Beschuldigten verfügt. Dennoch gab es nie eine offizielle Entschuldigung oder Erklärung von seiten der Regierung, ganz zu schweigen von einer Entschädigung für die Opfer. Die Parteiführung hatte nicht die Absicht, sich noch einmal mit der Angelegenheit zu befassen und die Verantwortung für die Tragödie zu übernehmen. Was in Jiabiangou geschehen war, blieb ein Tabu.

Im Jahr 1988 wurde Yang Xianhui schließlich Berufsschriftsteller. Er zog in die Hafenstadt Tianjin und schrieb eine Reihe von Erzählungen über Freiwillige in den ländlichen Gebieten im Nordwesten Chinas während der Mao-Ära. Allerdings wurde im Laufe der Zeit sein Wunsch immer stärker, etwas über Jiabiangou zu erfahren.

Im Jahr 1997, anläßlich des 40. Jahrestages der Rechtsabweichler-Kampagne von Mao Zedong, begann Xianhui offiziell mit der Arbeit an seinem Vorhaben. Ermutigt durch die mittlerweile geringere politische Kontrolle, reiste er zurück in die Wüste Gobi. Dort nahm er Kontakt mit der Provinzregierung auf und ersuchte um Zugang zu den offiziellen Archiven. Wie erwartet, blieben seine Anfragen jedoch unbeantwortet, und niemand wollte mit ihm sprechen. Er aber ließ sich dadurch nicht entmutigen und beschloß, stattdessen die ›lebenden Archive‹ zu finden – die Überlebenden selbst.

Um ein Gefühl dafür zu bekommen, was die Rechtsabweichler in Jiabiangou erlitten hatten, besuchte er zunächst den Ort des Geschehens. Außer einigen eingefallenen Mauern war jedoch nichts mehr von dem Lager übrig. Bauern erzählten ihm, daß viele Jahre lang Unmengen von menschlichen Knochen frei umhergelegen hatten. Im Jahr 1987, nachdem sie eine Beschwerde eingereicht hatten, hatte die Regierung schließlich eine Gruppe nach Jiabiangou entsandt, um die sterblichen Überreste der Rechtsabweichler zu beerdigen.

Nachdem Yang Xianhui Jiabiangou verlassen hatte, reiste er durch die gesamte Provinz Gansu, um Überlebende ausfindig zu machen. In den folgenden drei Jahren interviewte er etwa hundert ehemalige Rechtsabweichler und ihre Familien. Manche zögerten, ihm etwas zu erzählen, aus Furcht vor weiteren Repressalien. Von sehr vielen konnte er jedoch das Vertrauen gewinnen. Sie ließen ihn an ihren Lebensgeschichten teilhaben. Yang sagte, er sei oft so ergriffen gewesen, daß er die Interviews unterbrechen mußte. Er ging dann hinaus, um durchzuatmen und wieder Fassung zu gewinnen.

Nach seiner Rückkehr nach Tianjin machte Yang aus den Interviews eine Serie von Erzählungen. Die erste mit dem Titel »Die Frau aus Shanghai« wurde im Jahr 2000 von der einflußreichen Literaturzeitschrift »Shanghai Literature« abgedruckt. Erzählt wird die Geschichte einer Frau, die den langen Weg von Shanghai nach Jiabiangou auf sich nimmt, um ihren Mann zu besuchen, nur um dort zu erfahren, daß er bereits verhungert ist. Ein Mitinsasse ersinnt allerlei, um sie davon abzuhalten, den Leichnam zu sehen, bis dem Leser allmählich der dramatische Grund für diese Täuschungsmanöver bewußt wird. Die Leser waren von der drastischen Pointe der Erzählung schockiert.

Bestärkt durch das große Interesse, veröffentlichte »Shanghai Literature« im selben Jahr 13 weitere Texte. Im Jahr 2002 wählte der Guji-Verlag Tianjin acht davon aus und gab sie zusammen mit einigen anderen Erzählungen unter dem Titel *Geschichten aus Jiabiangou* heraus. Yang fügte währenddessen der Jiabiangou-Serie immer weitere Erzählungen hinzu. Im Jahr 2003 verlegte der Shanghaier Kunst- und Literaturverlag alle Texte in einem Band unter dem Titel *Abschied von Jiabiangou*. Das Buch enthält 19 Geschichten, Gespräche und Berichte*. In einfacher Sprache und in schnörkellosem Erzählstil dokumentiert es den alltäglichen Überlebenskampf der Rechtsabweichler im Arbeitslager. Alle Geschichten machen in erschütternder Ehrlichkeit deutlich, wie entmenschlicht das Leben in Jiabiangou war.

In den letzten dreißig Jahren erschienen in China und im Ausland eine Reihe von Autobiographien über das Leben in

* Die vorliegende Auswahl bringt, wie die amerikanische auch, eine Auswahl dieser Texte.

den Umerziehungslagern, aber Yang Xianhui legt nun erstmals eine Sammlung persönlicher Erinnerungen von Opfern aus allen Gesellschaftsschichten vor. Auf diese Weise ist es ihm gelungen, das Wissen über dieses vergessene Kapitel in Chinas Geschichte einer breiten Öffentlichkeit zugänglich zu machen.

Laut dem unabhängigen chinesischen Kritiker Yu Jie, der Jiabiangou mit dem sowjetrussischen Gulag verglich, hat die chinesische Regierung in den letzten Jahrzehnten eine systematische Vertuschung betrieben und die historischen Materialien verfälscht oder vernichtet. Wie konnte dennoch in einer derart kontrollierten politischen Umgebung dieser »Archipel Gulag« plötzlich Gestalt annehmen?

Yang Xianhui bediente sich des Genres der dokumentarischen Literatur, das in den achtziger Jahren in China entstanden war: Um die journalistische Natur ihrer Arbeiten zu verbergen, fügten viele chinesische Autoren ihren Texten fiktionale Elemente hinzu. So erfüllten sie, in den Worten Yu Jies, »die Mission, auf kleinem Raum die Erinnerungen zu verteidigen und zu schützen.« Mit diesem Drahtseilakt, den sie zwischen Fiktion und Sachliteratur vollbringen, ist es einigen Autoren gelungen, die staatliche Zensur zu umgehen. Yu Jie schreibt: »Im Westen, wo Pressefreiheit Tradition hat, ist das nahezu unvorstellbar: Literatur ist Literatur, Information ist Information. Beides ist klar abgegrenzt. Chinesische Autoren kennen durchaus den Unterschied zwischen Fiktion und Sachliteratur. Aber die schwierige Situation im realen Leben zwingt sie dazu, aus strategischen Überlegungen absichtlich die Grenzen zu verwischen.«

Im Falle von Yang Xianhui gingen die Verlage noch einen Schritt weiter, um der Allmacht des Propagandaministeriums zu entgehen. Sie veröffentlichten Yangs Erzählungen im Segment »fiktionale Literatur«, obwohl sie sich der journalistischen Natur der Texte bewußt waren – viele Beschreibungen basieren auf wahren Begebenheiten, und einige Erzählungen geben wörtlich die Interviews wieder, die Yang Xianhui mit den Opfern geführt hat.

Yang Xianhuis Buch wurde aber auch als »Fiktion« sofort ein großer Erfolg, vor allem in der Provinz Gansu, wo sich die Tragödie ereignet hatte. Viele Überlebende, die jahrelang geschwiegen hatten, meldeten sich bei Yang, um ihm ihre Erinnerungen zu schildern. Einer von ihnen war noch ein Kind, als sein Vater in Jiabiangou starb. Jahrelang ließen ihn die Behörden in dem Glauben, sein Vater sei an einer Krankheit gestorben. Yangs Buch stellte seine Familiengeschichte nun aber in ein völlig anderes Licht. Yang Xianhui hofft, daß es auf diese Weise vielleicht noch mehr jüngere Leser erreichen und informieren kann. Seit ihrer Veröffentlichung haben Yangs Texte eine Reihe nationaler Preise gewonnen, darunter im Jahr 2003 den Preis »Beste Kurzgeschichte« von der Chinesischen Vereinigung für Kurzgeschichtenautoren.

2005 machten mich Freunde per E-Mail mit Yang Xianhui bekannt. In den folgenden drei Jahren arbeiteten wir am Telefon und über E-Mail daran, das Buch auch westlichen Lesern zugänglich zu machen. Auf den Vorschlag von Zeitschriftenredakteuren und US-amerikanischen Chinaexperten haben wir Hintergrundinformationen hinzugefügt, um die Erzählungen in den politischen Kontext einzuordnen. Außerdem haben wir einige Stellen gekürzt und einige Beschreibungen umgeordnet. Die englischsprachige Ausgabe mit dem Titel *The Woman from Shanghai* enthält zwölf Geschichten aus der Originalausgabe *Abschied von Jiabiangou*. 2007 habe ich für das Buch das »PEN-Übersetzerstipendium« erhalten.

Yang Xianhui meinte vor kurzem in einem Vortrag über *Abschied von Jiabiangou*: »Heutzutage wissen nur wenige Menschen etwas über diesen Teil der Geschichte. Viele der Überlebenden sind inzwischen entweder verstorben oder schweigen. Die Täter vertuschen das Geschehen weiter. Ich möchte, daß die Menschen die Wahrheit erfahren und den Schmerz derer nachfühlen, die ihn erlebt haben. Deshalb habe ich mich so sehr darum bemüht, dieses dunkle Kapitel ans Licht zu bringen und die Öffentlichkeit an den Lebensgeschichten teilhaben zu lassen, die ich entdeckt habe. Ich hoffe, daß sich so eine Tragödie nie wiederholen wird. Noch wichtiger aber war es mir, mit meinem Buch für die, die in der entlegenen Wüste begraben liegen, dieses Kapitel in ihrem Leben zu einem Abschluß zu bringen.«

Chicago 2008 Huang Wen

Ankunft in Jiabiangou

Erst Anfang Juli war Qi Yuequan, der Sekretär des Kreisjugendverbandes Jinta, zusammen mit drei Mitgliedern des Kreisparteikomitees zum Landwirtschaftskollektiv Tiancang in der Wüste Badain Jaran gekommen. Doch Anfang August 1957 erhielt er plötzlich eine Mitteilung vom Kreisparteikomitee: Er solle unverzüglich zu einer Sitzung in seinen Heimatkreis zurückkehren, mitsamt seinem Gepäck. Qi Yuequan war überrascht, daß er zu dieser Jahreszeit nach Hause gerufen wurde. Er war zum zweiten Mal in Tiancang. Seit Beginn der Kollektivierungsbewegung im Jahr zuvor schickte die Kreisregierung vor der Sommerernte Arbeitsgruppen in die Dörfer, um zu kontrollieren, ob alles reibungslos verlief. Sie überwachten, ob die staatliche Abgabequote eingehalten wurde und der zentrale Getreideankauf funktionierte. Die Arbeitsgruppen blieben normalerweise bis September oder Oktober in den Dörfern, bis das Dreschen und Mahlen des Getreides abgeschlossen war.

Als er schließlich zurückgekehrt war, erfuhr Qi auch den Grund: Die Hundert-Blumen-Bewegung hatte begonnen, bei der Intellektuelle zur Kritik an der Partei aufgerufen wurden.

Qi Yuequan las gern und war stets gut informiert. Er wußte, daß diese Kampagne in Städten wie Peking und Shanghai bereits in vollem Gang war. In der *Volkszeitung*, dem Organ der Kommunistischen Partei, wurden bereits viele kritische Äußerungen abgedruckt. In einem Leitartikel hieß es aber auch, daß einige die »Kampagne zur Verbesserung des Arbeitsstils« dazu mißbrauchten, die Partei selbst anzugreifen. Dagegen ging sie vehement vor.

Die Versammlung, die den Auftakt der Hundert-Blumen-Bewegung im Kreis Jinta markierte, fand im neugebauten Baoshui-Auditorium statt. Alle Kader, Lehrer und Kunstschaffenden des Kreises nahmen daran teil. Der Kreisparteisekretär Lu Weigong hielt eine Eröffnungsrede, danach wurde in Gruppen getagt. Dort konnten alle Teilnehmer ihre Meinung äußern und die Partei kritisieren.

Qi Yuequan stammte aus dem Kreis Dunhuang in der Provinz Gansu. Im Herbst 1949 besuchte er die Abschlußklasse der Oberstufe einer Mittelschule im Kreis Jiuquan. Nachdem dieser Ort von den Kommunisten eingenommen worden war, meldete er sich unverzüglich zur Aufnahme in die Armee. Er war voller Ideale und Begeisterung für das neue China. Da man Leitungskräfte in der Verwaltung benötigte, wurde Qi Yuequan drei Monate zur Ausbildung in die neugegründete Kaderschule der Region geschickt. Danach wurde ihm eine Stelle als Jugendsekretär im Kreis Linze übertragen. Zu Beginn des Jahres 1952 wurde Qi Yuequan schließlich Sekretär des Jugendverbandes der Landgemeinde Shahe. Er absolvierte eine mehrmonatige Ausbildung an der Jugendkaderschule und wurde im selben Jahr als Abteilungsleiter der Kreisjugendorganisation in die Kommunistische Partei aufgenommen.

Qi Yuequan war ein großer und stattlicher junger Mann, der sehr fleißig lernte. Er las jeden Tag, er liebte Literatur und studierte diszipliniert die Theorien des Marxismus-Leninismus. Innerhalb weniger Jahre hatte er sich ein sehr großes theoretisches Wissen angeeignet. Aufgrund seines Lebensweges sah er sich selbst als ein Kind der Partei, als einen Revolutionär von Natur aus. Deshalb wollte ihm auch einfach nichts in den Sinn kommen, wofür er die Partei hätte kritisieren können.

Bei der Versammlung bildeten die Kader des Kreisjugendverbandes und aus dem Kultur- und Bildungswesen mit zweihundert Teilnehmern die größte Gruppe. Dennoch blieben sie alle still und teilnahmslos, zwei Tage lang äußerte niemand irgendeine Kritik. Am dritten Tag nahm Kreisparteisekretär Lu persönlich an der Versammlung teil. Er betonte die Bedeutung der Kampagne und forderte alle zu kritischen Meinungsäußerungen auf. Außerdem meinte er, wenn Parteimitglieder keine Kritik äußerten, stelle das ihre Loyalität zur Partei in Frage, und bei Nicht-Parteimitgliedern sei es ein Ausdruck von mangelndem Patriotismus.

Lu Weigong stammte aus dem Kreis Qinyang, einer alten Revolutionsbasis. Er wuchs in einer begüterten Gelehrtenfamilie auf, schloß sich aber früh der Kommunistischen Partei an. Er war Rektor und Mitbegründer der Longdong-Mittelschule, die viele Revolutionäre hervorbrachte. Während des Bürgerkrieges zwischen Kommunisten und Nationalisten war er Parteisekretär des Kreises Qinyang. Nach der Befreiung wurde er Bevollmächtigter der Region Dingxi in der Provinz Gansu und stellvertretender Leiter des Provinzverkehrsministeriums. Danach wurde er als Generalsekretär in das Provinzparteikomitee versetzt und im September 1956 zur Ausbildung an die Basis geschickt, wo er zusammen mit Qin Gaoyang das Amt des Parteisekretärs des Kreises Jinta bekleidete. Qin Gaoyang wiederum stammte aus dem Norden der Provinz Shaanxi und war auch ein Revolutionär der ersten Stunde. Er war von übergeordneter Stelle in seinem Amt belassen worden, weshalb es nun im Kreis Jinta zwei Parteisekretäre gab, die zusammen die Kreisparteiorganisation führten.

Qi Yuequan verehrte Parteisekretär Lu sehr, weil er gebildet, fähig und sprachgewandt war. Lu Weigong ließ seine Reden nicht von einem Sekretär verfassen. Er machte selbst die Konzeption und präsentierte seine Beiträge dann frei, gut durchdacht und logisch aufgebaut. Er war bescheiden, freundlich und zuverlässig. Nachdem er nach Jinta gekommen war, mischte er sich unter die einfachen Leute, um von ihren Problemen zu erfahren. Er distanzierte sich vom radikalen Vorgehen der ehemaligen Kreisparteileitung und milderte einige Beschlüsse ab. So konnte er die Unterstützung der Bauern und Funktionäre gewinnen. Er war es auch, der für den Bau eines großen Auditoriums eingetreten war, weil es keinen Ort für Massenversammlungen gab. Er schlug vor, das neue Gebäude »Baoshui-Auditorium« zu nennen, weil Wasser (shui) im Kreis Jinta am kostbarsten (bao) war, sein Lebenselixier gewissermaßen.

Lu Weigong seinerseits respektierte Qi Yuequan sehr. Diesem war zu Beginn des Jahres vom Kreisparteikomitee die Aufgabe übertragen worden, den Bericht über die sozialistische Restrukturierung von Landwirtschaft, Industrie und Handel sowie die Transformation der sozialistischen Ideologie zu verfassen. Da Qi mit seiner Arbeit sehr beschäftigt war, schob er den Bericht immer wieder auf. Erst kurz vor der Überprüfung durch das Kreisparteikomitee schrieb er in einer Nacht 32 Manuskriptseiten in einem Schwung. Am Morgen des nächsten Tages verlas er seinen Text vor der erweiterten Versammlung des Komitees. Lu Weigong war voll des Lobes, und Parteisekretär Qin Gaoyang war damit einverstanden, Qis Überlegungen ohne Änderungen einzureichen. Der Arbeitsbericht der Propagandaabteilung und der über die Studentenarbeit hingegen wurden von der Versammlung nicht angenommen. Als Parteisekretär Qin von der Parteiversammlung auf regionaler Ebene zurückkam, schüttelte er Qi die Hand und sagte, daß das Parteikomitee seinen Bericht positiv hervorgehoben habe.

Qi Yuequan war auch verantwortlich für die ideologische Schulung im Kreis. Er hielt oft Vorträge zum Studium der marxistisch-leninistischen Theorie. Lu Weigong hörte sich eine Rede an und meinte daraufhin: »Qi Yuequan hat wirklich etwas auf dem Kasten. Er kann nicht nur Berichte verfassen, sondern die Theorie auch mündlich gut darlegen. Er hat ein sehr hohes Niveau. Ich denke, keiner der Kader in Jinta übertrifft ihn hinsichtlich seiner theoretischen Kompetenz.« So trat Lu Weigong dann auch auf einer Sitzung des Ständigen Ausschusses des Parteikomitees dafür ein, an übergeordneter Stelle vorzuschlagen, Qi Yuequan als stellvertretenden Kreisvorsteher einzusetzen. Zwei Monate zuvor hatte jemand vom Kreisparteikomitee Qi bereits im Vertrauen mitgeteilt, daß er dieses Amt erhalten würde, wenn alles nach Plan verliefe. Parteisekretär Lu wollte die Entscheidung bekanntgeben, sobald die »Kampagne zur Kritik am Arbeitsstil der Partei« beendet war.

Genau aus diesem Grund beschloß Qi Yuequan, als Lu Weigong am zweiten Tag auf der Versammlung der Gruppe des Kultur- und Bildungswesens sprach, auf Lus Appell zu reagieren, und ergriff als erster das Wort. »Ich möchte heute Parteisekretär Qin einige Vorschläge unterbreiten. Erstens: Als Kreisparteisekretär, als höchster Vertreter der Partei in Jinta, sollte er auf seinen Lebensstil achten und sein Verhalten überprüfen. Unter den einfachen Leuten kursiert derzeit folgender Spruch: Wenn Parteisekretär Qin in die Dörfer kommt, müssen alle Frauen dran glauben. Gibst du ihm eine verheiratete Frau, will er auch noch ein junges Mädchen. Eine andere Version lautet: Wenn Parteisekretär Qin in die

Dörfer kommt, folgen ihm immer zwei Frauen. Dieser zweite Vers soll bedeuten, daß es ihm nicht reicht, sich mit einer Frau zu amüsieren, nein, es müssen zwei sein.«

Qi Yuequan sprach in sehr würdevollem Ton, aber im Versammlungssaal brach Gelächter aus. Qi wartete nicht, bis das Lachen verhallt war, sondern sprach mit ernster Stimme weiter. »Bitte nehmt das nicht auf die leichte Schulter. Warum mache ich diesen Vorschlag? Ich denke, daß es sich hier nicht nur um ein Problem im persönlichen Verhalten handelt. Parteisekretär Qin ist ein Mitglied der Kommunistischen Partei, die er in Jinta vertritt. Als er sich der revolutionären Sache anschloß, war es da nicht sein Ziel, die ›drei großen Feinde‹ – Imperialismus, Feudalismus und bürokratischer Kapitalismus – zu Fall zu bringen? Und sie sind gefallen, die Kommunistische Partei ist an der Macht. Wenn Qin als Vertreter der Partei nur in die Dörfer geht, um es mit einer Frau zu treiben, ja sogar mit zweien, wo ist da der Unterschied zu den Despoten im alten Regime? Ehrlich gesagt habe ich nie davon gehört, daß die Kreisvorsteher der nationalistischen Partei unter Chiang Kaishek, der Guomindang, es bei ihren Reisen in die Dörfer mit Frauen getrieben hätten. Als zweites möchte ich mich zum Problem der Unverhältnismäßigkeit des zentral gesteuerten Getreideankaufes äußern. Im ersten Halbjahr war ich im Dorf Shuangcheng. Viele Bauern sahen sehr schlecht aus. Als ich sie nach dem Grund fragte, sagten sie, daß im letzten Jahr die Quote des zentral gesteuerten Getreideankaufes zu hoch gewesen sei. Sie hatten nichts zu essen, und das von staatlicher Seite an sie zurückverkaufte Getreide reichte nicht aus. Also ernährten sie sich von allem, was wild wuchs. Ich hoffe, daß sich die Kreisparteileitung die Sorgen der Bauern zukünftig mehr zu Herzen nimmt und im nächsten Jahr eine vernünftige Quote aufstellt.«

Qi Yuequan nannte weiterhin sieben Kritikpunkte. Nach der Versammlung schrieb er sie alle auf eine Wandzeitung und hängte diese bei der Kreisregierung aus. Aber damit war es noch nicht genug, er war mit seiner Kritik nicht mehr aufzuhalten. Ein Kader, der im Kreisparteikomitee für die Sozialleistungen zuständig war, hatte Parteisekretär Qin jeden Monat einen Betrag aus dem Fonds für Hilfsmaßnahmen zukommen lassen. Als Gegenleistung beförderte Qin ihn zum stellvertretenden Leiter der »Abteilung Organisation«. Dieser Kader trug nun die Nase sehr hoch und gab Qin weiterhin jeden Monat einen symbolischen Geldbetrag. Qi Yuequan verfaßte eine Wandzeitung mit der Überschrift: »Ein Kader leitet Hilfsgelder um, um nach oben zu kommen.« Er schrieb außerdem unter dem Titel »Bäume pflanzen, aber sie nicht bewässern – im Frühjahr pflanzen, im Winter als Feuerholz verbrennen« eine Wandzeitung, in der er die fehlgeschlagenen Versuche des Kreises Jinta kritisierte, in der Wüste einen Windschutzstreifen anzulegen. Außerdem setzte er einen offenen Brief an das Kreisparteikomitee auf, den er Lu Weigong übergab. In diesem Schreiben machte er dem Kreisparteikomitee zehn Vorschläge. So empfahl er zum Beispiel, am Kampf gegen Sektierertum, Bürokratismus und Individualismus festzuhalten. Außerdem sollte die Arbeit des zentral gesteuerten Getreideankaufes verbessert werden, so daß der Staat mehr Getreide zur Verfügung hätte, aber auch die Bedürfnisse der Bauern Berücksichtigung fänden. Weiter schlug er vor, die ideologische Ausbildung der Parteimitglieder zu intensivieren, denn Revolution sei schließlich kein Spaziergang. Einige Mitglieder des Kreisparteikomitees waren nach Qis Meinung für die Arbeit im Bereich Politik und Recht nicht geeignet, sie sollten an anderer Stelle eingesetzt werden. Weiter riet er, die kollektive Führung des

Parteikomitees zu stärken, da es keine Autokratie geben dürfe.

Auch andere Kader folgten dem Beispiel von Qi Yuequan, äußerten nun ebenfalls Kritik an der Partei und schrieben Wandzeitungen. Die Hundert-Blumen-Bewegung war in vollem Gang. Aber nach etwa zwei Wochen ließ der Enthusiasmus von Qi und den anderen plötzlich nach. Sie bemerkten, daß nach jeder Versammlung die Aufzeichnungen eines Protokollanten, der eigens dafür abgestellt worden war, unter Verschluß gehalten wurden. Wollte ein Redner überprüfen, ob seine Worte richtig notiert worden waren, war ihm das nicht gestattet. Außerdem fiel ihnen auf, daß jeden Tag fremde Leute die Wandzeitungen abschrieben. Keiner wollte nun noch Kritik äußern, manche entfernten sogar ihre eigenen Anschläge.

Auch Qi Yuequan fand die Situation beunruhigend. Er hatte gehört, daß Qin Gaoyang es war, der die Leute geschickt hatte, die die Wandzeitungen abschrieben. An einem Nachmittag riß Qi alle seine Aushänge ab und verbrannte sie. Er war ängstlich und verunsichert, ihn beschlich eine dunkle Vorahnung. Daher ging er zum Büro von Parteisekretär Lu.

»Parteisekretär Lu, gib mir bitte den Brief zurück.«

»Ich habe den Brief an Parteisekretär Qin weitergegeben.«

Unwillkürlich erhob Qi seine Stimme. »Warum das denn? Wie kommst du dazu?«

»Was ist? War das nicht richtig? Es ist doch ein offener Brief an das Kreisparteikomitee.«

Qi hatte das Gefühl, daß er gerade ein wenig die Beherrschung verloren hatte, und schob schnell hinterher: »Na gut, mir soll es recht sein, wenn alles seinen geordneten Gang geht. Ich habe nur das Gefühl, daß irgend etwas nicht stimmt. Es wird etwas passieren.«

Qi hoffte, von Lu irgend etwas zu erfahren, aber dieser sagte nichts. Er blieb lediglich ruhig und korrekt, nicht mehr und nicht weniger.

Als Qi aus Lus Büro kam, hatte er Angst, ein kalter Schauer kroch ihm über den Rücken. Er verstand nicht, warum Parteisekretär Lu, der sonst so freundlich zu ihm war, sich heute so kühl verhalten hatte. Und warum sah er so besorgt aus?

Zwei Tage später suchte Qi Yuequan auch Parteisekretär Qin auf und sagte zu ihm: »Meine Eltern sind schon sehr alt. Damit ich mich um sie kümmern kann, möchte ich nach Dunhuang versetzt werden.« Qi Yuequan hatte eine Vorahnung und wollte sich daher aus der Schußlinie nehmen.

Parteisekretär Qin entgegnete jedoch frostig: »Wir sind mitten in einer Kampagne, du kannst nicht weg. Wenn du einen anderen Posten willst, können wir das vielleicht nach dem Ende der Kampagne besprechen.«

Qi Yuequan hatte sich im Geist für diesen Fall vorbereitet. »Ist nicht Abteilungsleiter Wen Keshuan auch versetzt worden? Warum soll es ausgerechnet bei mir nicht möglich sein?«

»Das ist etwas anderes.«

Qi war verdutzt. »Inwiefern sollte das denn etwas anderes sein?«

»Das fragst du noch?«

Qi wußte, daß die Situation nicht zu retten war, und sagte kühn: »Wenn es angeblich so klar ist, dann erkläre es mir doch.«

»Erklären? Gut, dann erkläre ich es dir. Qi Yuequan, wie alt bist du eigentlich?«

»24 Jahre.«

»Du kommst mir nicht wie ein 24jähriger vor. In deinen jungen Jahren hast du schon alles erreicht.«

Qi erstarrte.

»Du bist im Kreis Jinta auf dem Höhepunkt deiner Karriere angelangt«, fuhr Qin fort, »und jetzt fällst du mir in den Rücken. Ist dir klar, was das für dich bedeutet?«

Schon eine Woche nach diesem Gespräch begannen die Angriffe gegen die Rechtsabweichler.

Zwanzig Jahre danach, als Qi Yuequan rehabilitiert worden war, hatte man alle Dokumente aus der Anti-Rechts-Kampagne vernichtet. Ein Politkader fragte Qi Yuequan: »Lao Qi, damals, als ihr eure Kritik äußern solltet, standen in der *Volkszeitung* bereits Artikel wie ›Die kapitalistische Orientierung der Zeitung Wenhuibao muß kritisiert werden‹, verfaßt vom Vorsitzenden Mao persönlich, und in den Städten hatte die Anti-Rechts-Kampagne bereits begonnen. Warum habt ihr dennoch den Mund aufgemacht? Was haben Sie sich damals eigentlich dabei gedacht?«

»Es stimmt. Diese Artikel standen in der *Volkszeitung*. In Peking und Shanghai ging man bereits gegen Rechtsabweichler vor. Ich habe damals jeden Tag Zeitung gelesen. Ich wußte, was passierte, aber ich dachte, es geht gegen die Großen, das hat mit uns kleinen Lichtern nichts zu tun. Außerdem hatte ich Lu Weigong vertraut. Ich war mir sicher, daß so ein respektabler Mensch niemanden betrügen würde. Ich hätte nie gedacht, daß er uns überreden würde, uns zu äußern, und dann die Tür zuschlagen und uns wie Hunde verprügeln lassen würde.«

Kaum war die Anti-Rechts-Kampagne losgebrochen, begann sie auch schon richtig zu wüten. Das Gebäude der Kreisregierung war übersät mit Wandzeitungen, die Qi Yuequan »entlarvten« und kritisierten. Alle seine Äußerungen seien bösartige Angriffe gegen die Kommunistische Partei, seine zehn Vorschläge seien zehn Giftpfeile, die er auf sie abgeschossen habe. Alle paar Tage wurden neue Anschläge angebracht. Aber Qi Yuequan gestand nicht ein, parteifeindlich zu sein. Deshalb gab es sogenannte »Debatten«, die nichts anderes als öffentliche Kritiksitzungen waren. Doch Qi blieb standhaft und gab keinerlei Schuld zu. Die Sitzungen zogen sich über einen langen Zeitraum hin. Es gab welche, die von der Abteilung Kultur- und Bildungswesen abgehalten wurden, an anderen nahmen alle Kader des Kreises teil, und dann gab es Sitzungen, die in kleinen Gruppen veranstaltet wurden. Sie dauerten jeden Tag acht, manchmal auch zwölf Stunden, fanden tagsüber und auch in der Nacht statt. Reihum wurde Qi kritisiert und angegriffen.

Eines Tages, als sie wieder einmal eine solche Veranstaltung abhielten, führte der stellvertretende Leiter der Abteilung Organisation den Vorsitz. Die Diskussion wurde mit den Worten eröffnet: »Heute führen wir eine Debatte mit dem Rechtsabweichler Qi Yuequan.« Qin Gaoyang nahm ebenfalls teil. Doch Qi Yuequan gab auch an diesem Abend nicht klein bei und räumte nicht ein, daß er eine parteifeindliche Haltung habe. Was immer man ihm auch vorwarf, Qi bestritt es. Er verfügte schließlich über sehr gute theoretische Kenntnisse und konnte sich ausdrücken. Niemand konnte ihn mit Worten in die Enge treiben. Deshalb wurde er jedesmal, wenn er sprach, von jemandem gestoßen oder mit Fäusten in die Rippen geschlagen.

Normalerweise ließ Qi dies einfach über sich ergehen. Aber an jenem Tag nahmen hochrangige Funktionäre an der Kritiksitzung teil, was er für verabscheuenswert hielt. Er schrie: »Parteisekretär Qin, was ist das für eine Debatte. Es wird gestoßen und geschlagen, wie soll ich da sprechen?«

»Laßt ihn in Ruhe sprechen.«

Als er endlich zu Wort kam, sagte Qi: »Ich habe Parteisekretär Qin kritisiert. Es war eine Kritik an ihm persönlich und kein Angriff auf die Partei. Welcher meiner zehn Vorschläge an das Kreisparteikomitee war unangebracht?« Qi erläuterte alle zehn Vorschläge, einen nach dem anderen. Er verwies auf die Tatsachen und trug die Ansichten von Marx, Engels, Lenin und Mao Zedong zu allen Fragen vor. Seine Äußerungen waren fundiert. Er konnte teilweise die Worte der Philosophen und Staatsmänner wortwörtlich zitieren. Die Kader konnten ihm in dieser Hinsicht nicht das Wasser reichen, und so sagten sie zu ihm: »Du hast recht mit dem, was du sagst, aber im Herzen bist du doch gegen die Partei.« Als er immer noch nicht nachgeben wollte, entzog man ihm erneut das Wort. Man nannte ihn einen Rechtsabweichler und Konterrevolutionär. Diese Vorwürfe prallten an Qi jedoch ab.

Die Kritiksitzungen zogen sich über vier Monate hin. Qi war physisch und psychisch angeschlagen und konnte sich nicht mehr wehren. Er hatte allmählich keine Kraft mehr, die Anschuldigungen zurückzuweisen und zu argumentieren. Er sagte schließlich überhaupt nichts mehr auf den Sitzungen und dachte bei sich: Wenn ihr mich zum Rechtsabweichler abstempeln wollt, dann macht es. Was soll's. Der Vorsitzende Mao hat gesagt, ideologische Probleme müssen mit ideologischen Mitteln gelöst werden. Handelt ihr etwa den Anweisungen des Großen Vorsitzenden getreu?

Im Januar 1958 verschärfte sich die Situation noch einmal, und die Kritiksitzungen eskalierten. Es fanden sogar zwei öffentliche Veranstaltungen im Baoshui-Auditorium statt, an denen alle Kader der Kreis- und Gemeindeebene teilnahmen. Als die zweite zu Ende war, sagte er am Abend, als er nach Hause kam, zu seiner Frau: »Es sieht nicht gut aus. Die Wandzeitungen der letzten Tage haben mich schon abgestempelt, sie fordern, daß das Kreisparteikomitee mich zum

Rechtsabweichler erklärt. In manchen steht sogar, ich sei ein Konterrevolutionär. Dahinter stecken die Führungskader, sonst würde doch niemand so etwas wagen. Ich muß mich auf das Schlimmste gefaßt machen.«

Qi Yuequan hatte eine wunderbare Familie. Er hatte 1955 im Alter von 23 Jahren geheiratet. Seine Frau stammte aus Tianjin und war 1954 mit zwanzig als Freiwillige zur Unterstützung des Aufbaus im Nordwesten nach Jinta gekommen. Sie war hübsch, tüchtig und treu und arbeitete als Sekretärin bei der Regierung der Landgemeinde Chengguan im Kreis Jinta. Ihr gemeinsames Kind war ein Jahr alt. Weil beide arbeiteten, konnte sich niemand um den Nachwuchs kümmern, weshalb sie eine ältere Frau als Kindermädchen engagierten.

Seine Frau fragte: »Und wie willst du das anstellen?«

»Es sieht so aus, als würde man mich wirklich zum Rechtsabweichler abstempeln. Die Strafe wird schwerwiegend sein. Ich werde wahrscheinlich meines Postens enthoben. Damit du und unser Kind nicht in die Sache verwickelt werden, ist es am besten, wenn wir uns scheiden lassen.«

Seine Frau schalt ihn heftig. »Wie kommst du denn auf so etwas! Wie können sie dich schon bestrafen? Zum Bauern degradieren? Ins Arbeitslager schicken? Dann gehe ich mit dir. Dann stehen wir eben gemeinsam auf dem Feld.«

Leider traf Qis Vermutung wirklich ein. Am Vormittag des nächsten Tages wurde Qi Yuequan noch einmal in das Baoshui-Auditorium gerufen. Er dachte, es gäbe einfach eine weitere Kritiksitzung. Der Vorsitz wurde diesmal jedoch von einem stellvertretenden Kreisparteisekretär geführt. Dieser kündigte an, daß Zhao Zhengfang, der stellvertretende Leiter des Amtes für öffentliche Sicherheit, Haftbefehle verlesen werde.

Zhao war vom Bauern zum Kader aufgestiegen. Während der Bodenreform hatte er sich als Aktivist hervorgetan. Er war Dorfbürgermeister und Polizei-Sonderkommissar im Dorf Shuangcheng gewesen. Nachdem er ein halbes Jahr die Provinzpolizeischule besucht hatte, wurde er zum stellvertretenden Leiter der Behörde für öffentliche Sicherheit befördert. Da es keinen Amtsleiter gab, übernahm Zhao diese Aufgabe. Auf der Sitzung las er gebieterisch einen Namen nach dem anderen vor. Dann brüllte er: »Raustreten, vorkommen!« Der angesprochene Rechtsabweichler trat dann vor, und Zhao verlas den Haftbefehl. Wieder brüllte er: »Fesseln!«, und zwei Polizisten legten den Delinquenten daraufhin in Ketten.

Schließlich rief Zhao: »Rechtsabweichler Qi Yuequan heraustreten!« Qi wußte, daß man auch ihn fesseln würde. Daher wartete er nicht, bis er aufgefordert wurde, nach vorn zu kommen. Er blieb zwei oder drei Schritte vor dem Podium stehen. Nachdem Zhao Zhengfang den Haftbefehl verlesen hatte, ordnete er an, Qi Fesseln anzulegen. Zwei Polizisten kamen mit einem Hanfseil auf ihn zu und wollten nach seinen Armen greifen. Doch da rief Qi rief laut aus: »Zurück mit euch!«

Die Polizisten waren verblüfft und blieben tatsächlich stehen.

Qi Yuequan fuhr mit lauter Stimme fort: »Sekretär Zhao, auch wenn das Schwert scharf ist, tötet es doch keine Unschuldigen. Sie wollen mich verhaften? Dann erklären Sie mir vorher bitte, was mir eigentlich zur Last gelegt wird!«

»Glaubst du etwa immer noch, daß du unschuldig bist?«

»Die Partei hat mich aufgefordert, Kritik zu äußern. Das habe ich getan. Ist das eine Verletzung der Gesetze? Wenn das so ist, dann hat das Kreisparteikomitee auch gegen die

Gesetze verstoßen, als es uns aufforderte, Kritik zu äußern.«

Sekretär Zhao erstarrte. Er wußte nicht, was er sagen sollte. Auf eine solche Frage war er nicht vorbereitet, und außerdem mangelte es ihm an Intelligenz, um schnell zu reagieren. Im Auditorium war es ganz still geworden. Dann riefen einige Aktivisten: »Fesselt ihn endlich, er zieht bloß eine Schau ab.«

Da griffen zwei Polizisten Qis Arme und fesselten ihn. Er leistete keinen Widerstand. Er wußte, er hätte die beiden Polizisten wegstoßen können, aber das wäre sinnlos gewesen. Es würden nur noch mehr Polizisten kommen. Aber rufen konnte er weiterhin: »Ist es illegal, Kritik zu äußern? Ist es eine Straftat, Kritik zu äußern?«

Zhao Zhengfang verlas weiter die Haftbefehle. Am Ende wurden 26 Rechtsabweichler verhaftet und ins Untersuchungsgefängnis gebracht. Bis zur Ankunft in der Zelle dauerte es über eine Stunde. Als die Fesseln endlich abgenommen wurden, waren Qis Arme ganz steif, die Schultern schmerzten. Seine Hände waren geschwollen, aber er gab keinen Mucks von sich, kein Stöhnen und kein Schreien. Er dachte an den Roman *Die Stechfliege* von E. L. Voynich. Der Protagonist Arthur Burton hatte Qi wegen seiner Unbeugsamkeit immer begeistert, also stellte er sich jetzt vor, er sei Arthur. Einer der Gefangenen kannte sich gut aus. Er sagte Qi, daß Urin die Schwellung lindern könne. Also tauchte Qi beide Hände in den Urineimer ein und versuchte, den furchtbaren Gestank zu ertragen. Am Abend wurde Essen gebracht. Aber Qi wollte nichts. Er beschloß, Widerstand zu leisten. Nach dem Essen kam noch ein Schmied und legte Qi Fußfesseln an, neun Kilogramm schwer.

Am nächsten Morgen aß Qi immer noch nichts. Drei Tage

lang rührte er keinen Bissen an. Aber am Morgen des vierten Tages änderte er seine Meinung. Er war hungrig, und sein Körper wurde schwächer. Er dachte: »Ich habe mich drei Tage lang geweigert zu essen, aber niemand hat sich darum geschert. Vielleicht wollen sie mich verhungern lassen? Ich darf nicht sterben. Wenn ich sterbe, kann ich nichts mehr gegen die Vorwürfe einwenden. Das Amt für öffentliche Sicherheit wird einfach einen Bericht schreiben, in dem steht, daß mein Tod der Beweis dafür sei, daß ich mich von der Revolution abgewandt habe.«

Nach dem Frühstück wurde Qi in den Verhörraum gebracht. Wan Shengxiang, der Leiter der Abteilung für Vorverfahren, fragte Qi, ob er dieses oder jenes gesagt habe. Das Verhör dauerte insgesamt acht Tage. Am Abend des letzten Tages fragte Wan: »Hast du noch etwas zu hinzuzufügen?«

»Ist das Verhör jetzt beendet? Dann hätte ich in der Tat ein paar Fragen. Die erste lautet: Repräsentieren die Leitartikel der *Volkszeitung* die Meinung des Zentralkomitees der Kommunistischen Partei?«

»Ja, natürlich.«

»Sie sagen ja. In Ordnung. Dann möchte ich aber wissen, warum ich verhaftet wurde, wenn doch in der *Volkszeitung* ganz klar gesagt wurde, daß keine radikalen Maßnahmen gegen Rechtsabweichler ergriffen werden sollen? Verstößt Ihr Verhalten also nicht gegen die Anordnungen der Partei?«

Wan Shengxiang antwortete nicht. Qi fuhr fort: »In der *Volkszeitung* stand außerdem: Bevor jemand als Rechtsabweichler eingestuft wird, müssen die Herkunft, der Klassenhintergrund und das persönliche Umfeld analysiert werden. Ich habe mich mit sechzehn der Revolution angeschlossen. Meine Familie gehört seit fünf Generationen zu den armen

Mittelbauern. Meine Herkunft und mein Hintergrund sind in Ordnung. Warum wurde ich also als Rechtsabweichler eingestuft?«

Wutschnaubend entgegnete Wan: »Es interessiert mich nicht, was du zu sagen hast. Bringt ihn weg!«

Ein Polizist, der an der Seite gestanden hatte, schaffte Qi daraufhin zurück in die Zelle.

Am Morgen des folgenden Tages wurde die Tür geöffnet, und zwei Polizisten traten ein. Sie drehten Qis Arme auf den Rücken und legten ihm Handfesseln, wieder vom Schmied gefertigt, an. Qi Yuequan hatte während der gesamten Zeit in der Zelle schon Fußfesseln getragen. Obwohl sie sehr schwer waren, konnte er damit zumindest schlafen und essen. Aber mit den Handfesseln konnte er gar nichts mehr machen, weder essen noch sich erleichtern. Er mußte sich bei allem von den Mitinsassen helfen lassen. Sie fütterten ihn und gaben ihm zu trinken. Wenn er auf die Toilette mußte, halfen sie ihm mit der Hose. Am unangenehmsten war das Schlafen. Mit auf dem Rücken gefesselten Händen mußte Qi an die Wand gelehnt sitzen und konnte nicht liegen. So saß er also, bis es hell wurde, und dann, bis es wieder dunkel wurde, den ganzen Tag lang. Nach vier Tagen bemerkten seine Zellengenossen, daß es ihm sehr schlecht ging, und riefen die Wache. Erst nachdem diese Bericht erstattet hatte, wurden Qi die Handfesseln wieder abgenommen.

Im Kreis Jinta war es bereits kalt geworden. Normalerweise trug man im Winter Filzstiefel. Weil Qi aber Fesseln an den Füßen hatte, konnte er keine anziehen. Glücklicherweise gab es einen unter den Wachen, der Qi sehr schätzte. Qi Yuequan hatte ihm viele Male die Theorien von Marx, Engels und Lenin erklärt. So bat er ihn, seiner Frau auszurichten, sie solle ihm gefütterte Schuhe besorgen. Der Wachmann wagte es nicht, zu Qi nach Hause oder auf die Arbeitsstelle seiner Frau zu gehen. Er fürchtete, man könne ihm vorwerfen, daß er die Klassengrenzen nicht kenne und mit dem Klassenfeind Mitleid habe. So wartete er auf der Straße, bis Qis Frau von der Arbeit kam. Er ging hinter ihr her und flüsterte ihr zu: »Lao Qi braucht ein Paar gefütterte Schuhe.« Und schon am nächsten Tag brachte sie ihm dieses tatsächlich ins Gefängnis. Aber Qis Füße waren geschwollen, die Schuhe paßten ihm nicht. Sie versprach ihm, am nächsten Tag größere vorbeizubringen. »Du brauchst nicht selbst zu kommen, schick besser das Kindermädchen. Ich möchte nicht, daß man dir vorwirft, daß du die Klassengrenzen nicht klar ziehen kannst.« Zwei Tage später kam Qis Frau aber doch wieder persönlich mit neuen Schuhen vorbei. »Ich konnte keine in deiner Größe bekommen, also habe ich sie anfertigen lassen.«

Eine Zeitlang kümmerte sich im Gefängnis niemand um Qi. Das lag daran, daß man sich zuerst des Falles von Liu Jinyuan annahm. Liu war Leiter der Abteilung für studentische Angelegenheiten gewesen und zusammen mit Qi verhaftet worden. Er hatte an der Universität des Nordwestens studiert. Nachdem er ins Gefängnis gekommen war, ging es ihm psychisch sehr schlecht. In der Nacht, als Qi Yuequan die Handfesseln angelegt wurden, wollte Liu sich mit einer Rasierklinge das Leben nehmen. Aber jemand sah es und nahm sie ihm weg. Die Angelegenheit wurde gemeldet, und das Amt für öffentliche Sicherheit entschied, zuerst seinen Fall zu verhandeln. Das Verfahren dauerte nicht lange, und das Kreisgericht verhängte eine Strafe: Liu wurde zur Umerziehung durch Arbeit in das Arbeitslager Yinma in der Gemeinde Yumen geschickt.

Nachdem der Fall Liu abgeschlossen war, begann die Staatsanwaltschaft mit dem Verhör von Qi Yuequan, danach folgte die öffentliche Befragung durch das Gericht. Der Gerichtssaal war nicht sehr groß, so daß nur ein paar Dutzend Zuhörer Platz fanden. Qi wurde am Morgen um acht Uhr von Polizisten in den Gerichtssaal gebracht. Die Zuhörerplätze waren mit Aktivisten gefüllt. Der Vorsitzende Richter war noch nicht im Saal. An der Wand stand ein Metallfaß, das zu einem Ofen umfunktioniert worden war, in dem ein Feuer loderte. Qi schob den Hocker, der hinter der Anklagebank stand, in die Nähe des Feuers, um sich zu wärmen.

Jemand rief: »Setz dich wieder in die Mitte.«

»Mir ist aber kalt«, sagte Qi und rührte sich nicht vom Fleck. Dann kamen der Vorsitzende Richter und sechs weitere Richter in den Saal und setzten sich. Sie wiesen ihn an, sich in die Mitte des Saales zu begeben, aber Qi bewegte sich nicht. Schließlich zog ein Polizist ihn hoch und schob den Hocker in die Mitte des Raumes.

Nun konnte die Verhandlung beginnen. Der Vorsitzende Richter fragte Qi nach seinem Namen. »Wissen Sie nicht, wie ich heiße? Kennen Sie mich nicht?« Er hatte das nicht absichtlich gesagt, es war ihm einfach so herausgerutscht. Von den Zuhörerplätzen war Gelächter zu hören. Auch die Richter lachten, hielten sich aber schnell die Münder zu. Der Vorsitzende schlug mit seinem Hammer auf den Tisch und mahnte zur Ruhe im Gerichtssaal. Als das Gelächter verstummt war, fragte man Qi nach seinem Beruf, seiner Herkunft. Dann folgten weitere Fragen, und Qi antwortete. Die sieben Richter fragten abwechselnd, weil Qi nur die offensichtlichen Fakten zugab, alle Anschuldigungen aber weiter bestritt. Nach fast zwei Stunden Vernehmung fragte ihn der Vorsitzende Richter: »Du sagst also, daß du unschuldig bist?«

»Natürlich bin ich unschuldig! Welche Straftat habe ich begangen? Gegen welches Gesetz verstößt es, Kritik zu äußern? Wie können mir die Worte des Vorsitzenden Mao zur Last gelegt werden? Dem Sprecher nicht zur Schande, dem Hörer zur Lehre. Hören Sie nicht auf seine Worte? Hat der Vorsitzende Mao unrecht?«

Der Richter wußte nicht, was er darauf erwidern sollte. Für einen Moment war er sprachlos, dann beendete er die Befragung. Nach diesem Vorfall war die Verhandlung nicht mehr öffentlich und fand in einem Gerichtssaal ohne Zuschauerplätze statt.

An einem Nachmittag Ende April brachten Polizisten Qi und fünf weitere Rechtsabweichler in den Raum, in dem die erste Befragung stattgefunden hatte. Das Urteil wurde verkündet: »Der Konterrevolutionär Qi Yuequan hegt reaktionäre Gedanken, er zeigt eine parteifeindliche und antisozialistische Haltung. Er weigert sich zu kooperieren und wird deshalb zu einer Freiheitsstrafe von sechs Jahren verurteilt.« Bei der Urteilsverkündung gab es keine Zuhörer. Danach wurde Qi wieder ins Gefängnis gebracht. Ein Gerichtsbediensteter lief hinter ihm her und fragte, ob er Berufung einlegen wolle. »Warum nicht? Gib mir ein Blatt Papier.«

Am Abend jenes Tages schrieb Qi im Schein einer Kerosinlampe, die von einem Mitinsassen gehalten wurde, über sein Kissen gebeugt ein dreiseitiges Berufungsschreiben. »Am Tage meiner Verhaftung war ich noch ein Rechtsabweichler, jetzt wurde ich sogar als Konterrevolutionär zu sechs Jahren Haft verurteilt. Wie kann das sein? Habe ich jemanden getötet oder einen Brand gelegt oder reaktionäre Parolen verbreitet?«

Am nächsten Morgen, als Qi gerade beim Frühstück war, kam ein Lastwagen, der ihn und die fünf anderen verurteilten Rechtsabweichler abholen sollte. Qi übergab sein Berufungsschreiben dem Gerichtsbediensteten und wollte gerade den Lastwagen besteigen, als seine Frau und sein Kind herbeiliefen. Seine Frau sagte, daß ihr Vorgesetzter sie als Lehrerin nach Shuangcheng versetzt habe. Sofort stiegen Qi Yuequan Tränen in die Augen. »Ich habe dich mit hineingezogen.« »Sei tapfer. Wo gibt es das denn, daß Männer weinen?« Dann nahm sie ein Bündel Geldscheine heraus. »Das ist alles, was wir gespart haben, 280 Yuan. Nimm es.« Qi nahm 80 Yuan und stopfte ihr den Rest in die Tasche. »Denk an unser Kind.«

An jenem Tag wurden die Rechtsabweichler in die Gemeinde Yumen gebracht. Unterwegs, in einem Restaurant, bekam jeder eine Schale Nudeln, dann fuhren sie weiter. Der Wagen holperte zwei Stunden über die staubige Straße, dann hielt er mitten in der Einöde, am Landwirtschaftsbetrieb Yinma. Dieser war eigentlich ein neuerbautes Arbeitslager. Die Gefangenen wohnten in Zelten, 24 Personen zusammen in einer Unterkunft. Um das Lager war Stacheldraht gezogen. Außerhalb standen ein paar Lehmhütten, die als Verwaltungsgebäude genutzt wurden. In Yinma wurde gerade ein Bewässerungskanal gegraben. Jeden Morgen wurden die Lagerinsassen von der Polizei durch ein einfaches Tor im Stacheldrahtzaun hinausgeleitet. Dann liefen sie drei Kilometer bis zur Baustelle.

Qi Yuequan scheute keine Anstrengungen. Seit Beginn der Anti-Rechts-Kampagne wurde er viele Male verhört, aber er hatte nicht klein beigegeben und niemals eingestanden, parteifeindlich zu sein. Er war zu sechs Jahren Arbeitslager verurteilt worden, das war für ihn nur ein weiterer Fehler in der Beurteilung durch das Kreisparteikomitee. Seine Berufung würde bald Erfolg haben, dachte er. Er war guter Dinge.

Am zweiten Tag nach seiner Ankunft begannen die anderen Lagerinsassen ihn jedoch zu schikanieren. Sie beschimpften ihn ohne Grund, sie schoben und stießen ihn herum, um zu sehen, wie er reagieren würde, aber Qi Yuequan wehrte sich. An einem Vormittag, als er gerade dabei war, Erde auszuheben, keifte ein anderer Häftling plötzlich los: »Du Mistkerl. Du schaufelst den ganzen Dreck absichtlich in meine Richtung.«

Qi wurde sofort wütend. »Du bist der Mistkerl. Wie kann man bei dem starken Wind graben, ohne Sand aufzuwirbeln? Deine Sachen sind ja noch schmutziger als der Boden!«

»Du beschimpfst mich?« Qi trat auf den anderen zu.

»Ja, ich beschimpfe dich. Du hast doch angefangen. Wenn du hier nicht klarkommst, dann zieh Leine. Geh!« Der andere sah Qis imposante Statur und gab fortan keinen Laut mehr von sich.

Aber noch etwas quälte Qi. Seit er nach Yinma gekommen war, hatte er jede Nacht Alpträume. In der zwölften Nacht sah er sich im Traum im Gefängnis in Jinta. Der Richter verkündete das Urteil: Todesstrafe. Er wurde mit einem Auto zum Exekutionsplatz gebracht. Ein Schuß knallte, eine Kugel traf ihn im Kopf, und unter einem lauten Schrei zerbarst sein Schädel. Er schreckte aus dem Schlaf auf, naßgeschwitzt und mit pochendem Herzen. Als es am nächsten Morgen an die Arbeit ging, war Qi mürrisch und bedrückt. In der Mittagspause legte er sich hinter einen Sandhaufen und rauchte. So kam es, daß er plötzlich einschlief. Dabei fiel die Zigarette auf seinen Mantel und brannte ein Loch hinein. Als ein anderer Insasse das sah, spuckte er das Wasser, das er gerade trank, auf Qi und weckte ihn auf. In der Nacht und auch am Tag nichts als Unheil, dachte Qi, und seine Stimmung sank noch mehr. Aber zum Arbeitsschluß lobte ihn ein Lagerbeamter für seinen Fleiß und ernannte ihn zum Gruppenleiter. Er sollte fortan für 23 Personen verantwortlich sein.

Als alle nach der Arbeit ins Zelt zurückkehrten und gerade zusammen zu Abend essen wollten, hörte Qi von draußen jemanden seinen Namen rufen. »Qi Yuequan! Wohnt hier Qi Yuequan?«

Sein Herz fing an, heftig zu klopfen, und er lief hinaus. »Ich bin hier.«

Der, der ihn gerufen hatte, sah aus wie ein Lagerbeamter. »Pack deine Sachen zusammen und komm mit.«

Qi lief ins Zelt zurück und schnürte sein Bettzeug zusammen. Er wurde zu einem Büro in einer der Lehmhütten außerhalb des Stacheldrahtzaunes gebracht. Dort erblickte er Dong Youcai, den Präsidenten des Kreisgerichts Jinta. Er trat rasch auf ihn zu und schüttelte seine Hand. »Sie sind es? Sie sind hierhergekommen?«

Dong Youcai sagte, ohne sich zu setzen: »Ich habe drei Tage nach Ihnen gesucht und Sie erst jetzt gefunden. Ich wußte nicht, in welchem Teil des Lagers Sie sich befinden. Ich habe eine Entscheidung bezüglich Ihrer Berufung bekommen. Ich lese sie Ihnen vor: Die Entscheidung in Strafsachen des Gerichtes Jinta wird aufgehoben. Qi Yuequan hat rechtsabweichlerische Äußerungen getätigt, so hat er zum Beispiel gesagt, die Kommunistische Partei sei schlechter als die Guomindang. Aber gemäß dem Prinzip der Verbindung von Nachsicht und Erziehung wird Qi freigesprochen. Hiermit ist die Berufung abgeschlossen.«

Qi fragte: »Wann soll ich gesagt haben, daß die Kommunistische Partei nicht so gut wie die Guomindang sei? Wollt ihr mich etwa hereinlegen?«

»Lassen Sie es gut sein. Die Sache ist beendet.«

Da es Sommer war, war es auch spät am Abend noch hell.

So beschlossen sie, noch am selben Tag aufzubrechen. Das Lager schickte einen Wagen, der Qi und Dong nach Yumen brachte. Am nächsten Tag kehrten sie nach Jinta zurück. Qi Yuequan wollte nach Hause zurückkehren, aber Dong Youcai brachte ihm zum Amt für öffentliche Sicherheit. Dort wurde er wieder in Gewahrsam genommen. Er verstand nicht, was geschah: »Bin ich nicht freigesprochen? Warum werde ich wieder eingesperrt?« Dong Youcai antwortete: »Die Anschuldigung, daß du ein Konterrevolutionär bist, wurde fallengelassen, aber ein Rechtsabweichler bist du trotzdem noch. Du bleibst erst einmal ein paar Tage hier, es wird bald eine Entscheidung geben.«

Aus den Tagen wurde jedoch mehr als ein Monat. Jeden Tag arbeitete Qi in einem kleinen Landwirtschaftsbetrieb, der zum Amt für öffentliche Sicherheit gehörte. Er pflügte den Boden oder jätete Unkraut. Schließlich kam ein Beauftragter des Kreisparteikomitees. Qi solle sein Gepäck zusammenpacken und ihm folgen. Der stellvertretende Leiter der Führungsgruppe zur Korrektur der Arbeit verkündete: »Du wurdest als Rechtsabweichler eingestuft, aber behältst deine Position im Staatsdienst. Du wirst nach Jiabiangou zur Umerziehung durch Arbeit geschickt.«

Qi wurde daraufhin sofort zum Busbahnhof gebracht, wo er einen Lastwagen bestieg. Außer ihm waren noch Wei Derong, der Leiter der Steuerbehörde, und Zhao Zhengfang, jener stellvertretende Leiter des Amtes für öffentliche Sicherheit, auf dem Wagen. Qi sagte die ganze Fahrt über kein Wort. Als sie die Grenze zum Kreis Jinta passiert hatten, hielten sie im Dorf Xiaojia, das an der Strecke lag. Während der Beauftragte des Kreisparteikomitees ins Dorf ging, um einen Ochsenkarren zu leihen, setzten die drei sich unter einen Baum und ruhten sich aus.

Da sagte Qi Yuequan zu Zhao Zhengfang: »Direktor Zhao, was hat Sie hierher gebracht?«

Aus Zhao Zhengfangs Gesicht konnte man sein ganzes Unglück ablesen. »Ach, das kann ich nicht erzählen.«

»Als Sie mich damals verhaften ließen, waren Sie mächtig und einflußreich. Sie haben Fuß- und Handfesseln für mich angeordnet. Wie kommt es, daß Sie nun hier mit mir zusammen sind als ein Gefangener?«

»Lao Qi, du darfst mir dafür nicht die Schuld geben. Parteisekretär Qin war allein verantwortlich.«

»Was soll das heißen? Das müssen Sie mir genauer erklären.«

»Die Fußfesseln hat Qin angeordnet, für die Handfesseln war ich verantwortlich. Es war an einem Abend nach deiner Verhaftung, ich weiß nicht mehr, wann, da hat Parteisekretär Qin mich angerufen und gefragt, ob wir dich soweit hätten. Als ich sagte, noch nicht, ordnete er an, dir von einem Schmied noch andere Fußfesseln anlegen zu lassen. Als ich erwiderte, daß das illegal sei und es keinen Präzedenzfall gäbe, entgegnete er nur: ›Sie legen ihm gefälligst Fußfesseln an. Gegen was für ein Gesetz verstoßen wir schon.‹ Ich konnte nichts machen, ich wagte nicht, mich seiner Anordnung zu widersetzen. Ich berief schnell eine Sitzung ein, um über Qins Weisung zu beraten. Wir kamen zu dem Ergebnis, daß wir dir keine neuen Fußfesseln anlegen würden, dafür aber Handfesseln. Gib mir nicht die Schuld. Er hatte auch angeordnet, dich zu verhaften. Selbst der Haftbefehl, den ich verlesen habe, war von einem Assistenten von Qin aufgesetzt worden. Er ist auch dafür verantwortlich, daß du nicht nach Hause konntest, als man dich aus Yinma entlassen hat. Er ließ von der Führungsgruppe zur Korrektur der Arbeit des Kreisparteikomitees einen Bericht verfassen und sagte, wenn man dich schon nicht als Verbrecher verurteilen könne, dann solltest du wenigstens die höchstmögliche Verwaltungsstrafe bekommen: Entlassung aus der Amtsstellung und Umerziehungslager. Das regionale Parteikomitee hat allerdings beschlossen, dich im Amt zu belassen und ins Umerziehungslager zu schicken.«

Qi blieb lange still. Dann fragte er Zhao: »Und was für eine Straftat haben Sie begangen?«

Zhao Zhengfang seufzte. »Ich habe angeblich eine parteifeindliche Ortsgruppe organisiert. Das ist eine lange Geschichte. Parteisekretär Qin war doch den Frauen nicht abgeneigt. Das Amt für öffentliche Sicherheit hatte über zwanzig Anzeigen gegen ihn erhalten. Er soll die Frauen und Töchter der Bauern sogar vergewaltigt haben. Das war natürlich eine heikle Angelegenheit, deshalb bin ich zu ihm ins Büro gegangen. Ich sagte: ›Parteisekretär Qin, es gibt ein Problem. Wir haben Anzeigen gegen einen Führungskader, der sich ungebührlich verhalten haben soll. Das ist schlecht für die Partei. Bitte weisen Sie die Kader auf der Sitzung an, auf ihr Verhalten zu achten.‹ Ich dachte, wenn ich eine solche Anspielung mache, dann würde so etwas nicht mehr vorkommen. Er fragte, von wem die Anzeigen seien. Ich sagte ihm, daß das nicht wichtig sei. Er solle nur die anderen zur Vorsicht mahnen. Er wurde wütend. ›Ich hatte nur meinen Spaß. Und jetzt treten mir welche wie du deswegen auf den Füßen rum.‹ Da hatte er sein Urteil über mich gefällt.

Natürlich war es nicht so einfach. Es gab noch einen anderen Grund dafür, warum er mir übel mitspielte. Er dachte, daß ich mich mit dem Kreisvorsteher Zhang gegen ihn zusammengetan hätte. Weißt du, Kreisvorsteher Zhang war mit Qin nicht immer einer Meinung. Letztes Jahr im Winter sollten wir an die Bezirksregierung einen Bericht über die gesamte

Getreideproduktion abliefern. Das Kreisparteikomitee berief dazu eine erweiterte Sitzung ein. Parteisekretär Qin sagte dort, es sollten 300 Kilogramm pro Mu* angegeben werden. Kreisvorsteher Zhang war damit nicht einverstanden. Er sagte: ›Ich habe von den Bauern gehört, daß wir in den letzten zwei Jahren die Getreideproduktion zu hoch veranschlagt haben. Die staatliche Abgabequote ist zu hoch, und die Bauern selbst haben nichts zu essen. Ich bin der Meinung, wir sollten 180 Kilogramm pro Mu angeben.‹ Er fügte hinzu: ›Ich komme von außerhalb, vielleicht weiß ich nicht genau, wieviel Ertrag der Boden bringt. Sie sind von hier, Sie wissen, welchen Ertrag man erzielen kann.‹ Keiner sagte etwas. Alle wußten, daß der Ertrag im letzten Jahr bei 102 Kilogramm pro Mu lag, 300 Kilogramm war unmöglich zu erreichen. Aber Parteisekretär Qin zeigte auf mich und sagte: ›Lao Zhao, wieviel sollen wir nach oben melden?‹ Da er mich angesprochen hatte, mußte ich etwas sagen. Aber ich konnte nicht die falsche Zahl bestätigen. Also sagte ich, daß ich die Schätzung von Zhang für richtig hielte. Parteisekretär Qin starrte mich an und fragte die anderen: ›Was sagt ihr? Wieviel sollen wir melden?‹ Alle stimmten mir zu, und Qin verließ wütend den Sitzungssaal.

Kurz darauf fand auf Provinzebene der zweite Parteikongreß statt, an dem auch Qin teilnahm. Vorher hatte er festgelegt, daß noch einmal eine Sitzung über die Getreidemenge abzuhalten sei. Auf der Sitzung wurde beschlossen, einen Ertrag von 180 Kilogramm zu melden. Parteisekretär Qin war aufgebracht, als er zurückkam. Er nannte Zhang konservativ und einen Rechten und sorgte für seinen Rücktritt. Yang Chongshan und ich wurden im April gestürzt, und auch Wu

* 1 Mu entspricht 6,67 Ar.

Peizhou, der Leiter der Propagandaabteilung. Wir wurden beschuldigt, eine parteifeindliche Ortsgruppe organisiert zu haben.«

Qi Yuequan hatte ein halbes Jahr im Gefängnis gesessen. Er wußte nicht, was in der Zwischenzeit alles passiert war. Er war bestürzt. »Was ist mit Kreisvorsteher Zhang?«

»Vor etwa zwei Wochen wurde er nach Jiabiangou zur Umerziehung geschickt.«

Qi Yuequan war verdutzt. Kreisvorsteher Zhang, Zhang Hexiang, ein alter Revolutionär aus Qingyang! Er war stets freundlich zu anderen und sehr erfahren. Wenn er auf die Dörfer fuhr, bestand er immer darauf, in einem Stall zu übernachten, um nah an der Basis zu sein. Und anders als andere in seiner Position suchte er sich auch keine neue Frau, als er sein Amt in Jinta antrat, nur weil seine gebundene Füße hatte. Qi Yuequan schätzte Zhang Hexiang sehr.

»Weißt du, wie Parteisekretär Lu gestürzt wurde?« fragte Zhao. »Woher soll ich das wissen? Ich wurde im Januar verhaftet.«

»Es war im Januar, im Januar ist doch immer der Parteitag. Bei dieser Gelegenheit beschuldigten Provinzkader drei Kollegen aus Qingyang, eine parteifeindliche Vereinigung gegründet zu haben. Parteisekretär Lu wurde auch mit hineingezogen. Qin hielt eine Rede, in der er Lu als verschworenen Anhänger der drei und Drahtzieher der rechtsabweichlerischen Tendenzen in Jinta bezeichnete. Er sei der Mentor der Rechtsabweichler. Er erwähnte dich auch. Er sagte, du hättest mit Lus Unterstützung die Partei angegriffen. Als er nach Jinta zurückkam, hat er deshalb beschlossen, dich verhaften zu lassen und als Konterrevolutionär einzustufen.«

Zhao Zhangfang hatte noch viel mehr zu erzählen, und Qi Yuequan hatte noch viele Fragen, aber der Beauftragte des Kreisparteikomitees kam zurück, hinter ihm ein Bauer mit einem Ochsenkarren. Er befahl ihnen, auf den Wagen zu steigen und ihr Gepäck darauf zu verstauen.

Sie stiegen auf. Der Ochsenkarren hatte große, mannshohe Räder, so, wie es im Gansu-Korridor üblich war. Sie überquerten einen Fluß und fuhren zwei Kilometer einen Feldweg entlang. Dann überquerten sie den Fluß Mingshui. Sie sahen eine Reihe niedriger Sandhügel, davor stand ein Holzschild. In schwarzer Farbe stand darauf geschrieben: Staatlicher Landwirtschaftsbetrieb Jiabiangou.

Qi Yuequans Herz begann aufgeregt zu schlagen. Er fragte sich, was ihn hier wohl erwarten würde.

Der Dieb

Yu Zhaoyuan wurde im Frühjahr 1958 von der Abteilung Organisation der Partei zur Umerziehung nach Jiabiangou geschickt. Zuvor war er Abteilungsleiter für Verwaltung und Personal der Stadtbezirksregierung Xigu in Lanzhou gewesen. Insgesamt verbrachte er fast drei Jahre in Jiabiangou. Nach seiner Entlassung wurde er zunächst zurück nach Lanzhou geschickt und dann bis 1979 zur Arbeit unter Aufsicht in seinen Heimatkreis Jinta. Einmal fragte ihn eine Nachbarin: »Ich habe gehört, daß alle, die in Jiabiangou waren, gestorben sind. Warum Sie nicht?«

Seine Antwort lautete: »Weil ich ein berüchtigter Dieb war.«

Yu wurde auf dem Land geboren. Von klein auf erzogen ihn seine Eltern zu Ehrlichkeit und Anstand. Sein Vater war Arzt für chinesische Medizin und hatte daher eine gute Bildung genossen. Er brachte Yu sehr früh das Lesen bei und ließ ihn die konfuzianischen Klassiker, z. B. *Die Gespräche des Konfuzius,* lesen. Der Vater erzählte ihm auch Geschichten wie die von einem Schüler des Konfuzius, der lieber verdurstet wäre, als das Wasser aus einer Räuberquelle zu trinken. Yus Lebensphilosophie lautete: »Treten die Gelehrten in die Gesellschaft ein, nützen sie der Welt. Ziehen sie sich zurück, sind sie nur auf ihr eigenes Wohl bedacht.« Damals hätte Yu Zhaoyuan nicht einmal ein Getreidekorn gestohlen. Selbst als seine Beine in Jiabiangou so stark anschwollen, daß er keine Schuhe mehr anziehen konnte, sein

Kopf wie ein Kürbis aussah und er vom Hunger völlig entkräftet war, sammelte er lieber Grassamen und Blätter, um seinen Hunger zu stillen. In seiner Kindheit hatte er Schafe gehütet und das Feld bestellt. Deshalb wußte er, welche Pflanzen eßbar waren. In einer Grassenke östlich von Jiabiangou wuchsen viele Dornenbüsche. Eine Sorte konnte man ohne Gefahr essen, eine andere war giftig. Einige Rechtsabweichler aus der Stadt wußten das nicht und vergifteten sich damit. Aber nicht so Yu.

Im Frühjahr 1960 begann Yu Zhaoyuan jedoch Lebensmittel zu stehlen, nachdem zwei Rechtsabweichler vor seinen Augen verhungert waren. Einer davon war Ba Duoxue, ein Mittelschullehrer aus dem Kreis Yongdeng. Ba hatte vor der Befreiung die renommierte Peking-Universität absolviert. Er war ehrlich und aufrichtig, aber auch sehr ängstlich. Bei der Feldarbeit pflückte einmal ein Mitinsasse eine Gurke und wollte sie ihm geben. Aber Ba Duoxue stieß sie zurück. »Willst du mich in Schwierigkeiten bringen?« Im Frühling konnte er vor Erschöpfung schon nicht mehr aufstehen. Als er im Sterben lag, fragte er einen anderen Insassen nach einer Zigarette. Yu Zhaoyuan besorgte eine Prise Tabak, rollte eine Zigarette, zündete sie an und steckte sie Ba in den Mund. Zittrig hielt dieser sie in seinen dünnen Fingern und nahm ein paar Züge, bevor er starb.

Der andere, Shen Dawen, war ein Professor der Landwirtschaftsuniversität Gansu. Er hatte in den USA promoviert und erforschte Pflanzen. Fast zwei Jahre lang hatte er mit Yu ein Zimmer geteilt. Als dieser nach Jiabiangou gekommen war, war Shen Dawen einer derjenigen gewesen, die die Neuankömmlinge in Agrartechniken unterrichteten. Shen Dawen war wie Yu ein ehrlicher Mensch, der niemals stahl. Als er den Hunger nicht mehr aushalten konnte, sammelte er Grassamen und aß sie. Shen Dawen war schon ein paar Tage vor Ba Duoxue unfähig zu laufen, aber er wollte niemanden damit belästigen, für ihn das Essen zu holen. Deshalb kroch er jeden Tag auf Knien zur Kantine und wieder zurück. Er hatte sich mit einer Schnur Stoffschuhe an die Knie gebunden, um den Schmerz zu lindern. Zwei Tage nach Ba Duoxues Tod flüsterte Shen mitten in der Nacht Yu Zhaoyuan ins Ohr: »Lao Yu, ich möchte ein Hirsebrötchen essen.«

Yu Zhaoyuan war überrascht. »Lao Shen, es ist gleich Mitternacht. Woher soll ich jetzt so etwas bekommen?«

»Bitte«, bettelte Shen, »besorg mir eins. Ich möchte jetzt unbedingt ein Hirsebrötchen essen.«

»Lao Shen...«, Yu Zhaoyuan wollte gerade etwas sagen, als ihn ein anderer Rechtsabweichler anstieß. »Lao Shen macht es nicht mehr lange.«

Yu fühlte sich wie betäubt. Er zog seinen Mantel an, lief zum Kantinenverantwortlichen und fragte nach dem Brötchen für Shen. Der andere aber brüllte nur: »Raus! Shen Dawen will eins, Li Dawen will auch eins, jeder will eins. Aber woher soll ich das alles nehmen?«

Resigniert lief Yu daraufhin zu Liang Jingxiao, dem Leiter der Landwirtschaftsbrigade. Er riß ihn aus dem Schlaf und schilderte ihm Shens Situation. Er hatte es gewagt, zu Liang zu gehen, weil er wußte, daß dieser gut auf ihn zu sprechen war. So hoffte er, der Brigadeleiter würde ihm vielleicht helfen.

Letztes Jahr zur Frühjahrsaussaat hatte Liang gefragt: »Wer kann Sesam aussäen?« Außer Yu Zhaoyuan meldete sich niemand. »Hast du schon einmal Sesam gesät?«

»Als ich dreizehn war, habe ich das mit meiner Schwägerin und meiner Mutter zusammen erledigt, weil mein Bruder in der Armee diente.«

Liang wollte das nicht glauben und fragte deshalb, wie man das denn genau mache. Yu nahm das Gefäß mit den Samen und lief aufs Feld. Er löste die Sesamsamen von der Gefäßwand und streute sie auf dem Boden aus.

Liang war zufrieden. »Kannst du auch eine Saatmaschine bedienen?«

»Ja, bei der Aussaat hat meine Schwägerin das Vieh geführt, und ich habe das Gerät gehalten. Ich war damals noch nicht stark genug, deshalb habe ich es mit dem Hals hochgezogen.«

»Es gibt einen Merkvers zum Säen, kennst du den?«

»Schüttle dreimal, wenn du das Feld betrittst, und dreimal nicht, wenn du es verläßt.«

»Du verstehst wirklich etwas von Landwirtschaft!«

Eigentlich hatte Liang den Rechtsabweichlern selbst zeigen wollen, wie man sät, aber nun sollten sie alle statt dessen auf Yu Zhaoyuans Erklärungen hören.

So kam es nun, daß Brigadeleiter Liang Yu Zhaoyuan tatsächlich half. »Sag zum Verwalter, er soll Shen Dawen zwei Hirsebrötchen geben. Sag ihm, daß ich das veranlaßt habe.« Erleichtert brachte Yu Zhaoyuan das Gebäck zu Shen. Er hoffte, daß dieser so noch ein paar Tage überleben könne. Aber am Morgen des nächsten Tages lag er ganz still auf seinem Bett. Yu rief seinen Namen, aber er antwortete nicht. Er berührte Shens Kopf und merkte, daß dieser schon ganz kalt war.

Yu Zhaoyuan war tief erschüttert, daß Ba Duoxue und Shen Dawen innerhalb von nicht einmal drei Tagen verstorben waren. Sein Glaube an die Prinzipien der Tugendhaftigkeit geriet ins Wanken. Shen hatte etwas von Botanik verstanden, und obwohl er so viele eßbare Grassamen gegessen hatte, war er gestorben. Da fragte sich Yu, wie er selbst dann überhaupt in Jiabiangou überleben könne, wenn es nicht einmal Shen gelungen war.

»Wie kann ich überleben?« Diese Frage beschäftigte ihn ein paar Tage, bis ihm schließlich eine Idee kam. Eines Tages während einer Pause bei der Feldarbeit ging er zu Yang Naikang und versuchte ihn auszuhorchen. »Lao Yang, wir können vor Hunger kaum noch gehen. Wir müssen uns irgend etwas einfallen lassen.«

Yang sagte nichts.

»Wir müssen uns etwas überlegen. Oder sollen wir einfach so auf den Tod warten?«

Yang seufzte: »Was können wir schon machen? Du bist doch findig, sag du mir, was wir tun sollen.«

Yu schwieg einen Moment. »Eine Idee habe ich schon, aber sie läßt sich schwer umsetzen, ich weiß nicht so recht ...«

Yang starrte ihn an. »Was ist es denn? Sag schon, was hast du dir ausgedacht?«

Yu antwortete nicht und wandte sich ab. Yang Naikang drängte ihn: »Sag schon. Was für eine Idee hast du denn? Wenn du es nicht machen kannst, dann gibt es immer noch mich.«

Das war der richtige Moment. »Es ist eigentlich ganz einfach, aber ich fürchte, du wirst dich nicht trauen.«

»Jetzt spuck es schon aus. Dann werden wir ja sehen, ob ich mich traue oder nicht.«

»Also gut, dann werde ich dir meine Idee verraten. Wir machen ohne Kapitaleinsatz Geschäfte.«

Yang riß seine Augen auf. »Du meinst Leute ausrauben?«

»Was du wieder denkst! So etwas traust du mir zu?«

»Was meinst du dann?«

»Ich dachte, wir stehlen Getreide aus dem Speicher. Bist du dabei?«

Yang war eine Weile still. »Verdammt. Ob wir nun so oder so sterben!«

Drei Tage später gegen Mitternacht schlichen sie also zum Speicher. Sie hatten eine hohle Bambusstange dabei, die Yu Zhaoyuan an einem Ende mit einer Scherbe angespitzt hatte. Ihre Schritte schreckten einen großen Hund auf, der neben dem Speicher lag. Das Tier fing an zu bellen und sprang sie an. Yu beruhigte es. Der Hund kannte Yu, da er oft aus dem Speicher Saatgut holte und die Reste wieder zurückbrachte. Er strich Yu um die Beine, ganz so, als habe er irgend etwas gerochen. Dann wedelte er mit dem Schwanz und lief davon. Aber Yu und Yang bewegten sich nicht. Sie hatten vorher abgesprochen, daß sie erst einmal abwarten wollten, ob es noch andere Bewegungen gab, wenn der Hund fort war. Sie waren am größten Getreidespeicher in Jiabiangou, an dessen Westseite sich eine Mühle befand. Fahrzeuge brachten das zugeteilte Getreide zur Lagerung hierher. Es wurde gemahlen und versorgte die Küchen von Jiabiangou und Xintiantun. In einer kleinen Hütte neben der Mühle wohnte ein ehemaliger Lagerinsasse, der für die Bewachung von Speicher und Mühle verantwortlich war.

Wie erwartet, öffnete sich leise die Tür des Wachhäuschens. Dann war ein leises Fluchen zu hören. »Mistköter, was bellst du hier herum!« Dann war wieder alles ganz ruhig. »Los!« sagte Yu leise zu Yang. Sie kannten den Speicher ganz genau: Im Inneren war eine Wand gemauert, die die Halle in einen großen und einen kleinen Raum unterteilte. Im kleinen wurde das Saatgut gelagert. Yu wußte, daß an der Nordwand Säcke mit Saatweizen aufgestapelt waren.

Leise schlichen sie vor das erste Fenster. Dann breitete Yu Zhaoyuan ein Bettlaken auf dem Boden aus. Er hockte sich mit dem Rücken an die Mauer. Yang setzte vorsichtig einen Fuß auf Yus Schulter. »Wir machen es lieber anders herum. So geht es nicht.«

»Mach schon. Ich kann dich halten.«

So stieg Yang mit beiden Füßen auf Yus Schultern, und dieser versuchte aufzustehen. Aber es klappte nicht.

»Was ist los?«

»Es geht wirklich nicht. Ich habe keine Kraft in den Beinen.«

»Hock dich hin, dann steige ich wieder runter.« Er schalt Yu: »Ich habe doch gesagt, wir tauschen, aber du ...«

»Gut, gut, halt du mich. Ich kann wirklich nicht.« Daraufhin stieg Yu auf Yangs Schultern, und Yang schob ihn nach oben.

Der Speicher war sehr hoch, das Belüftungsfenster lag etwa drei Meter über dem Boden. Als Yu auf Yangs Schultern stand, konnte er gerade über das Sims schauen. Mit einer Hand hielt er sich daran fest, mit der anderen öffnete er das Fenster einen Spalt breit. Er schob die Bambusstange unter den Schlitz und drückte das Fenster noch etwas nach oben. Dann gelang es ihm, sie weiter hineinzuschieben. Er konnte im Inneren des Speichers überhaupt nichts erkennen, deshalb stocherte er ein wenig herum. Yu war sehr nervös, schließlich stahl er zum ersten Mal. Sein Herz klopfte so sehr, daß er kaum atmen konnte. Er hielt kurz inne und holte tief Luft. Dann suchte er weiter mit der Bambusstange herum. Das Geräusch, das dabei entstand, war ganz leise, aber in Yus Ohren klang es wie Donner. Er fürchtete, daß der Hund wieder anschlagen könnte. Deshalb hielt er jedesmal inne, wenn es knackte, und horchte in die Nacht. Schließlich spürte er, daß er auf einen Sack gestoßen war. Er hielt die Bambusstange ganz fest in der Hand, hob sie an und stieß sie mit aller Kraft in den Sack hinein. Dann zog er sie mit beiden Händen zurück. Er schob seine Finger in das vordere Ende des Bambusrohrs und spürte – Getreidekörner! Sein Herz pochte. Er hielt die Stange schräg und ließ den Inhalt auf das Bettlaken rieseln. Aufgeregt sagte er: »Ich hab was.« Yang streckte daraufhin seinen Rücken noch einmal mit aller Kraft. »Gut. Mach weiter.«

Yu Zhaoyuan schob die Bambusstange wieder durch das Fenster, diesmal mit noch größerer Anstrengung. Aber nach einer Weile begannen Yang Naikangs Beine zu zittern.

»Es geht nicht mehr. Ich kann dich nicht mehr halten. Komm schnell herunter.«

Yu zog rasch die Bambusstange heraus und schloß vorsichtig das Fenster. »In Ordnung. Hock dich hin, ich steige ab.«

Yang Naikang ging langsam in die Knie. Doch plötzlich gaben seine Beine nach, und alle beide plumpsten auf die Erde. Yu schlug ziemlich hart auf, sein Kopf knallte auf Beton. Er schrie vor Schmerz.

Sofort begann der Hund zu bellen. Yang und Yu hatten keine Zeit mehr, sich um ihre Verletzungen zu kümmern. Sie rollten das Bettlaken zusammen, nahmen die Stange und rannten los. Doch nach ein paar Schritten hatte der Hund sie schon eingeholt.

Yang Naikang bückte sich nach einem Stein, aber Yu Zhaoyuan hielt ihn zurück. »Tu es nicht. Wir kommen hier sonst nie mehr weg.«

Er rief mit sanfter Stimme den Hund. »Komm her, du brauchst nicht zu bellen.«

Das Tier folgte tatsächlich seinem Ruf. Es lief zu Yu und strich um ihn herum. Yu streichelte seinen Kopf. »Lauf zurück, lauf!« Der Hund strich noch einmal um Yu herum, dann trabte er davon.

Dann sagte Yu zu Yang: »Lauf, nichts wie weg von hier.« Aber da war es schon zu spät. Sie waren noch nicht weit gekommen, da hörten sie den Wachmann hinter sich. Er rief dem Hund zu: »Faß!« Jetzt wurden sie also von beiden verfolgt, dem Wachmann und dem Hund.

Sie erreichten mit Mühe das Gemüsefeld auf der Nordseite des Speichers. Dort standen zwei große Ölweiden, hinter denen sie sich versteckten. Yu sagte: »Ich kann nicht mehr. Der Wachmann ist einfach in besserer körperlicher Verfassung als wir! Er wird uns einholen. Wir müssen uns ganz schnell etwas überlegen.«

»Was können wir denn noch machen?« Yang Naikangs Stimme klang vor Anspannung ganz fremd.

Yu antwortete nicht, doch dann brüllte er auf einmal mit verstellter Stimme in Richtung des Schattens, der sie verfolgte: »Idiot, willst du uns noch weiter verfolgen? Hast du keine Angst um dein Leben?«

Der Wachmann konnte niemanden sehen und wagte nicht, überstürzt vorzupreschen, also rief er nur laut: »Diebe! Diebe haben Getreide gestohlen!«

Yu Zhaoyuan befürchtete, daß noch andere Wächter oder Beamte durch dieses Geschrei aufmerksam werden könnten. Daher rief er mit noch bedrohlicherer Stimme: »Mistkerl, was brüllst du hier herum? Wenn du weiter schreist, dann gibt es keine Gnade für dich.«

»Du kannst doch nur reden, du Dreckskerl. Wenn du Mut hast, kommst du raus.«

»Rauskommen? Ich wollte dir eine Chance geben! Geh in deine Hütte zurück. Wenn nicht, dann ist das heute deine letzte Nacht.«

Da wurde der Wachmann ganz still, nur der Hund bellte in einem fort. Yu Zhaoyuan wußte, daß die Rechtsabweichler aus der Landwirtschaftsbrigade, die in der Nähe des Speichers wohnten, vermutlich nicht aus ihren Betten kriechen würden. Nur die Verwaltungsbeamten würden vielleicht kommen. Das machte ihm die meisten Sorgen, denn sie hatten Waffen. So sagte er laut: »Wir sehen uns ein anderes Mal! Los, Leute, hauen wir ab.«

Von seinem Versteck aus sah Yu, daß sich der Wachmann nicht bewegte. Er zog Yang Naikang am Ärmel, und beide liefen erleichtert in Richtung der Sanddünen im Nordosten des Lagers. Nach ein paar Schritten sahen sie sich um. Der Wachmann stand noch immer da wie versteinert, und der Hund bellte. Da beschleunigten sie ihre Schritte noch einmal.

Yu Zhaoyuan und Yang Naikang hätten nicht gedacht, daß ihr erster Diebstahl so abenteuerlich und zugleich so erfolgreich sein würde. Sie waren zwar entdeckt worden, aber dennoch mit Leichtigkeit davongekommen, und außerdem hatten sie zwei Pfund Weizen gestohlen. Sie gingen nicht zur Unterkunft zurück, sondern liefen direkt zum Grasland im Osten des Lagers. Dort sammelten sie Reisig und kochten den Weizen in ihren Eßschüsseln. Während sie die duftende Mahlzeit genossen, entschieden sie sich, ein paar Tage später noch einmal zum Speicher zu gehen. Am nächsten Abend, als sie gerade von der Feldarbeit zurückkamen, erschien plötzlich Brigadeleiter Liang mit einigen »Knüppeln« (d. h. Rechtsabweichlern, die zu Aufsehern gemacht worden waren), um die Wohnräume der Feldbrigade zu durchsuchen. Sie drehten jede Matratze um und öffneten jeden Koffer. Obwohl nichts gefunden wurde, wußten Yu und Yang sofort, daß die Lagerleitung jemanden aus der Feldbrigade wegen des Weizendiebstahls in Verdacht hatte. Deshalb war es vermutlich unmöglich, noch einmal etwas aus dem Speicher stehlen. Um aber ganz sicherzugehen, suchte Yu am nächsten Tag einen Vorwand, um zur Mühle zu gehen. Statt des schwarzen Hundes aus dem Speicher war nun ein gefleckter Köter an der Tür zum Wachhäuschen angebunden. Das Tier hatte vorher immer am Kochherd der Verwaltungsbeamten gesessen. Als es Yu Zhaoyuan erblickte, fing es heftig an zu bellen.

So konnten sie zwar nicht noch einmal etwas aus dem Speicher stehlen, aber der Erfolg der ersten Aktion hatte Yu Zhaoyuan dennoch ermutigt. An einem Abend während des Frühlingsfestes drang er in die Kantine ein. Mit der Hilfe von Yang Naikang kletterte er zunächst vom Heizungsschuppen auf das Dach. Er schob eine Bambusstange, an deren Ende ein Haken angebracht war, durch die Dachluke und angelte einen Hefeteig heraus. Daraufhin lief er mit Yang wieder ins Grasland und röstete seine Beute.

Nach dem Frühlingsfest begann die Beizung des Saatgutes. Yu stahl jetzt regelmäßig. Jeden Tag zum Arbeitsschluß versteckte er eine Handvoll Weizen in seinen Schuhen oder unter der Mütze. Er hatte den Holzstiel seiner Schaufel durch einen aus Bambus ersetzt und Löcher hineingebohrt, um im Inneren des Stiels auch Weizen verstecken zu können. Aber sein Trick wurde von einem Verwaltungsbeamten entdeckt. Als er Yus Sachen durchsuchte, fand er einen halben Koffer voller Körner. Yu wurde daraufhin eine Essensration gekürzt, und er wurde vor eine Kritikversammlung gezerrt.

Nach der Beizung folgte die Frühjahrsaussaat. Yu und die anderen Rechtsabweichler stahlen weiter. Damals bekam jeder Rechtsabweichler ein dreiviertel Pfund Getreide pro Tag, das war unter normalen Bedingungen ausreichend. Aber die Rechtsabweichler arbeiteten zehn, manchmal sogar sechzehn Stunden am Tag. Die schwere, ungewohnte Arbeit zehrte ihre Körper völlig aus. Weniger als ein Pfund Getreide konnte ihren Energiebedarf nicht decken, und viele Rechtsabweichler verhungerten.

Den Weizen konnten sie natürlich nicht während der Arbeit verzehren. Wären sie erwischt worden, hätte es Ärger gegeben, und ihre Essensration wäre gekürzt worden. Es ging nur in der Pause, wenn die Aufseher gegangen waren. Die Mitglieder der Feldbrigade legten sich um den Sack mit dem Saatgut auf den Boden. Dann griffen sie eine Handvoll Weizen und stopften sie sich in den Mund. Sie bewegten kräftig die Zunge, damit sich Speichel bildete und sie so die Pestizide vom Weizen spülen konnten. Der Speichel wurde ausgespuckt, die Körner gekaut und dann hinuntergeschluckt. Abends, wenn sie ihren Brei bekamen, konnten sie nicht sagen, ob er salzig oder fad oder vielleicht sauer war. Die Pestizide hatten ihren Geschmackssinn völlig zerstört.

Eines Tages bekam Yu starke Bauchschmerzen, nachdem er zu viele Pflanzenschutzmittel mitgeschluckt hatte. Er schwitzte so stark, daß seine Kleidung ganz naß war. Er dachte, er würde sterben. Aber nach zwei Stunden waren die Schmerzen verschwunden. Seine Eingeweide machten gluckernde Geräusche, und er bekam Durchfall. Dieser dauerte einige Tage und war so heftig, daß Yu gar nicht mehr gehen und stehen konnte. Aber ein paar Tage später aß er wieder Weizensaat, die Bauchschmerzen ließen nach, und auch die Diarrhoe verschwand.

Von März bis Mai war die Zeit der Aussaat. Die Lagerinsassen säten Weizen, Sesam, Mais und Hirse und stahlen von allem, was sie säten. Im Juni kam es zu Versorgungsengpässen. Der Weizen aber begann zu blühen. So rissen die Rechtsabweichler die Ähren ab, zerkauten sie und saugten die Flüssigkeit heraus. Ende Juni waren die Körner noch grün, aber es hatten sich schon Kerne gebildet. Sie rieben die Ähren zwischen den Händen, um die Spelzen abzustreifen, und schlangen die grünen Weizenkerne in sich hinein.

Im Juli zur Erntezeit mußten sie nur darauf achten, daß sie nicht von den Aufsehern entdeckt wurden. Sie breiteten ihre Jacken auf dem Boden aus, legten ein Bündel Ähren darauf, zertraten sie mit den Füßen, schon fielen die Weizenkörner ab, und sie hatten etwas zu kauen.

Alle stahlen auf diese Weise Weizen, aber niemand so viel wie Yu Zhaoyuan. Er hortete sein Diebesgut und vergrub es auf dem Grasland oder irgendwo am Feldrain unter einer Markierung. Sein sechster Sinn sagte ihm, daß die Versorgung mit Lebensmitteln noch knapper werden würde. Yu Zhaoyuan stahl hemmungslos und erfolgreich, so daß seine Ödeme verschwanden, während bereits Hunderte verhungert und ebenso viele vor Hunger zum Laufen zu schwach waren.

Eine Sache hatte Yu Zhaoyuan aber nicht vorhergesehen. Ende September 1960 verkündete die Lagerleitung plötzlich eine Anordnung von höherer Ebene: Alle Rechtsabweichler aus Jiabiangou und Xintiantun, außer den Schwachen und Kranken, sollten nach Mingshui im Kreis Gaotai verlegt werden. Das Amt für Reform durch Arbeit in Jiuquan hatte beschlossen, dort einen Landwirtschaftsbetrieb zu errichten. Einen Tag nachdem die Anordnung ergangen war, wählten der Abteilungsleiter der Produktionsabteilung Luo sowie zwei Sekretäre persönlich 150 junge, kräftige Rechtsabweichler aus der Bau- und Landwirtschaftsbrigade aus, die als erste nach Mingshui gebracht werden sollten. Einer von ihnen war Yu Zhaoyuan. Zwei Lastwagen brachten sie nach Jiuquan, von wo aus sie mit dem Zug weiterfuhren. Yu Zhaoyuan litt sehr, denn das Getreide, das er im Grasland vergraben hatte, würden nun die Mäuse fressen. Wenn Yu Zhaoyuan viele Jahre später von der Verlegung nach Mingshui erzählte, dann war dies für ihn immer noch ein großer Schicksalsschlag.

Der Zug mit den Rechtsabweichlern kam am Vormittag des folgenden Tages um zehn Uhr auf dem Bahnhof Mingshuihe an. Sie dachten, es würde weiter ins Lager Mingshui gehen, aber Abteilungsleiter Luo wies sie an, in Richtung Osten zu marschieren. Dort sollten sie einen Kanal graben. So nahmen sie ihr Gepäck auf und liefen, bis es dunkel wurde, in die Wüste Gobi, als sie endlich ihr Ziel in der Nähe des Landwirtschaftsbetriebes Xinhua im Kreis Linze erreichten. Abteilungsleiter Luo zeigte auf einige zerfallene niedrige Lehmhütten und sagte: »Hier ist es.« Als sie näher herangingen, sahen sie einen halbfertigen Kanal, der parallel zur Bahnstrecke verlief. Luo sagte, er solle mit dem Schwarzen Fluß in Zhangye zusammengeführt werden, um mit dem Wasser 33 000 Hektar Land zu versorgen.

Als Yu Zhaoyuan noch in Lanzhou Abteilungsleiter gewesen war, hatte er gehört, daß die Provinzregierung plante, in den Kreisen Linze und Gaotai den größten Getreidegürtel der Provinz Gansu anzulegen. Aber er wußte nicht, wer angefangen hatte, diesen Kanal tatsächlich auszuheben. Waren es rekrutierte Wanderarbeiter oder Insassen der Arbeitslager? Der Kanal führte in Richtung Osten. Im Abstand von einem Kilometer stand jeweils eine heruntergekommene Lehmhütte, worin sich einmal viele Menschen aufgehalten haben mußten. Die Rechtsabweichler säuberten einige der Behausungen. Kaum waren sie eingezogen, mußten sie schon beginnen, den Kanal zu graben. Jeden Morgen nach dem Frühstück zogen sie mit ihren Spaten los und kamen erst am Abend zurück.

Doch nach vier, fünf Tagen wurde die Arbeit plötzlich eingestellt. Ein Koch war in einen großen Kessel mit kochendem Wasser gefallen, als er einen Dampfaufsatz darauf setzen wollte. Er wurde zwar schnell wieder herausgezogen, aber seine Haut war voller Blasen. Als jemand an seinen Arm kam, löste sie sich sofort ab, genauso auch an jeder anderen Körperstelle, an der man ihn berührte. Abteilungsleiter Luo ließ ihn sofort in die Krankenstation des Landwirtschaftsbetriebes Xinhua bringen, aber die Ärzte dort konnten ihm nicht mehr helfen. Also ließen sie ihn in das Kreiskrankenhaus bringen. Auf dem Weg dorthin starb der Koch.

Sein Tod verursachte ein großes Durcheinander, und die Arbeit ruhte zwei Tage. Doch dann mußten die Rechtsabweichler wieder weitergraben. Schon eine Woche später wurde die Arbeit allerdings erneut eingestellt. Es gab eine Anordnung von höherer Stelle, wonach die tägliche Getreideration von einem auf ein halbes Pfund reduziert werden sollte. Die Rechtsabweichler waren entsetzt. Schon bei einem Pfund pro Tag verhungerten viele, wie sollte man da bei einem halben Pfund noch arbeiten können? Dieser Gedanke versetzte sie in große Panik. Selbst Abteilungsleiter Luo erkannte die Schwere des Problems und fürchtete, daß es viele weitere Tote geben werde, wenn sie die Arbeit fortsetzten. Er ging von Hütte zu Hütte und sagte den Rechtsabweichlern, sie sollten sich zwei Tage ausruhen. Er wollte abwarten, ob es eine weitere Anordnung von oben gäbe. Doch auch nachdem ein paar Tage vergangen waren, kam keine neue Verlautbarung. Es war bereits sehr viel kälter geworden, so drängte auch Abteilungsleiter Luo die Rechtsabweichler nicht mehr zur Arbeit. Sie nahmen ihre zwei Breimahlzeiten zu sich, dann rollten sie sich in den Hütten zusammen und schliefen, um so wenig Energie wie möglich zu verbrauchen.

Doch kaum hörten alle auf zu arbeiten, wurde Yu Zhaoyuan erst recht geschäftig. Er erinnerte sich, daß er ein paar Tage zuvor in nordöstlicher Richtung eine große grüne Fläche gesehen hatte, wie ein Getreidefeld. Er vermutete, daß dort entweder Mais oder Sorghum angebaut würde. Vielleicht konnte er dort an ein paar Kolben oder Ähren kommen. In der Nacht, als alle anderen schliefen, stopfte er ein aus einem Handtuch genähtes Säckchen in die Innentasche seiner Kleidung und sagte zu Gruppenleiter Duan, der am Eingang zur Lehmhütte schlief: »Lao Duan, ich gehe und organisiere uns etwas zu essen.«

Duan hielt ihn nicht zurück und sagte nur: »Sei vorsichtig.« Er gab Yu sogar seine Wollmütze. »Setz sie auf, es ist kalt und windig.«

Daraufhin verließ Yu die Hütte und ging erst in Richtung Osten, genau wie zur Arbeit am Bewässerungsgraben, dann schwenkte er nach Nordosten ein. Es war wirklich frostig kalt. Der Wind aus Nordwesten blies ihm eisig ins Gesicht. Er schlug die Ohrenklappen der Mütze herunter, um sein Gesicht zu schützen. Es war eine mondlose Nacht und so dunkel, daß Yu keinerlei Markierungen erkennen konnte. Er mußte auf sein Gefühl vertrauen. Nachdem er eine Weile gelaufen war, stolperte er über eine Erhöhung. Schemenhaft konnte er den Bewässerungskanal ausmachen. Er lief eine ganze Weile an ihm entlang, bis er zu einem Maisfeld gelangte. Die Bauern hatten hier schon geerntet, aber er dachte, egal, wie gründlich sie gewesen seien, irgendwo würden sicher ein paar Maiskolben heruntergefallen sein. Er betastete eine Pflanze nach der anderen, doch da war nichts mehr zu holen.

Gerade als er entmutig dachte, er sei den ganzen Weg umsonst gegangen, sah er nicht weit entfernt einen gelben ovalen Fleck wie den Schein einer Lampe in der Dunkelheit. Er ging in die Richtung und entdeckte eine kleine Lehmhütte. Das Licht schien durch ein mit Papier abgeklebtes Fenster. Yu schlich sich leise heran. Er hörte Stimmen im Inneren und bohrte mit seinem Finger ein kleines Loch in das Papier. In der Hütte saßen zwei Männer mit schwarzer, wattierter Kleidung. Daraus schloß Yu, daß sie aus dem Lager Xinhua waren, Rechtsabweichler, die auch nach Verbüßung ihrer Strafe noch im Lager bleiben mußten. Obwohl es schon spät in der Nacht war, schliefen die beiden noch nicht, was hieß, daß sie Wachdienst hatten. Sie mußten wohl auf etwas Wichtiges aufpassen.

Yu ging um die Hütte herum. Auf der Vorderseite gab es kein Fenster, nur eine Tür. Ein schwacher Lichtschein drang durch den Spalt. Yu sah sich um und entdeckte einen dunklen Haufen. Er tastete danach. Wahrhaftig! Es waren Maiskolben! Er kniete sich davor und füllte schnell seine Tasche. Nachdem er ein paar eingepackt hatte, unterbrach er kurz, um die Ohrenklappen der Mütze hochzubinden. Er mußte äußerst wachsam sein und die Ohren spitzen. Bei der kleinsten Regung mußte er sofort reagieren.

Yu war mittlerweile ein geübter Dieb, und er füllte sein Säckchen schnell und ruhig. Um möglichst viele Maiskolben einzupacken, stapelte er sie übereinander, zwei Reihen waagerecht, eine Reihe senkrecht. Nach fünf Minuten war seine Tasche gefüllt. Aber das reichte Yu noch nicht, er stopfte noch ein paar mehr Maiskolben hinein. In diesem Moment hörte er ein Quietschen, die Tür der Hütte ging auf, und der Schein einer Kerosinlampe glitt über den Haufen mit Erntegut. Yu erschrak. Instinktiv warf er sich auf den Boden und wagte nicht, sich zu bewegen. Er hob nur ein wenig den Kopf und sah in Richtung Tür. Sein Herz schlug bis zur Kehle, und er zitterte am ganzen Körper.

In der Tür stand ein großer Schatten. Ein Mann trat heraus und urinierte neben die Maiskolben. Yu hoffte, er würde wieder zurück in die Hütte gehen. Mit offener Hose drehte sich der Schatten um und sah in Yus Richtung. Dessen Brust krampfte sich zusammen: Hatte der Mann etwas gehört? Oder etwas gerochen? Oder gespürt, daß etwas nicht normal war? Mit pochendem Herzen, dicht an den Boden gepreßt, starrte Yu zu ihm hinüber. Warum ging er nicht wieder hinein? Der Mann beugte sich vor und sah in Yus Richtung, er drehte seinen Kopf nach rechts und links. Er mußte Yu entdeckt haben, seine Augen hatten sich vermutlich inzwischen an die Dunkelheit gewöhnt. Er dachte sicher darüber nach, wie er ihn zu fassen bekommen sollte. Yu überlegte, ob er versuchen sollte wegzulaufen. Müßte er das Säckchen dalassen, oder könnte er es vielleicht mitnehmen? Es wegzuwerfen, brachte er nicht übers Herz, aber wenn er es mitnahm, würde es ihn behindern. Plötzlich fühlte er sich ganz schwach.

Mit einem Mal passierte etwas, womit Yu überhaupt nicht gerechnet hatte. Der Mann drehte sich jäh um und ging mit großen Schritten zurück in die Hütte. Die Tür flog mit einem Knall zu. Dann hörte Yu den anderen fragen: »Was ist los? Ist etwas passiert?«

»Draußen ist ein Wolf«, sagte der erste verstört.

»Sicher? Hast du ihn gesehen?«

»Ganz deutlich. Er hat die Ohren aufgerichtet und frißt den Mais! Der Wolf frißt den Mais!«

»Hol die Schaufel! Schnell. Gehen wir nachsehen!«

Yu griff sein Säckchen und rannte weg. Er hörte, wie die Tür aufging und eine Stimme laut fluchte: »Von wegen ein Wolf! Jemand hat Mais gestohlen. Los, hinterher.« Dann dröhnten Schritte.

Yu Zhaoyuan hatte wirklich Glück! Er rannte drei-, vierhundert Meter über die Feldraine, sprang über einen Graben, stolperte, lief weiter. Die beiden hatten ihn fast eingeholt. Es war so dunkel, daß Yu den Weg nicht richtig sehen konnte, und er fiel mit einem lauten Geräusch in eine Kuhle. Vor Schmerzen konnte er nicht wieder aufstehen. Er fürchtete, daß die beiden ihn nun fassen würden. Er blieb ganz still an den Rand gepreßt sitzen. Das Loch war sehr tief, aber er konnte seine Verfolger am Rand stehen sehen. Sie blieben dort ein paar Minuten und gingen dann fluchend davon.

Yu blieb noch eine ganze Weile reglos in seinem Versteck, aus Furcht, sie würden zurückkommen. Nachdem er etwa eine halbe Stunde gewartet hatte, hörte er nur noch das Pfeifen des Nachtwindes, sonst nichts. Er stieß einen Seufzer der Erleichterung aus und stand auf. Seine Hüfte schmerzte bei jedem Schritt. Er biß die Zähne zusammen und begab sich auf den Rückweg. Er war froh, daß er soviel Glück gehabt hatte.

Nachdem er herausgeklettert war, lief er eine Weile durch die Einöde, als ihn plötzlich seine Fröhlichkeit verließ. Er hatte sich verlaufen. Er war einfach losgegangen und wußte nicht, wo er sich nun befand. Sollte er sich nach Westen oder Süden wenden? Oder vielleicht doch nach Südwesten? Mitte Oktober eine Nacht lang durch die Wüste zu irren, was wäre das für ein Ende! Er hörte die Wölfe heulen. Er zögerte einen Moment, dann lief er weiter. Er mußte nach Westen, dachte er, dort war die Unterkunft. Er schaute zu den Sternen am Himmel, um herauszufinden, in welcher Richtung Westen lag. Da er auf dem Land aufgewachsen war, wußte er, welche Sterne zu dieser Jahreszeit nach Süden zeigten. Nachdem er sich so orientiert hatte, ging er in die richtige Richtung, wie er meinte.

Nicht viel später durchfuhr ihn jedoch ein weiterer Schreck: Was, wenn er am Lager vorbeilief? Das war in der Dunkelheit nicht unmöglich, denn es war nichts zu erkennen, woran er sich hätte orientieren können. Und in diesem Moment drohte eine noch größere Gefahr: Das Heulen der Wölfe kam näher und näher. Es waren wohl zwei Tiere. Mit einem würde er fertig werden, aber wenn ihn zwei Wölfe gleichzeitig angriffen, hatte er mit bloßen Händen keine Chance. Er mußte zuerst dieser Gefahr entkommen, bevor er sich dem anderen Problem zuwenden konnte. So beschloß er, die Richtung zu ändern und nach Süden zu gehen. Als er klein war, hatte ihm sein Vater erzählt, daß Wölfe Beute in einem halben Kilometer Entfernung riechen konnten. Sie kamen aus Westen, er mußte also etwa einen halben Kilometer nach Süden gehen, um den Wölfen zu entkommen.

Er beschleunigte seine Schritte. Sein Herz pochte, und seine Nerven waren zum Zerreißen gespannt. Die Schmerzen in der Hüfte hatte er völlig vergessen. Er begann zu rennen. Das furchterregende Geheul der Wölfe wurde immer lauter. Sie waren ihm schon ganz nah. Er war erschöpft. Ihm war warm, und seine Lunge schmerzte von der kalten Luft, die er in großen Zügen einatmete. Sein Hals war trocken und brannte. Seine Beine waren so schwach, daß er fast in die Knie gegangen wäre. Schweiß lief ihm über den Rücken und durchtränkte seine Kleidung. Er konnte nicht mehr weiterlaufen, sonst wäre er vor Erschöpfung tot umgefallen. Er sagte sich: Bleib einfach stehen. Mach eine Pause. Füge dich in dein Schicksal. Verzweiflung und Hoffnungslosigkeit kamen in ihm auf, und er verlangsamte seine Schritte. Da bemerkte er plötzlich, daß sich das Geheul der Wölfe entfernt hatte. Er fiel auf seine Knie, die Anspannung ließ nach, aber er war wie gelähmt. Die Wölfe waren nach Osten gelaufen. Der Nordwestwind konnte seinen Geruch nicht mehr zu ihnen tragen.

Froh, daß er den Wölfen entkommen war, blieb er eine Weile sitzen. Als sich sein Herzschlag wieder normalisiert hatte, stand er auf und setzte seinen Weg in Richtung Westen fort. Er durfte nicht zu lange sitzen bleiben, da seine vom Schweiß durchtränkte Kleidung auskühlte. Nachdem er ein paar Schritte gegangen war, bemerkte er ganz in der Nähe ein paar Erdhügel. Fast hätte er vor Freude aufgeschrieen. Es war der Kanal. Würde er nicht zu den schäbigen Lehmhütten kommen, wenn er einfach den Kanal entlang liefe? Er war den Wölfen dankbar. Hätten sie ihn nicht in diese Richtung getrieben, hätte er sich in der Einöde verirrt.

Er folgte eine ganze Weile dem Kanal, aber er konnte das Lager immer noch nicht erkennen. Er war verwirrt: War er vielleicht schon daran vorbeigelaufen? Sein Gefühl sagte ihm, daß er auf dem richtigen Weg war. Oder sollte er doch nach Osten gehen? Aber wenn doch die Hütten im Westen lagen, warum dann die Richtung ändern? So ging er weiter in Richtung Westen. Wenn er das Lager nicht finden würde, dann wollte er irgendwann umkehren. Kaum war er ein paar hundert Meter gegangen, stolperte er über irgend etwas. Er setzte sich auf, um herauszufinden, was es gewesen war. Ein kleiner Erdhaufen. Das verwirrte Yu noch mehr: Was sollte das? Wer schüttete an einer solchen Stelle eine Erdhügel auf? Er schaute sich um und dachte nach. Plötzlich fiel es ihm ein: Es war das Grab des Koches, der sich im Topf verbrüht hatte.

Nach wenigen Minuten erreichte er die Lehmhütten. Gruppenleiter Duan wachte auf. »Wo warst du so lange?«

»Ich habe mich verlaufen. Ich bin die halbe Nacht da draußen herum geirrt.«

»Hast du was besorgt?«

Yu Zhaoyuan antwortete nicht, sondern zog sechs Maiskolben heraus und steckte sie unter Duans Decke. Dann tastete er sich zu seinem Schlafplatz. Er legte seine Beute in einen Koffer und verschloß ihn gut. Insgesamt hatte er 42 Maiskolben gestohlen, sechs hatte er Duan gegeben. Er legte 32 in seinen Koffer, die restlichen vier behielt er bei sich. Er kroch in sein Bett, zog sich die Decke über den Kopf und genoß ganz langsam den Mais. Beim Kauen lief ihm der Saft aus den Körnern über den Mund. Welche Süße, welcher Duft!

Am nächsten Morgen aß Yu eine halbe Schale Brei und wollte sich wieder schlafen legen. Seine Hüfte schmerzte vom Sturz in der vorigen Nacht. Aber Abteilungsleiter Luo blies in seine Pfeife und ließ alle antreten. »Unsere Essensrationen wurden gekürzt, und wir bekommen jeden Tag nur ein paar Bissen zu essen. Wir arbeiten zwar nicht, aber der Hunger bleibt. Wir gehen heute zusammen in die Berge, um etwas zu essen zu suchen. Die Leute aus dem Dorf haben mir gesagt, daß dort eßbare Luftkartoffeln wachsen. Die gehen wir heute ausgraben.«

Als Yu Zhaoyuan hörte, daß sie in die Berge gehen sollten, lief er schnell in die Hütte und stopfte sich vier Kolben in seine Taschen. Dann nahm er seinen Spaten und folgte den anderen. Er lief schnell. Als sie die Gleise überquert hatten und im Tal waren, hatte er schon einen Kilometer Vorsprung vor den anderen. Das war volle Absicht. Er wollte Zeit gewinnen und einen Platz finden, wo er den Mais über einem Feuer rösten konnte. Im Gehen sammelte er Reisig, dann bog er vom Weg ab und tat wie geplant. Danach entfernte er die verbrannten äußeren Blätter und kaute genüßlich die duftenden Maiskörner. Er aß alle vier Kolben, einen nach dem anderen. Dann überlegte er, was er mit den Resten machen sollte. Er wollte nicht, daß der Abteilungsleiter ihn entdeckte. Luo war sehr streng. Wenn er erfuhr, daß er Maiskolben gestohlen hatte, würde sich Yu sicher eine Ohrfeige einhandeln. Er überlegte hin und her, dann vergrub er die Kolben nicht weit von der Feuerstelle und urinierte darauf.

Die anderen Rechtsabweichler schlossen zu ihm auf und wärmten sich am Feuer. Einer erleichterte sich sogar dort, wo Yu die Kolben vergraben hatte. Jemand fragt ihn, ob er Luftkartoffeln gefunden hatte. »Kein Glück«, gab Yu zurück.

Dann suchte er mit ganzer Konzentration und fand tatsächlich ein paar. Sie rösteten sie über dem Feuer und brachen sie auf. Im Inneren sahen sie aus wie gebackene Süßkartoffeln, aber sie schmeckten bitter.

Zwei Tage danach ging Yu wieder zu der Hütte, dieses Mal am Tag. Er wollte in Erfahrung bringen, ob man dort noch etwas stehlen konnte. Vom Mais war nichts mehr zu sehen, die Wachen waren auch nicht mehr da. Die Tür war verschlossen. Er schaute durch das Fenster in die Hütte. Sie war leer bis auf ein Ofenbett. Aber auch dieses Mal hatte er den Weg nicht umsonst gemacht, denn er fand ein paar Erdnußpflanzen. Er hatte noch nie Erdnüsse gesehen, aber er hatte einmal eine Kurzgeschichte darüber gelesen, und so schlußfolgerte er, daß einer von den ehemaligen Rechtsabweichlern sie gepflanzt haben mußte. Als er die kleinen Setzlinge sah, grub er sie vorsichtig aus und entdeckte an der Wurzel ein paar helle Hülsen. Er kaute darauf herum und fand, daß sie süßlich schmeckten. Sie waren noch nicht reif. Bevor er sich auf den Rückweg machte, nahm er ein paar Pflänzchen mit. In der Unterkunft kochte er die Blätter und aß sie. Als ihn jemand fragte, was das sei, gab Yu zur Antwort: »Gemüseblätter.«

Durch seine Erkundungen hatte Yu herausgefunden, daß es in der Umgebung nun wirklich nichts Eßbares mehr gab, was er hätte stehlen können. Deshalb aß er seine Maiskolben sparsam, einen pro Tag, damit sie länger reichten. Wenn der Hunger nicht mehr auszuhalten war, würde er noch einmal ein paar Erdnußpflanzen ausgraben.

Sie lebten nun schon über einen Monat in der Einöde von Linze. Mitte November war es am Fuße des Qilian-Gebirges schon bitterkalt. Mehr als zehn Rechtsabweichler waren schon verhungert. Es war sinnlos, wenn sie weiter dort blieben, also schickte die Lagerleitung einen Traktor, der sie abholen sollte.

Sie hörten die Neuigkeiten, als sie bei der Arbeit waren. Fast alle Insassen aus Jiabiangou waren mittlerweile nach Mingshui verlegt worden. Ursprüglich hatten sie auch alle dorthin gewollt, weil sie dachten, die Lebensbedingungen seien besser. Aber als sie in Mingshui vom Wagen stiegen, fühlten sie, daß sie vom Regen in die Traufe gekommen waren. Die Verhältnisse in Mingshui waren noch viel schlechter als die in Jiabiangou. Jiabiangou lag zwar mitten in der Wüste Badain Jaran, aber dort gab es große Höfe: den der Landwirtschaftsbrigade, den der Baubrigade, die Büros der Lagerleitung und die Unterkünfte der Beamten. Außerdem befanden sich dort einige Felder und ein Kanal. Mingshui hingegen war kahles Ödland. Mehr als tausend Rechtsabweichler hausten in Höhlen oder Erdlöchern in zwei Gräben, die das Wasser aus den Bergen ausgespült hatte. Die Erdlöcher waren unterschiedlich groß, vor den Höhlen hingen Strohvorhänge oder Stoffstreifen als Schutz vor dem Wind. Es erinnerte an die ersten Siedlungen der Vorfahren vor 5000 Jahren im Einzugsgebiet des Gelben Flusses. Einziges Zeichen der modernen Zivilisation waren Hirsefelder am südlichen Ende des einen Grabens, zwei Erdhütten und ein paar neu errichtete Strohhütten. Jemand sagte, daß dort die Lagerleitung und die Küche waren, daneben fand sich ein neugegrabener Brunnen. Und dieser Ort hieß Mingshui, »Klares Wasser«, weil in der Nähe der Mingshui-Fluß war. Der Name war allerdings eine Illusion, das Flußbett war ausgetrocknet. Nur am Deich im Unterlauf des Flusses hatte sich ein wenig Wasser aus der Regenzeit angesammelt.

Viel schlimmer war allerdings, daß bereits bis zu einem Drittel der verlegten Rechtsabweichler verhungert war. Überall im Wüstengebiet entlang der Gräben und am Deich waren frische Gräber. Die Rechtsabweichler, die noch am Leben waren, befanden sich in einem schlimmen Zustand. Die Hälfte von ihnen war bettlägerig. Diejenigen, die sich noch bewegen konnten, lagen oder saßen zur Mittagszeit vor ihren Höhlen in der Sonne. Viele hatten nicht mehr die Kraft, in der Küche ihr Essen zu holen. Also gingen die Köche zur Essenszeit mit einem Kübel herum und gaben die Mahlzeiten aus. Sie füllten jedem eine halbe Kelle Brei in das mit zittrigen Händen gehaltene Eßgeschirr. Die Tagesration war ein halbes Pfund Bohnenmehl.

Die mehr als einhundert Rechtsabweichler, die nun neu hinzukamen, wurden in Höhlen im Westgraben untergebracht. Der Westgraben war tiefer als der Ostgraben, die Höhlen waren ein bißchen größer. In den Erdlöchern konnten vier oder fünf Personen leben, in den großen Höhlen bis zu zwanzig Personen. Es hieß, daß die Lagerleitung die Rechtsabweichler, die hier zuvor gewohnt hatten, auf andere Höhlen verteilt hatte. Aber viele hatten bereits außerhalb des Grabens ihre letzte Ruhestätte gefunden. Die meisten Rechtsabweichler warteten ruhig auf ihren Tod. Nur einige, die ihr Schicksal nicht akzeptieren wollten, suchten ihr Heil in der Flucht.

Yu Zhaoyuan dachte nicht an Flucht. Als er klein war, hatten seine Eltern das Stück Land, von dem die ganze Familie lebte, verpfändet, damit er zur Schule gehen konnte. Sie hatten gehofft, daß er der Familie Ehre machen würde. Wenn er jetzt nach Hause liefe, würde sein Vater sicher sehr enttäuscht sein. An eine Rückkehr nach Lanzhou wagte er auch nicht zu denken, denn wo hätte er sich verstecken sollen? Er beschloß, nicht zu fliehen, sondern einen Weg zu finden, um irgendwie zu überleben.

Während die anderen in den Höhlen schliefen, schleppte sich Yu auf seinen müden Beinen los, um die Umgebung zu erkunden. Er hatte Erfolg. Zwischen den beiden Gräben lag ein abgeerntetes Rübenfeld. Am Feldrand stand eine kleine Hütte, vor der ein großer Haufen Rübenblätter lag. Die fügte die Küche manchmal ihrem Brei hinzu. Vielleicht hatte das Lager die Rüben von den Bauern gekauft. In der Hütte lebte ein ehemaliger Rechtsabweichler, der sie bewachen sollte. Sie am hellichten Tag zu stehlen war also unmöglich. Die Tür stand offen. Der Wächter saß am Eingang in der Sonne und schlummerte. In der Nacht befand sich eine Sturmlaterne auf dem Fensterbrett. Der Lichtschein fiel genau auf die Rübenblätter. Der Wächter saß dick angezogen auf dem Ofenbett. Er sah nach draußen. Um zehn Minuten nach acht Uhr drehte er mit einem Knüppel in der Hand eine Runde. Nachdem Yu Zhaoyuan ihn einige Tage beobachtet hatte, beschloß er, in der Nacht zuzuschlagen. Er schlich sich aus der Ferne an und drückte sich an die Giebelwand. Nachdem der Wächter seine Runde beendet hatte, kroch Yu auf allen vieren vor das Fenster. Das Fensterbrett warf einen Schatten auf die Rübenblätter, in dessen Schutz sie Yu schnell in seine Tasche packte. Es dauerte nicht länger als drei Minuten, dann schlich er zurück. Zusammen mit den drei anderen Rechtsabweichlern in seiner Höhle kochte er die Blätter, und sie hatten drei Tage lang etwas zu essen.

Drei Tage später ging Yu wieder zur Hütte, um zu stehlen. Er hatte seine Tasche schon zur Hälfte gefüllt, als der Wächter plötzlich hinter ihm auftauchte. Er schlug mit seinem Knüppel auf Yu ein. »Mistkerl, ich warte seit drei Tagen auf dich!« Yu hinkte zur Höhle zurück und wagte es danach nicht noch einmal, dort etwas zu stehlen. Ehemalige Rechtsabweichler, wie der Wächter, die das Lager nicht verlassen durften, fanden nicht so einfach eine gute Arbeit. Deshalb war es normal, daß sie ihre Aufgaben so ernst nahmen.

Nachdem Yus Beine von den Schlägen geheilt waren, wandte sich sein Interesse dem Hirsefeld zu. Am Südende des Grabens, wo auch die Lagerleitung saß, gab es einen großen Akker. Es war schon Ende November, aber er war noch nicht abgeerntet. Waren die Bauern zu Wasserbauprojekten abgezogen worden? Oder hielt die Produktionsbrigade Hirse nicht für wichtig? Es war eigenartig, daß nur ein paar Frauen das Feld bewachten. Sie wohnten in einer Hütte und machten ab und zu einen Patrouillengang.

Zusammen mit Yang Naikang machte sich Yu Zhaoyuan ans Werk. Sie legten sich auf das offene Land ganz in der Nähe des Feldes. Yu heulte wie ein Wolf, und die Frauen liefen zu ihrer Hütte. In diesem Moment krochen Yu und Yang aus der Deckung und füllten ihre Taschen mit Hirseähren. Zwischendurch stimmte Yu immer wieder sein Wolfsgeheul an. Als ihre Taschen gefüllt waren, liefen sie unter Geheul von dannen. Hirse war etwas sehr Wertvolles, deshalb wollten sie sie nicht mit den anderen teilen und vergruben sie in der Nähe des Grabens. Aber als sie am nächsten Abend zurückkamen, um sie zu essen, stellten sie fest, daß sie weg war. Jemand mußte sie gestohlen haben. Manche Rechtsabweichler suchten nahe den Höhlen immer nach Essen, das andere vergraben hatten.

So zogen Yu und Yang ein zweites Mal zum Feld. Dieses Mal gingen sie mit ihrer Beute in Richtung Norden. Sie vergruben sie in einem Grabhügel und setzten eine Markierung. Jeden Abend gingen Yu und Yang wieder dorthin zurück, um die Hirse zu kochen oder einfach roh zu essen. Wenn man sie roh aß, schmeckte sie süß. Sie mußten jedoch immer heftig husten, weil die Spelzen an der Zunge und im Hals kleben blieben.

Diese guten Zeiten dauerten allerdings nicht an. Ende November kam eine Gruppe Bauern und erntete in Windeseile das Feld ab.

Zu dieser Zeit entdeckte Yu Zhaoyuan etwas Merkwürdiges. Nicht weit von der Höhle entfernt, in der sie wohnten, machte der Graben einen Bogen, und dort war eine kleine Ebene. An drei Seiten war sie von Felsen umgeben, an der vierten war ein Zaun. Dort weideten siebzig oder achtzig Schafe. Im Gehege war eine Höhle, in der zwei Hirten lebten, ebenfalls Rechtsabweichler aus Lanzhou. Im Unterschied zu den anderen waren sie aber gesund und hatten pausbäckige Gesichter. Yu fragte sich, wie es ihnen so gut gehen konnte. Er erfuhr von jemanden, daß sie alle zwei, drei Tage mit einem toten Schaf auf den Schultern von der Weide zurückkamen. Die Tiere waren blutig, und die Eingeweide hingen heraus. Die Hirten berichteten der Lagerleitung, daß die Schafe von Schakalen angefallen worden seien. An dieser Stelle der Geschichte wurde Yus Informant ägerlich. So etwas sei schon oft passiert. Die Lagerleitung überprüfe die Angaben nicht und ließ die beiden weiter die Schafe hüten. Die Sache war doch ganz klar. Die beiden aßen die Innereien und die Beamten das Fleisch. Die Knochen bekam die Küche für die Suppe. Und dann behaupteten die Hirten auch noch, daß sie so schließlich die Kost der Lagerinsassen verbesserten.

Als Yu Zhaoyuan das hörte, war er kein bißchen wütend, er belehrte den anderen sogar noch eines Besseren. »Warum bist du so sauer? Denk an unsere Situation! Die Menschen verhungern! Wenn du so eine Gelegenheit hättest, würdest du sie auch nutzen. Du brauchst nicht neidisch zu sein.« Dann fragte er: »Und wo ist die Haut?« »Auf dem Dach des Büros von Direktor Zhang.«

Als Yu das hörte, lief er sofort zur Verwaltung der Landwirtschaftsbrigade. Das Büro war leer. Yu kletterte schnell auf das Dach und zog zwei der Häute herunter. Er lief zum Deich und machte ein Feuer, um die Wolle abzusengen. Yu war sehr geduldig und verbrachte fast den ganzen Tag damit. Die Haut wurde hart und gelblich, so wie Strohpappe. Er brach sie in kleine Stückchen und kaute genüßlich darauf herum. Die Reste nahm er mit in die Höhle und teilte sie mit seinen Mitbewohnern. Yang Naikang kaute auf dem knusprigen, aromatischen Häppchen und sagte: »Lao Yu, wenn ich es zurück nach Lanzhou schaffe, dann habe ich das dir zu verdanken. Ich werde dich zu gebratener Ente einladen. Allerdings schmeckt die nicht halb so gut wie diese Schafhaut.«

Aber Yu Zhaoyuans gute Zeit sollte bald zu Ende gehen, da es in Mingshui nichts mehr gab, was er stehlen konnte. Doch er war nicht bereit, tatenlos auf den Tod zu warten. Er lief auf die Wiese und sammelte Grassamen oder grub in der Bergschlucht nach Luftkartoffeln. Eines Tages entdeckte er auf dem Rückweg von der Schlucht einige Knochen. Er sammelte sie auf und nahm sie mit zurück. In der Schlucht lagen viele davon herum. Er vermutete, daß sie von Tieren stammten, nicht von Menschen. Sie waren durch Wind und Regen ganz glatt und weiß. Seine Mitbewohner sagten, daß sie keinerlei Nährwert hätten. Yu stimmte zu, aber er kam zu dem Schluß, daß sie auch nicht giftig wären. Er überlegte, was er damit machen könnte. Als ihm nichts einfiel, legte er sie einfach über das Feuer. Wer hätte gedacht, daß so etwas Seltsames passieren würde: Sie verfärbten sich gelb, und an der Oberfläche bildeten sich Bläschen. Yu kratzte diese mit einer Scherbe ab und leckte das entstandene Pulver auf. Es schmeckte ein wenig salzig. Er röstete alle Knochen und kratzte die Bläschen auf ein Bettuch. Es wurde etwa eine Handvoll Pulver. Er aß es wie geröstetes Mehl. Die anderen aus der Höhle taten es ihm gleich.

Mitte Dezember – er hatte gerade zwei Tage lang von den Knochen gegessen – wurde er von der Lagerleitung als Pfleger in die Krankenstation im Westgraben versetzt. Mitte November hatte die Zahl der Toten einen Höchststand erreicht. Jeden Tag starben mehr als zehn Rechtsabweichler. Liang Buyun, der Parteisekretär von Mingshui, war beunruhigt und berichtete dem Parteikomitee in Zhangye von der schlimmen Situation. Er bat um die Zuteilung von mehr Getreide. Der Parteisekretär von Zhangye war aber ein unnachgiebiger Revolutionär. Er wies Liang zurecht. »Was machst du dir Sorgen, wenn ein paar Verbrecher sterben? Auf dem Weg zum Sozialismus bleiben eben einige auf der Strecke. Mach dir nicht in die Hose.« Liang ging deprimiert ins Lager zurück. Er beschloß, eine Krankenstation einzurichten, um die Zahl der Toten zu reduzieren. Die Lagerleitung brachte alle Rechtsabweichler, die zu schwach zum Gehen waren, in sieben großen Höhlen am Südende des Grabens unter. In jede wurde ein Ofen gebaut, und zwei Rechtsabweichler, die einigermaßen gesund waren, wurden als Pfleger abgestellt. Ihre Aufgabe bestand darin, das Eßgeschirr einzusammeln, die Verpflegung einfüllen zu lassen und sie an die Kranken auszuteilen. Außerdem halfen sie den Patienten dabei, ihre Notdurft zu verrichten. Diese sollten ruhig liegen, um möglichst wenig Energie zu verbrauchen, und bekamen jeden Abend um zehn Uhr eine Extraration Essen. Der Lagerleiter hatte angewiesen, jeden Tag zwei Schafe zu schlachten. Das Fleisch sollte in die Suppe kommen, zusammen mit Karotten und Gemüseblättern, um den Kranken zusätzlich Nährstoffe zuzuführen.

Die Pfleger hatten noch eine weitere Aufgabe: Sie mußten die Toten in ihr Bettzeug einwickeln, verschnüren und nach draußen tragen. Der freie Platz wurde dann für einen neuen Kranken vorbereitet. Yu Zhaoyuan war schlau. Er stellte fest, daß die meisten gegen Mitternacht verstarben. Sie schliefen ein und wachten einfach nicht mehr auf. Also weckte Yu um Mitternacht die Kranken, ließ sie sich aufsetzen und miteinander unterhalten. Manche beschimpften ihn. »Verschwinde. Laß uns in Ruhe schlafen.« Aber Yu wurde nicht böse. Er lächelte und zog die Kranken aus ihren Betten. »Wenn du dich nicht hinsetzt, gib mir nicht die Schuld, wenn du stirbst.« Aufgrund seiner unkonventionellen Methode war die Sterberate in seinem Krankenzimmer die niedrigste.

Während er als Pfleger arbeitete, stahl er nichts. In seinem Krankenzimmer waren dreißig oder vierzig Kranke, und er war zu beschäftigt, um ans Stehlen zu denken. Nach nur zwei Wochen verschlechterte sich sein Gesundheitszustand zusehends, und sein Gesicht und seine Beine schwollen an.

Gerade als Yu sehr deprimiert war und dachte, er müsse selbst bald sterben, wehte der Geist der Lanzhou-Konferenz des Amtes für die Entwicklung des Nordwestens nach Mingshui. Die stark linksgerichtete Politik der Provinzregierung sollte korrigiert werden, um noch mehr Tode zu verhindern. Ende Dezember kam ein Bus nach Mingshui und brachte die Schwerkranken zur Erholung in das Lager Xinhua. Als Pfleger war es seine Aufgabe, ihnen in den Bus zu helfen.

In einen Bus paßten 50 Personen. Als er abfahren sollte, wies ihn Brigadeleiter Liang an, auch einzusteigen, damit er die Kranken im Lager Xinhua weiter betreuen konnte. Yu eilte in seine Höhle und suchte seine Sachen zusammen. Yang Naikang saß vor der Höhle und sonnte sich. Da lief Yu zurück zu Brigadeleiter Liang und bat ihn, Yang auch nach Xinhua zu schicken. Liang war einverstanden.

In Xinhua angekommen, wohnten die 51 Rechtsabweichler in zwei Klassenräumen in einer Schule. Auf dem Boden waren Strohmatten ausgelegt. Yu hatte in Xinhua nichts zu tun. Dorthin waren Arbeitslose, Prostituierte, Tänzerinnen und Bedienstete der alten Regierung aus Shanghai zur Umerziehung gebracht worden, und unter ihnen wurden einige Frauen zur Betreuung der Kranken ausgewählt. In Xinhua begann Yu wieder zu stehlen. Er wurde wie ein Kranker behandelt. Jeden Tag bekam er eine Schale dicken Brei mit Hackfleisch, aber trotzdem litt er ständig Hunger. Nach dem Essen schlenderte er immer umher.

Eines Tages entdeckte er ein Büro, in dem zwei Säcke Reis an der Wand standen. Er setzte sich vor die Baracke und tat so, als würde er sich sonnen. Er wartete auf eine Gelegenheit. Als der Angestellte das Büro verließ, ging Yu sofort hinein und stopfte sich die Manteltaschen voll mit Reis. Dann verließ er schnell das Büro. Er setzte sich wieder in die Sonne, lehnte sich an die Wand und wimmerte. Der Angestellte kam zurück und bemerkte den Diebstahl. »Diebe! Diebe haben den Reis gestohlen!« Er kam aus dem Büro gelaufen und fragte Yu, ob er jemanden gesehen hatte. »Jemand mit einem gelben Mantel ist eingebrochen und dann in Richtung Westen davongelaufen.« Der Angestellte eilte dem fiktiven Dieb hinterher. Da stand Yu gemächlich auf und ging zur Krankenstation zurück. Er rief Yang Naikang und half ihm nach draußen. Dann suchten sie sich einen ruhigen Platz und kauten die Reiskörner.

Drei oder vier Tage später kam ein Bus nach Xinhua und transportierte die Rechtsabweichler in den Landwirtschaftsbetrieb Jianquanzi, 15 Kilometer westlich von Mingshui. Warum sie dorthin gebracht wurden, wußten sie nicht. Dort schaffte man sie in einen lagerhallenartigen Raum. Vor ihnen waren schon weitere ausgezehrte Rechtsabweichler aus Mingshui dort angekommen.

In Jianquanzi sollten sie sich eigentlich einige Tage erholen und, wenn es ihnen besser ging, nach Lanzhou gebracht werden. Die Bedingungen hier waren aber noch schlechter als die in Mingshui. Es gab keinen Reisbrei mit Fleisch mehr, und die Ration wurde auf ein halbes Pfund Bohnenmehl pro Tag herabgesetzt. Das große Sterben ging weiter. Und schließlich trat auch für Yu der Ernstfall ein: Er konnte nicht mehr laufen.

Im Straflager Jianquanzi gab es auch viele weibliche Insassen, die meisten aus Shanghai. Die Leitung hatte sie dazu eingeteilt, sich um die Rechtsabweichler zu kümmern, ihnen auch bei der Verrichtung der Notdurft zu helfen. Aber Yu Zhaoyuan wollte sich daran nicht gewöhnen und bestand darauf, weiter allein zur Toilette zu gehen. Eines Tages, als er auf der Latrine hockte, konnte er plötzlich nicht mehr aufstehen. Er versuchte sich mit beiden Händen auf dem Boden abzustützen und sich hochzuziehen. Doch seine Hände gaben nach, und er fiel kopfüber auf den Latrinenboden. Er lag dort eine ganze Weile, bis jemand kam und ihm aufhalf. Dieser Zwischenfall gab Yu zu denken. Er wollte nicht im Bett liegen und auf den Tod warten. Er mußte etwas zu essen besorgen, egal wie.

Wenn man seinen Lebenswillen nicht aufgibt, dann gibt es auch in ausweglosen Situationen Hilfe. Das sagte Yu Zhaoyuan Jahre später in einem Interview zu mir. In der Nacht nach dem Zwischenfall schleppte er sich, nachdem er seine Schale Brei aufgegessen hatte, langsam durch das Lager. Er wollte etwas Eßbares finden. Er sah einige Pferdewagen am Getreidespeicher vorfahren. Ein Lagerbeamter ließ sie von einigen ehemaligen Rechtsabweichlern abladen. Auf den Wagen waren Säcke. Manche davon waren kaputt, und beim Abladen fielen Bohnen auf den Boden. Yu wollte sie aufsammeln, aber er wurde weggescheucht. Doch konnte er sich diese Gelegenheit nicht entgehen lassen, schlich um die Wagen und überlegte, wie er an die Bohnen herankäme. Da fiel ihm auf, daß der Mond sehr hell schien und das Lagerhaus einen Schatten in den Hof warf. Eines der Zugpferde stellte sich in den Schatten. Da wußte Yu, was zu tun war. Im Schatten des Lagerhauses schlich er langsam nah an das Zugpferd heran. Er kniete sich hin und zwängte sich auf allen vieren zwischen den Beinen des Pferdes hindurch. Dann krabbelte er unter das Deichselpferd und von dort aus unter den Wagen. Die ehemaligen Rechtsabweichler waren mit dem Entladen beschäftigt, und der Lagerbeamte beaufsichtigte sie. Daher konnte Yu unbemerkt die Bohnen unter der Wagenwanne einsammeln. Er stopfte sich die Manteltaschen voll und kroch vorsichtig zwischen den Pferdebeinen zurück. Im Schatten des Lagerhauses fühlte er sich sicher. Aber als er aufstehen wollte, wurde ihm schwindlig, und er fiel zu Boden. Das Geräusch alarmierte den Lagerbeamten. Er ließ Yu zu Liang Jingxiaos Unterkunft bringen. Dort zeigte er auf Yus gefüllte Taschen und sagte zu Liang: »Sieh nur, was eure Leute machen.« Aber dieser entgegnete nur: »Der ist ohnmächtig, was soll's bringen.« Der Lagerbeamte war verdutzt, er drehte sich um und ging.

Als Yu Zhaoyuan wieder im Schlafraum war, teilte er seine

Beute mit den anderen, jeder bekam ein paar, aber für sich behielt er ein paar mehr. Er legte sich ins Bett, zog die Decke über den Kopf und kaute das aromatische rohe Gemüse.

Am 1. Januar 1961 erfuhren die Rechtsabweichler, daß am selben Tag die erste Gruppe das Lager Jianquanzi verlassen sollte. Eine Arbeitsgruppe, die das Provinzparteikomitee nach Jiabiangou geschickt hatte, kümmerte sich um Güterwagen für ihren Transport. Um zu garantieren, daß alle gut in Lanzhou ankamen, wurde einige Ärzte aus Krankenhäusern der Region Zhangye in das Lager geschickt. Sie sollten die Insassen untersuchen und den »Gesunden« zuerst die Erlaubnis für den Transport erteilen. Als Yu Zhaoyuan an der Reihe war, ließ der Arzt ihn aufstehen. Er zwickte ihn ins Bein. Yu war so abgemagert, daß er von dem Kniff einfach umfiel. Der Arzt hielt ihn deshalb nicht für transportfähig.

Ein paar Tage später verließ die zweite Gruppe das Lager. Liang Jingxiao fragte Yu: »Willst du nicht weg? Wenn du weg willst, mußt du etwas frischer aussehen.« Da zog Yu seine Arbeitslagerkleidung aus und eine neue gefütterte Jacke an, die er drei Jahre zuvor mitgebracht hatte. Er wusch sich das Gesicht und borgte sich von Liang ein Rasiermesser. Als der Arzt ihn untersuchte und in die Wade kniff, bis er die Zähne zusammen und sagte keinen Mucks. Der Arzt sah zu Liang Jingxiao. »Er kann fahren.«

Ein Bus brachte sie zum Bahnhof Gaotai. In der Dämmerung fuhr der Zug ein, und die Menschen strömten hinein. Er hielt fünf Minuten. Die Leute drängelten so sehr, daß Yu Zhaoyuan vom Bahnsteig abkam. Er wollte wieder hinaufklettern, aber ihm fehlte die Kraft. Inzwischen waren alle eingestiegen, und der Zug sollte losfahren. Abteilungsleiter Zhang vom Amt für öffentliche Sicherheit der Stadt Lanzhou, der die Rechtsabweichler am Bahnhof in Empfang genommen hatte, brüllte ihn an: »Los, steig ein! Der Zug fährt gleich!«

»Ich möchte ja, aber ich komme nicht hoch. Aber was soll es noch, dann werde ich eben überfahren.«

Abteilungsleiter Zhang erwiderte: »So, du willst sterben? Aber ich werde dich noch nicht sterben lassen!« Er zog Yu auf den Bahnsteig und schob ihn in den Wagen.

Als der Zug in Lanzhou ankam, brachten Lastwagen die Passagiere in ein Gästehaus der Behörde für Zivilangelegenheiten. Kaum angekommen, sah Yu sich überall um, ob er etwas zu essen stehlen konnte. An der Wand vor dem Speiseraum hing getrockneter Sellerie, von dem er in der Nacht ein Bund stahl. Zum Abendessen gab es Reisbrei. Er schmeckte sehr gut, war schön weich und enthielt ein paar Fleischstückchen. Jeder bekam eine Schale. Aber das war zuwenig, ihre Mägen knurrten immer noch laut. Deshalb kochte Yu nach dem Abendessen mit seinen Zimmergenossen den erbeuteten Sellerie.

Am nächsten Tag wollte Yu wieder ein Bund stehlen, aber da war das Gemüse bereits weggeräumt worden. Yus Blick fiel auf eine Tonne für die Küchenabfälle neben dem Eingang. Er wühlte darin und holte angebrannten Reis heraus. Er ging zurück ins Zimmer, holte eine Waschschüssel und füllte sie. Er spülte den Reis ab und kochte ihn noch einmal. Dann teilte er ihn mit seinen Zimmergenossen.

Und auch zwei Tage später fand er wieder etwas, was er stehlen konnte. Im Zimmer von Abteilungsleiter Zhang lagen auf dem Fensterbrett Sesambrötchen. Die hatte es im Zug gegeben, Abteilungsleiter Zhang hatte sie alle gekauft und dann ein paar verteilt. Den Rest hatte er für sich behalten. Yu ging um das Haus herum und sah, daß an einem Fenster die Scheibe zerbrochen war. Er griff hinein, aber kam nicht zum Zug, da jemand im Zimmer war. So schlich er immer wieder um das Gebäude herum und wartete auf eine Gelegenheit, um an die Sesambrötchen zu kommen.

Eines Morgens, als er aus dem Speisesaal kam, sah er, daß Zhang zusammen mit einigen Polizisten zu einer Sitzung ging. Die Gelegenheit war gekommen. Yu lief zum Hinterfenster. Als er davorstand, sah er, daß der junge Polizist Li noch immer im Zimmer war. Yu konnte also wieder nichts tun, aber er wollte diese Gelegenheit auch nicht verstreichen lassen. Er überlegte einen Moment und lief dann zur Vordertür. Er kniff sich in die Nase und imitierte die Stimme des Zimmermädchens. »Xiao Li, Abteilungsleiter Zhang schickt mich, Sie möchten bitte in den Konferenzraum kommen.« Als er hörte, daß Xiao Li antwortete, lief er schnell davon und versteckte sich. Eigentlich wollte er dann durch die Vordertür ins Zimmer gehen, aber Xiao Li hatte sie abgeschlossen. Also ging Yu wieder zum Hinterfenster und steckte seine Hand durch die kaputte Scheibe.

Xiao Li ging ins Konferenzzimmer und fragte Abteilungsleiter Zhang, warum er ihn habe rufen lassen.

Zhang war verdutzt. »Wann soll das gewesen sein?«

»Eine Frauenstimme hat mir das durch die Tür zugerufen.«

»Wie kann das sein ...«

Zhang reagierte sofort. »Schnell. Das ist die Taktik, den Feind von seiner Basis wegzulocken. Jemand stiehlt gerade etwas aus dem Zimmer.«

Yu streckte seine Hand durch die Scheibe, aber er kam nicht an die Sesambrötchen, die auf der Gardine lagen, die auf das Fensterbrett herabhing. Gerade überlegte er noch, wie er es anstellen sollte, als die Tür plötzlich aufging und Xiao Li hereingerannt kam. Yu reckte die Hand nach den

Sesambrötchen, dabei riß er die Gardine herunter, so daß alles auf dem Boden landete. Als er merkte, daß sein Diebstahl nicht gelingen würde, zog er seine Hand zurück und rannte davon in Richtung Osten, wo sich ihm aber zwei Polizisten in den Weg stellten. Da machte er kehrt und lief nach Westen. Aber er kam nicht weit. Abteilungsleiter Zhang versperrte ihm mit der Pistole in der Hand den Weg. Yu mußte stehenbleiben.

Abteilungsleiter Zhang stellte sich vor ihm auf, die Pistole auf den Bauch gerichtet. »Yu Zhaoyuan, du bist vor lauter Stehlen schon ganz verrückt geworden. In Jianquanzi hast du gestohlen, und hier in Lanzhou stiehlst du auch. Du bist wirklich ein Dieb. Wenn du noch einmal stiehlst, erschieße ich dich!«

Yu Zhaoyuan war am Boden zerstört, weil sein Diebstahl fehlgeschlagen war. Als er die Worte von Abteilungsleiter Zhang hörte, knöpfte er seinen Mantel auf und zeigte auf seinen Bauch.

»Zielen Sie hierher. Vielleicht schaffen Sie es, mich mit einem Schuß zu töten.«

Abteilungsleiter Zhang schüttelte den Kopf und sagte resigniert: »Stiehl einfach nichts mehr, geht das?«

»Warum sollte das nicht gehen? Natürlich geht es. Gerade habe ich doch nichts gestohlen, oder? Geben Sie mir doch einfach ein paar Sesambrötchen.«

»Yu Zhaoyuan. Ich werde es dir erklären. Ich esse keines von den Sesambrötchen, aber ich werde dir auch keines geben. Denn wenn ich dir eines überlasse, ist das dein Ende. Weißt du denn nicht, daß eure Därme dünner als Papier sind? Ihr dürft nicht zuviel essen, denn sonst reißen eure Eingeweide.«

»Das stimmt nicht. Mein Darm ist zwar dünn, aber gut

trainiert, da kann nichts passieren. Die Zweige und Blätter, die ich in Jiabiangou gegessen habe, der Sellerie hier, nichts hat ihn kaputtgemacht. Warum dann die Sesambrötchen?«

Aber es half nichts, Zhang ließ sich nicht erweichen.

Yu Zhaoyuan blieb eine Woche zur Erholung im Gästehaus. Dann wurde seine Frau informiert und holte ihn ab. In ihrer Tasche hatte sie Dampfbrötchen. Bevor sie aufbrachen, ermahnte Abteilungsleiter Zhang Yus Frau: »Passen Sie auf, was er ißt. Wenn er sich überißt, bin ich nicht verantwortlich.«

Yu ging mit seiner Frau zum Bahnhof, um mit einem Vorortzug in den Bezirk Xigu zu fahren. Als sie auf die Bahn warteten, bat Yu seine Frau um ein Dampfbrötchen. Sie gab ihm keins. »Abteilungsleiter Zhang hat gesagt, ihr habt gerade zu Mittag gegessen. Ich soll dir nichts geben.« Da fing Yu Zhaoyuan plötzlich an zu weinen. »Ich war drei Jahre in Jiabiangou, dort gab es nichts zu essen. Ich wäre fast gestorben. Jetzt komme ich nach Hause, und du gibst mir nicht einmal ein Dampfbrötchen.«

Seine Frau war überrascht. Es dauerte eine Weile, bis sie verstand, was er meinte. Sie brach ein Stück vom Dampfbrötchen ab und gab es Yu. Als sie ihn essen sah, fing sie auch an zu weinen. »Wie hätte ich wissen sollen, daß du nicht satt geworden bist. In deinen Briefen hast du nichts gesagt, nicht ein einziges Wort.«

Yu Zhaoyuan erzählte mir seine Geschichte in seiner Wohnung, in einem Wohnkomplex für Angehörige des Stadtbauamtes des Kreises Jinta. Er fügte noch hinzu: »Ich muß noch etwas erzählen, was mich sehr beschämt. Nachdem ich drei Monate zu Hause war, konnte ich wieder problemlos laufen. Aber ich fühlte mich immer noch unsagbar hungrig. Ich dachte den ganzen Tag an Essen und wollte unbedingt rohes Getreide haben. Ganz gleich, wieviel ich von gekochten Speisen aß, immer blieb ein Gefühl der Leere im Magen. Eines Tages, als meine Frau arbeiten war, öffnete ich heimlich den Schrank, in dem sie das Mehl aufbewahrte. Ich füllte eine große Tasse mit Maismehl und versteckte sie in meinem Bücherregal. Jeden Abend vor dem Schlafen aß ich ein paar Löffelchen Mehl. Das Aroma und die Süße von rohem Getreide, ohne das konnte ich nicht schlafen, und mein Magen knurrte. Erst im Winter 1962 gelang es mir, damit aufzuhören. Meine Frau ließ sich von mir scheiden. Vor Gericht gab sie als Grund an, daß ich Maismehl aus dem Küchenschrank klaute und es roh aß. Alle Nachbarn dachten, daß sie ihren Mann zu kurz hielt und ihn sich nicht satt essen ließ, so daß er im eigenen Haushalt stehlen müsse. Diese Schande konnte sie nicht ertragen.«

Haß auf den Mond

Im Herbst des Jahres 2003 traf ich endlich Xi Zongxiang im Dachgeschoß eines alten Hauses in Lanzhou. Als er hörte, daß ich eigens gekommen war, um etwas über Jiabiangou zu erfahren, war er zunächst sehr überrascht.

»Woher wissen Sie überhaupt, daß ich dort war? Und wie haben Sie mich gefunden?«

»Vielleicht darf ich mich erst einmal setzen, dann erkläre ich es Ihnen.«

Er kratzte sich verlegen am Kopf, wie Jugendliche es manchmal tun. Xi Zongxiang hatte kurzes weißes Haar und ein pausbäckiges Gesicht. Er war athletisch gebaut und sah überhaupt nicht aus wie siebenundsechzig, eher wie ein großes Kind.

Ich setzte mich und nahm einen Brief aus meiner Tasche. »Lesen Sie erst einmal.«

Er überflog nur den Anfang und lachte: »Yu Zhaoyuan war es, er hat Sie geschickt!«

Auch ich begann zu lachen: »Ja, vor drei Jahren habe ich ihn interviewt. Da hat er diesen Brief geschrieben. Er hat mir erzählt, daß Sie alte Freunde sind. Er sagte, Sie würden nichts gegen ein Interview haben. Sie seien offen und ehrlich und würden meinen Fragen nicht ausweichen.«

»Warum kommen Sie erst jetzt, wenn Lao Yu Ihnen den Brief schon vor drei Jahren gegeben hat?«

Da Xi Zongxiang mit dem typischen Akzent aus Lanzhou sprach, antwortete auch ich mit einem solchen Einschlag: »Das stimmt, es ist schon eine Weile her. In den letzten Jahren bin ich im Gansu-Korridor von einem Kreis zum anderen gefahren, um Überlebende von Jiabiangou ausfindig zu machen. Ich dachte, daß es nicht zu spät sei, wenn ich Sie erst jetzt aufsuche. Ach – und übrigens, ich war auch auf der Mittelschule Nummer 2, genau wie Sie!«

Er war überrascht: »Sie waren auf derselben Schule?«

»Ja, wir sind im Grunde Schulkameraden. Sie haben die Schule 1950 abgeschlossen, ich 1965.«

»Sie wissen ja sogar, wann ich meinen Abschluß gemacht habe!«

Ich lachte. »Selbstverständlich. Mir haben so viele von Ihnen erzählt, auch davon, wie Sie zum Rechtsabweichler erklärt wurden. Ich weiß auch

von Ihrem tragischen Schicksal in Jiabiangou. Jetzt möchte ich Sie bitten, mir noch einmal persönlich Ihre Geschichte zu erzählen.«
»Was gibt es da schon zu berichten. Fast alle Rechtsabweichler in Jiabiangou waren Intellektuelle. Ich hatte aber noch nicht einmal die Oberstufe absolviert. Schon deshalb war ich anders als der Rest dort.«
»Und das ist genau der Grund, warum ich Sie unbedingt finden wollte. Das interessiert mich. Erzählen Sie bitte von Anfang an.«
Wir plauderten eine Weile, fast wie alte Bekannte, dann begann er mit seiner Geschichte.

»Wenn ich erzählen soll, wie ich nach Jiabiangou gekommen bin, dann muß ich im Jahr 1951 beginnen. Wie Sie ja schon wissen, habe ich 1950 an der Mittelschule Nummer 2 die Unterstufe abgeschlossen, danach ging ich auf eine Schule, die mit der Pädagogischen Universität assoziiert war. Das war damals die beste Bildungseinrichtung der Provinz Gansu, und sie ist es auch heute noch. Ich bin dorthin gegangen, weil ich an einer guten Universität studieren wollte, an einer Spitzenuniversität. Aber dann passierte 1951 diese Sache. Es war im Herbst, und ich war schon im zweiten Jahr. Es war kalt, wahrscheinlich Mitte Oktober. Obwohl die Schule einen ausgezeichneten Ruf hatte, waren die Bedingungen damals alles andere als gut. Unsere Bänke waren alt, rauh und uneben, so daß ich meist Zeitungspapier auf meine legte. An jenem Tag breitete ich gerade ein neues Blatt auf meiner Bank aus, als mein Blick auf ein großes Foto von Mao Zedong fiel. Eigentlich war es ja nichts Besonderes, damals Bilder von ihm zu sehen. Ich weiß auch nicht, warum, aber an dem Tag fiel mir auf, wie fein sein Gesicht war, fast feminin und kein bißchen respekteinflößend. Vielleicht habe ich ihn in Gedanken damals mit Stalin verglichen. In unserem Klassenzimmer hingen nämlich die Porträts großer Persönlichkeiten: Marx, Engels, Lenin und Stalin. Letzterer trug eine Uniform und hatte einen Schnauzbart, er wirkte sehr imposant. Also nahm ich einen Stift und malte Mao Zedong einen Bart, wie Stalin ihn hatte.

Ich war stolz auf mein Werk. Mao Zedong erschien mir mit Bart sehr würdevoll, wie ein echter Mann. Dann ging ich zum Basketball, was damals mein Hobby war. Ich war groß und kräftig und deshalb Mitglied in der Schulmannschaft.

An diesem Tag jedoch kam mitten im Spiel ein Klassenkamerad angelaufen und schickte mich ins Büro des Klassenlehrers. Es war eigentlich nichts Besonderes, daß der Lehrer mich zu sich rief, ich war schließlich der Sportorganisator der Klasse. Wir sprachen oft darüber, welche sportlichen Aktivitäten wir organisieren könnten. Er war immer sehr nett zu mir, aber an jenem Tag sah er gar nicht freundlich aus und fragte mich ganz direkt, warum ich Mao Zedong einen Bart gemalt hätte. Ich nahm das damals alles nicht so ernst und erklärte frei heraus meine Gründe. Aber er wies mich brüsk zurecht: ›So einfach ist das, denkst du? Das ist eine politische Angelegenheit!‹

Aber damit wollte ich mich nicht so einfach abfinden. ›Wie das? Es ist doch nur eine Zeichnung!‹

Da wurde der Lehrer erst recht wütend und schimpfte: ›Du hast Mao Zedong in den Dreck gezogen!‹

Das konnte ich nicht auf mir sitzen lassen. ›Erinnern Sie sich? Im letzten Sommer haben Schüler einen Riesenberg alter Schülerfotos im Müll gefunden, die ein Lehrer aus der Verwaltung weggeworfen hatte. Sie haben den Mädchen Bärte gemalt und den Jungen Zöpfe. Sie haben die Bilder doch auch gesehen. Aber da haben Sie nicht gesagt, daß die Schüler beleidigt wurden.‹

Was ich damit sagen wollte, war: Wenn man Mitschülern einen Bart malt, ist das keine Beleidigung. Warum ist es dann eine, wenn man Mao Zedong einen malt? Aber das

Gesicht des Lehrers wurde sehr ernst, und ich bekam es langsam mit der Angst zu tun. Eine ganze Weile sagte er nichts, weil meine Worte ihn sprachlos gemacht hatten. ›Du bringst dich in Teufels Küche. Das hast du noch gar nicht begriffen! Geh jetzt nach Hause, und denk über dein Verhalten nach. Schreib eine Selbstkritik, und gib sie mir morgen.‹

Offen gestanden fehlte es mir damals wirklich an politischem Verständnis, aber auch vielen meiner Klassenkameraden ging es so. Wir waren doch nur auf der Mittelschule, um die Aufnahmeprüfung für die Universität zu schaffen und später eine gute Arbeit zu finden. Kommunistisches Gedankengut war damals bei uns noch nicht fest verwurzelt. In meiner Klasse gab es deshalb auch nur wenige, die in den Jugendverband der Partei aufgenommen werden wollten. Und wenn doch jemand Mitglied wurde, dann machten sich die anderen lustig: ›Aha, jetzt bist du im Jugendverband, dann kannst du ja später Beamter werden.‹ Das war die Art, wie wir damals kurz nach der Gründung der Volksrepublik dachten. Wir waren überzeugt, daß wir überall Arbeit finden würden, wenn wir gut in Mathematik, Physik und Chemie waren. Allerdings sollte Parteimitgliedschaft bald wichtiger als alles andere werden. Dessen waren wir uns damals aber natürlich noch nicht bewußt.

Ich ging also nach Hause und verfaßte eine Selbstkritik, in der ich mich selbst anprangerte: ›Mein Verhalten dem Vorsitzenden Mao gegenüber war respektlos, ich habe ihn beleidigt.‹ Es gab die Volksrepublik schon mehr als zwei Jahre, und wir skandierten täglich ›Lang lebe der Vorsitzende Mao‹. Ich fürchtete, die Sache könnte zu einer politischen Angelegenheit werden, und man würde mich einer mao- und parteifeindlichen Haltung bezichtigen.

Am nächsten Tag mußte ich meine Selbstkritik vor der gesamten Klasse vortragen. Sogar der Leiter der Schulverwaltung war anwesend. Als ich am Ende angekommen war, kritisierten mich die politischen Aktivisten aus meiner Klasse und riefen Parolen. ›Nieder mit Xi Zongxiangs reaktionärem Denken!‹ Glücklicherweise attackierten sie mich nicht als Klassenfeind und riefen auch nicht: Nieder mit Xi Zongxiang. Das politische Klima war noch nicht so angespannt wie später im Jahr 1957, als der Klassenkampf heftig tobte.

Es folgten noch vier oder fünf Kritiksitzungen, und dann schien die Sache erledigt zu sein. Aber ich fühlte mich niedergeschlagen und bloßgestellt. Ich konnte mich an der Schule nicht mehr blicken lassen, deshalb brach ich in den Winterferien die Schule ab und kehrte in die Heimat zurück.

Was sollte ich aber zu Hause machen? Meine Familie wohnte in Shuimogou, einem Tal zwischen der Hualin- und der Sidun-Hochebene, nicht weit von den Agan-Kohlegruben entfernt. Meine Familie lebte dort schon seit zwei Generationen. Schon mein Großvater hatte eine kleine Töpferwerkstatt eröffnet. Im Sommer kaufte er Kohle und brannte die Rohlinge aus Lehm in einem kleinen Ofen. Im Winter verkaufte er die Tonware dann an Bauern oder Straßenhändler, drei Mao für ein großes Gefäß, sieben für ein Set in drei Größen. Mein Vater und sein Bruder führten das Geschäft weiter, das ganze Jahr über töpferten sie. Und auch der Rest der Familie arbeitete mit. Wenn viel zu tun war, stellten sie sogar noch jemanden ein.

Ich interessierte mich allerdings nicht für diese Arbeit. Ich war zehn Jahre zur Schule gegangen: Sollte ich da den Rest meines Lebens nach Tonerde buddeln? Ich half meinem Vater ein halbes Jahr lang, dann ging ich von zu Hause weg und nahm eine Stelle als Baustellenverwalter an, die mir mein

Großonkel vermittelt hatte. Allerdings war ich mit der Arbeit nicht so recht zufrieden. Ich zählte zwar als Kader, mußte mich aber tagein, tagaus auf den Baustellen um die Versorgung, die Toiletten und andere triviale Dinge kümmern. Den ganzen Tag herrschte ein heilloses Durcheinander. Aber weil ich keine andere Arbeit fand, fügte ich mich.

Im Januar 1954 führte der Baubetrieb eine Winter-Schulung durch, doch in Wirklichkeit war es eine interne Säuberungsaktion, um Konterrevolutionäre aufzuspüren. Jeder mußte erklären, was er vor der Befreiung im Jahr 1949 gemacht hatte. Da ich erst 1952 begonnen hatte zu arbeiten, war ich der Meinung, daß die Kampagne nichts mit mir zu tun hätte. Auf den Versammlungen sagte ich nichts, deshalb machte der Parteisekretär eine Andeutung: ›Jemand hier hat in der Vergangenheit einen schwerwiegenden Fehler begangen, aber er gibt von sich aus keine Erklärung darüber ab.‹ Er nannte meinen Namen zwar nicht, aber ich wußte sofort, daß ich gemeint war. Das machte mich wütend. Ich hatte doch dem Vorsitzenden Mao nur einen Bart gemalt, warum ließ man mich nicht in Ruhe? Daher ging ich am nächsten Tag nicht zur Versammlung und bat um einen langen Urlaub, um mich zu Hause auf die Hochschulaufnahmeprüfung vorzubereiten. Natürlich konnte ich diese Prüfung gar nicht ablegen, ich hatte ja nicht einmal die Mittelschule abgeschlossen. Also blieb ich zu Hause bei meinen Eltern und erschien nicht mehr auf der Arbeit.

Ende 1955 kam es dann zur allgemeinen Kollektivierung. Unsere Töpferei wurde mit einigen anderen zu einer Genossenschaft zusammengelegt. Weil es dort niemanden mit Schulbildung gab, warb mich der Genossenschaftsvorsitzende als Buchhalter an. ›Du bist schon über zwanzig und hast keine Arbeit, sitzt nur untätig zu Hause herum und läßt dich von deinem Vater durchfüttern. Komm zu uns in die Genossenschaft.‹ Ich war damals schon verheiratet. Vor der Kollektivierung konnte ich ganz gut von der Unterstützung meines Vaters leben, aber danach verdiente er auch nicht mehr genug. Das Leben wurde schwierig. Also nahm ich das Angebot an und bekam 60 Yuan im Monat.

Nach zwei Monaten wurde ich jedoch schon wieder versetzt. Anfang 1956 hatte die Leichtindustrie-Genossenschaft des Qilihe-Stadtviertels eine Berufsabendschule eingerichtet und in einer Grundschule ein Klassenzimmer gemietet. Es gab aber niemanden, der unterrichten konnte, deshalb wurde ich als hauptamtlicher Lehrer an die Schule beordert. Der Unterricht fand abends statt. Tagsüber begleitete ich die Genossenschaftsleitung hierhin und dorthin, schrieb für sie Reden und machte Propagandaarbeit. Ich war von morgens bis abends beschäftigt, aber mein Gehalt war auf 30 Yuan gesunken. Ich beschwerte mich über diese Kürzung, denn schließlich hatte ich mehr zu tun als zuvor. Mein Vorgesetzter aber meinte: ›Du warst früher ein Arbeiter, jetzt bist du ein Kader. Dein politischer Status wurde aufgewertet, was macht da die Gehaltskürzung?‹ Natürlich war ich damit nicht zufrieden. ›Wie soll ich mit 30 Yuan meine Familie ernähren? Unter der Regierung der nationalistischen Guomindang hat ein Grundschullehrer das Doppelte oder Dreifache eines Polizisten verdient. Jetzt, unter der Führung der Kommunistischen Partei, verdient ein Lehrer nicht einmal mehr ein halbes Polizistengehalt.‹ Ich forderte sogar, in die Genossenschaft zurückversetzt zu werden, aber das wurde abgelehnt.

Nicht ganz zwei Jahre später begann die Hundert-Blumen-Bewegung, in der Intellektuelle sich kritisch zu Staat und Partei äußern sollten. Ich sagte kein Wort. Nur wegen der Bart-Sache konnte ich schließlich nicht auf die Universität gehen und fand keine gute Arbeit. Wie hätte ich es da noch wagen können, meine Meinung zu äußern. Unsere Schule stand damals unter der gemeinsamen Leitung der Qilihe-Stadtbezirksregierung und des städtischen Amtes für Handwerk. Während der Hundert-Blumen-Bewegung hielten sie ständig gemeinsam Versammlungen ab. Auf einer davon saß ich zusammen mit Yao Jiada, einem anderen Abendschullehrer, in einer Ecke und rauchte. Der zuständige Gruppenleiter hatte die Sitzung bereits eröffnet und zur Ruhe gerufen, aber niemand beachtete ihn. Da pickte er mich heraus. ›Xi Zongxiang, halt den Mund!‹ Ich hatte aber überhaupt nichts gesagt, sondern einfach nur dagesessen und geraucht. Das empörte mich, und ich hielt ihm entgegen: ›Haben Sie denn gesehen, wie ich gesprochen habe? Oder warum nennen Sie einfach meinen Namen?‹

Am nächsten Tag begann die Kampagne gegen mich. Wandzeitungen wurden aufgehängt, und Aktivisten meldeten sich zu Wort: Im Jahr Soundso hätte ich in Soundso dem Vorsitzenden Mao einen Bart gemalt. Das sei Ausdruck meiner ablehnenden Haltung und des tiefsitzenden Hasses gegen den Vorsitzenden und die Kommunistische Partei. Außerdem sollte ich in dem und dem Jahr dort und dort das und das gesagt haben. Alles war völlig aus dem Zusammenhang gerissen. Ich wollte mich damit nicht abfinden und wies die Angriffe zurück. Am 10. April 1958 erklärte mich der Gruppenleiter der Anti-Rechts-Kampagne schließlich zum Rechtsabweichler. Er sagte, das Problem sei schwerwiegend und meine Haltung untragbar. Ich könne meinen Posten zwar behalten, müsse aber durch Arbeit umerzogen werden.

Nach der Bekanntmachung rief ein Führungskader alle zusammen, die ins Umerziehungslager geschickt werden sollten, um sie mit den dort geltenden Richtlinien vertraut zu machen. ›Umerziehung durch Arbeit heißt nicht, daß ihr Kriminelle seid. Es ist aber die schwerste Disziplinarmaßnahme für Ordnungswidrigkeiten. Wenn ihr ordentlich arbeitet und euer Denken ändert, dann könnt ihr in ein paar Monaten an euren alten Arbeitsplatz zurückkehren.‹ Dann las er uns die Regeln vor. Einen Satz merkte ich mir genau: Wer sich nicht in einem Landwirtschaftsbetrieb durch Arbeit umerziehen lassen will, wird seines Postens enthoben und muß sich selbst um seinen Lebensunterhalt kümmern. Deshalb sagte ich: ›Entfernen Sie mich aus meiner Position, ich werde selbst für mich sorgen. Ich gehe nicht zur Umerziehung.‹

Aber die Regeln waren blanker Betrug. Am Abend erzählte mir meine Mutter, daß am Morgen jemand von der Schulverwaltung dagewesen sei, um das Meldebuch abzuholen. Mittags brachte er es zurück. Ich fragte sie, was er damit gewollt hatte, aber sie wußte es nicht. Sie konnte nicht lesen, deshalb gab sie mir das Meldebuch, um nachzusehen. Meine Wohnortregistrierung war gestrichen, und darunter stand: ›Umzug in den Landwirtschaftsbetrieb Jiabiangou.‹

Die Hoffnung, mich selbst um meinen Lebensunterhalt kümmern zu können, war zerplatzt. Damals überprüfte die Polizei fast jeden Tag die Meldebücher. War jemand von außerhalb länger als drei Tage irgendwo zu Gast, mußte er bei der Polizei eine vorübergehende Meldebescheinigung beantragen. Tat er es nicht, kam jeden Tag das Straßenkomitee vorbei, um ihn fortzujagen. Ließ er sich nicht vertreiben, wurde er von der Polizei abgeholt. Ich hatte keinen Wohnsitz mehr und konnte deshalb natürlich nicht in Lanzhou bleiben. Am 20. April 1958 ließ die Behörde für öffentliche Sicherheit schließlich alle, die zu Rechtsabweichlern erklärt worden waren, von Polizisten abholen und nach Jiabiangou transportieren.

So bin ich also zum Rechtsabweichler geworden. Ich habe vorhin gesagt, daß in Jiabiangou führende Intellektuelle und hochrangige Parteifunktionäre zur Umerziehung waren. Ich hatte nicht einmal einen Schulabschluß. Mich nach Jiabiangou zu schicken war wirklich lächerlich.«

Xi Zongxiang wollte an dieser Stelle seine Geschichte beenden. »Über die Zeit in Jiabiangou brauche ich nichts zu erzählen. Sie haben in den letzten Jahren so viele Leute interviewt, da wissen Sie schon alles.«
»Nein, nein, reden Sie weiter. Es war nicht leicht, Sie zu finden, ich möchte Ihre Geschichte unbedingt hören. Ich weiß zwar schon einiges aus zweiter Hand, aber niemand konnte etwas Genaues sagen.«
Er war einen Moment still und kratzte sich schüchtern am Kopf.

»Über Jiabiangou gibt es so viel zu erzählen. Ich weiß gar nicht, wo ich anfangen und wo ich aufhören soll.

Als ich in Jiabiangou ankam, war ich ehrlich bemüht, mein Denken zu ändern. Warum? Ich hatte ernsthaft über mein Leben nachgedacht. Vor der Befreiung ging ich noch zur Schule, ich gehörte keiner reaktionären Vereinigung an. Nach der Gründung der Volksrepublik hatte ich mich weder gegen die Kommunistische Partei aufgelehnt, noch war ich Mitglied einer konterrevolutionären Organisation. Wie konnte ich da im Umerziehungslager enden? Ich überlegte hin und her und kam schließlich zu dem Ergebnis, daß ich wirklich etwas falsch gemacht hatte: Ich hatte nie beantragt, in den Kommunistischen Jugendverband oder die Partei aufgenommen zu werden, mich nie für die Partei engagiert. Mein Denken war nicht fortschrittlich, sondern in bourgeoisen Ideen verhaftet. Außerdem gehörte meine Familie nicht zum Proletariat, sie hatte ein kleines Gewerbe besessen. Während der Kollektivierung fiel unser Vermögen, geschätzt auf 1000 Yuan, an die Genossenschaft. Nachdem ich das alles begriffen hatte, war ich bestrebt, mein Denken zu korrigieren. Ich schrieb sogar meinem Vorgesetzten einen Bericht über meine Einsichten. Ich war entschlossen, mich von Grund auf zu ändern und ein neuer Mensch zu werden.

Ich war damals dem Bautrupp zugeteilt. Wir gruben einen Bewässerungskanal, jeder mußte pro Tag zehn Kubikmeter Erde ausschachten. Ich übertraf diese Vorgabe jeden Tag. Später wurde ich in die Landwirtschaftsbrigade versetzt. Dort mußten wir pro Tag 600 m^2 Land mit einem Spaten umgraben, ich schaffte das doppelte. In den Jahren 1958 und 1959, während des ›Großen Sprungs nach vorn‹, gab es in Jiabiangou Arbeitswettbewerbe. Hinter die Namen der Sieger wurden rote Fähnchen geklebt. Ich stand eines Nachts auf und arbeitete 24 Stunden ohne Pause, am Ende konnte ich vor Erschöpfung nicht einmal mehr meinen Spaten erkennen. Ich hatte über 2000 m^2 umgegraben und belegte den ersten Platz. Warum arbeitete ich so hart? Ich wollte mich ändern und so schnell wie möglich das Lager verlassen. Es hieß, daß man zum Nationalfeiertag am 1. Oktober 1959 bestimmt einige Rechtsabweichler entlassen würde, da wir bei den Wettbewerben so gut abgeschnitten hatten. Ich hatte mir so große Verdienste erworben, ich war mir sicher, einer von ihnen zu sein. So wartete ich ungeduldig auf die großen Feierlichkeiten. Aber lediglich bei drei der dreitausend Rechtsabweichler wurde die Einstufung als Rechtsabweichler zurückgenommen, und auch sie durften nicht nach Hause zurückkehren, sondern mußten in Jiabiangou arbeiten, so wie die Insassen, die ihre Strafe verbüßt hatten, nur daß sie dafür 24 Yuan im Monat bekamen. Als ich nach Jiabiangou gebracht wurde, gab es davon schon einige Dutzend. Ihre Aufgabe bestand darin, uns auf die Felder zur Arbeit zu begleiten und zu überwachen.

Ich war am Boden zerstört wie alle anderen Rechtsabweichler auch. Bevor wir nach Jiabiangou geschickt worden waren, hatte man uns gesagt, wenn wir hart arbeiteten und unser Denken änderten, könnten wir in ein paar Monaten zurück nach Hause. Aber jetzt durften nicht einmal die zurück in die Heimat, die gar nicht mehr als Rechtsabweichler galten. Das war wie eine lebenslange Freiheitsstrafe. Ich war mittlerweile schon seit zwei Jahren in Jiabiangou. Ich litt Hunger und arbeitete trotzdem hart. Mein Gesundheitszustand hatte sich verschlechtert, und nun war auch meine Hoffnung zerstört, entlassen zu werden. Da brach ich völlig zusammen: Nach dem Nationalfeiertag konnte ich nicht mehr aus dem Bett aufstehen, ich schaffte es nicht einmal mehr in die Küche zum Essenholen.

Ich muß Yu Zhaoyuan danken. Er war früher Leiter der Abteilungen Arbeit und Zivilverwaltung im Stadtbezirk Xigu in Lanzhou. Er war sehr klug. Seit er nach Jiabiangou gekommen war, hatte er sich von seiner Familie weder Geld noch Lebensmittel schicken lassen. Wo es möglich war, stahl er etwas zu essen, und irgendwie gelang es ihm, sich vor der Arbeit zu drücken. Aber trotzdem stellte er sich gut mit den Gruppenleitern und der Lagerleitung. Er war auf dem Land aufgewachsen und kannte sich mit der Feldarbeit aus, weshalb man ihn oft dazu einteilte, uns anzuleiten. Er verstand es, die Funktionäre zum Narren zu halten. Den Mitinsassen gegenüber war er jedoch sehr mitfühlend. Als er sah, daß ich wirklich am Ende war, bat er den Gruppenleiter, mich in die Bewässerungsbrigade zu versetzen. Zuerst wollte ich nicht. Ich wußte, Wasser war in Jiabiangou sehr kostbar, und fürchtete, man könne mich verantwortlich machen, wenn irgendwo etwas ausliefe. Yu Zhaoyuan sagte: ›Weißt du nicht, was das Gute am Bewässern ist? Es ist eine leichte Arbeit. Du gräbst Löcher und füllst sie wieder. Und ansonsten ruhst du dich am Feldrain aus. Normalerweise kann man vom Feld Rüben oder anderes Gemüse stehlen, oder ein paar Kartoffeln ausgraben. Im Sommer, wenn das Getreide reif ist, kannst du Körner von den Ähren abstreifen. Grab ein, was du nicht aufessen kannst, dann hast du etwas für den Notfall.‹ Also ließ ich mich versetzen. Ich stellte schnell fest, daß das Bewässern wirklich eine gute Arbeit war. 1959 stahl ich zur Erntezeit einige Kilo Hirse und vergrub sie in einer Sanddüne, auf diese Weise konnte ich den Winter überleben. Eins hatte ich begriffen: Ich mußte stehlen, was mir in die Finger kam, und essen, was man nur irgendwie schlucken konnte.

Im Frühjahr 1960 zur Saatzeit waren meine Hirsevorräte allerdings aufgebraucht. Ich war bis auf die Knochen abgemagert, aber ich arbeitete trotzdem von früh bis spät auf dem Feld. Etwa die Hälfte der Rechtsabweichler im Lager war so ausgezehrt, daß sie nicht mehr einsatzfähig waren. Tagsüber lagen sie einfach vor den Hütten in der Sonne. Das große Sterben hatte begonnen. Jede Woche wurden zwei oder drei Rechtsabweichler von der Krankenstation ins Sterbezimmer gebracht.

In einer Nacht Mitte März war Vollmond, und wir mußten eine Extraschicht auf dem Feld einlegen. Gegen Mitternacht machten wir eine Pause, hauptsächlich, weil das Vieh sich ausruhen sollte. Der Mond war in jener Nacht besonders voll und hell. Ich saß auf dem Boden und verspürte einen tiefen Haß.

Ich sagte zu Yu Zhaoyuan: ›Ich hasse den Mond.‹

Er war überrascht: ›Was hat der dir denn getan?‹

›Seit ich nach Jiabiangou gekommen bin, müssen wir bei Vollmond immer Überstunden machen. Das Feld pflügen, den Weizen mähen, Bewässerungskanäle ausheben, säen ... Der verdammte Mond saugt uns völlig aus.‹

Er entgegnete: ›Wenn dir etwas einfällt, um den Mond am Aufgehen zu hindern, dann könnten wir alle früher schlafen gehen!‹

›Wenn ich der sagenumwobene Bogenschütze Hou Yi wäre, würde ich ihn mit einem Pfeil vom Himmel schießen.‹

Yu Zhaoyuan lachte. ›Du kannst nur rumjammern und bist zu nichts nutze. Warum suchst du dir nicht eine Arbeit in der Küche oder als Friseur oder in der Statistikabteilung, dann mußt du auch nicht nachts arbeiten.‹

›Das wird nicht gehen, ich weiß nicht, wie ich mich bei der Lagerleitung einschmeicheln soll.‹

Wir unterhielten uns die ganze Nacht. Ganz unvermittelt erzählte Yu von einer Frau aus seinem Heimatkreis, die ein paar Tage zuvor nach Jiabiangou gekommen war, um ihren Mann zu besuchen. Von ihr hatte er erfahren, daß die Straftäter in einem Arbeitslager vor den Toren der Stadt Jiuquan wesentlich besser behandelt wurden als wir Rechtsabweichler in Jiabiangou. Sie bekamen jeden Monat zwanzig Kilogramm Getreide und hatten feste Arbeitszeiten, nämlich acht Stunden pro Tag. Da alle Insassen Kriminelle waren, wurden sie bei der Arbeit bewacht. Die Lagerleitung wollte zwar, daß sie länger als acht Stunden arbeiteten, aber dagegen hatten die Wachen protestiert. Wenn es regnete oder windig war, war die Sicht nicht gut, und die Wachen wollten selbst nicht nach draußen. Also ruhten sich die Kriminellen in ihren Zellen aus. So kam es, daß dort auch viel weniger an Hunger oder Überanstrengung starben als in Jiabiangou.

Yu Zhaoyuan hatte das wahrscheinlich einfach nur so erzählt, aber mir gab die Sache zu denken: Wenn ich weiter in Jiabiangou bliebe, würde ich unweigerlich sterben. Warum sollte ich mir nicht etwas überlegen, um in das Lager nach Jiuquan zu kommen? Am Nationalfeiertag hatte ein Rechtsabweichler aus der bewachten Brigade seinen Aufpasser niedergeschlagen und war geflohen. Als man ihn wieder eingefangen hatte, wurde er öffentlich getadelt und mit zwei Jahren Gefängnis bestraft. Man brachte ihn nach Jiuquan.

Auch einige Tage später dachte ich immer noch über unsere Situation nach. Jiuquan hatte keinen guten Ruf, dort saßen die Kriminellen ein. Nach der Entlassung würden die Leute mit dem Finger auf einen zeigen und hinter dem Rücken tuscheln, man sei ein ehemaliger Straflagerinsasse. Aber in Jiabiangou würde ich verhungern. Pro Monat hatten wir nur 12 Kilogramm Getreide zur Verfügung, und unsere Arbeit war viel härter, denn wir mußten 14 Stunden am Tag arbeiten. Außerdem war ein Ende der Zeit im Umerziehungslager nicht in Sicht. Und selbst wenn man kein Rechtsabweichler mehr war, durfte man ja nicht einmal nach Hause. Das war lebenslange Verbannung! Anders ging es den Straftätern, die ihre Zeit verbüßt hatten. Es galt also, das kleinere von zwei Übeln zu wählen. Nach zwei Wochen hatte ich mich entschieden: Ich wollte eine kleine Straftat begehen, die mich für ein oder zwei Jahre ins Gefängnis brachte.

Aber wie sollte ich vorgehen, damit es wirklich nur ein oder zwei Jahre würden? Sollte ich jemanden verprügeln? Den Gruppen- oder den Brigadeleiter? Nein, das ging nicht. Zhang Yupei, ein ehemaliger Staatsanwalt aus der Provinz Gansu, hatte im Streit dem Gruppenleiter eine Schaufel auf den Kopf geschlagen und war geflohen. Am Bahnhof Jiuquan wurde er gefaßt, aber gar nicht mehr zurückgebracht, sondern gleich an Ort und Stelle exekutiert. Was, wenn ich das Schloß vom Speicher aufbrechen und Getreide stehlen würde? Das ging leider auch nicht. Diese Straftat war nicht schwer genug. Ich würde wahrscheinlich in Fesseln gelegt und in die bewachte Gruppe eingeteilt werden. Die Fesseln waren nicht auszuhalten. Wenn sie abgenommen wurden, hinterließen sie an Armen und Beinen tiefe Striemen.

Ich dachte angestrengt darüber nach, was für eine Straftat ich begehen könnte, als ich plötzlich einen Einfall hatte. Eines Abends Anfang Mai wässerte ich das Gemüse vor der Lagerverwaltung, als ein Schwein aus dem Stall auf das Feld gelaufen kam. Es wühlte mit dem Rüssel in der Erde und fraß einen Wasserrettich. Auf einmal kam mir die Idee: Wenn ich das Schwein tötete, würde sich mein Wunsch vielleicht erfüllen. Letztes Jahr im Herbst hatte Li Zhi auf dem Gemüsefeld einen Hasen erschlagen. Er briet ihn und aß ihn auf. Als die Lagerleitung davon erfuhr, wurde er gefesselt und öffentlich getadelt, denn seine Tat zählte als schweres Vergehen. Als Regel galt, nach drei Delikten dieser Art wurde man in ein Lager für Straftäter gebracht. Ich dachte, wenn die Tötung eines Hasen ein schweres Vergehen war, dann würde doch die Tötung eines mittelgroßen Schweins gleich drei Vergehen entsprechen. Ein Schwein war schließlich viel mehr wert als drei Hasen.

Mein Herz schlug vor Aufregung, endlich hatte ich einen Weg gefunden. Ich nahm einen Spaten und näherte mich leise dem Tier. Ich fürchtete, es könne weglaufen, wenn es mich sah, deshalb tat ich so, als würde ich die Kanäle inspizieren. Aber meine Befürchtungen waren absolut unangebracht. Das Schwein hatte mich gesehen und sogar den Kopf gehoben, aber dann wühlte es weiter in der Erde und beachtete mich nicht. Plötzlich begriff ich: Die Schweine wühlten normalerweise auf den Feldern, aber kein Rechtsabweichler wagte sich an sie heran, deshalb hatten sie keine Angst vor Menschen. Als ich das begriffen hatte, wurde ich mutiger. Ich ging weiter auf das Schwein zu, und dann schlug ich ihm den schweren scharfkantigen Spaten, den ein Schmied in Jiabiangou angefertigt hatte, auf den Rücken. Mein Schlag war so heftig, daß das Schwein sofort umfiel. Es war aber noch nicht tot und versuchte, sich wieder aufzurichten. Es quiekte laut, so laut, daß man es weithin hören konnte. Ich schlug wieder und wieder zu und brüllte: ›Willst du immer noch weglaufen!‹ Dann war es endlich tot. Es lag reglos auf dem Boden. Ich war in Rage und schlug weiter zu.

Mein geschwächter Körper war völlig erschöpft, und ich schwitzte. Da setzte ich mich an den Feldrand, um mich auszuruhen. Dabei dachte ich darüber nach, wie ich diesen Vorfall publik machen könnte, wie der Gruppenleiter davon erfahren könnte. Da kamen Cao Huaide und Yu Zhaoyuan, die mit mir zusammen das Feld bewässert hatten, und fragten, was passiert sei. Sie hatten das Quieken des Schweins gehört. Als Cao Huaide es sah, schrie er auf: ›Lao Xi, das wird Ärger geben! Diesmal steckst du wirklich in Schwierigkeiten.‹ Vor Schreck klang seine Stimme ganz fremd.

Ich sagte: ›Lao Cao, mach dir keine Sorgen. Ich habe das Schwein erschlagen, und ich übernehme die Verantwortung dafür. Holt ein Messer. Wir zerteilen und essen es.‹

Cao Huaide erwiderte mit zitternder Stimme: ›Ich kann nichts essen. Wie soll ich es erklären, wenn ich davon etwas nehme. Du bist wirklich dreist. Wenn die Lagerleitung etwas davon erfährt, bekommen Lao Yu und ich auch Probleme.‹

Lao Yu aber hatte keine Angst. ›Lao Xi, das hast du gut gemacht. Jetzt haben wir eine Woche lang etwas zu essen. Laßt uns das Schwein zu den Sanddünen bringen. Dort können wir ihm die Haut abziehen. Denkt dran, das ist jetzt unser Geheimnis, kein Wort zu irgend jemandem. Sonst kommen wir alle drei in die bewachte Gruppe.‹

Das hatte ich nicht erwartet. Eigentlich hatte ich das Schwein ja getötet, um in das Straflager nach Jiuquan zu kommen. Aber Yu Zhaoyuan und Cao Huaide dachten, ich hätte es aus Hunger getan. Natürlich konnte ich ihnen nichts von meinem Plan erzählen oder gar verbieten, das Fleisch zu essen. So brachten wir das Schwein, wie vorgeschlagen, zu den Dünen und zogen ihm mit einem Taschenmesser die Haut ab. Dann schnitten wir das Fleisch heraus. Wir brieten es und aßen es in halbgarem Zustand. Die Reste wickelten wir in die Schweinehaut ein. Über eine Woche kamen wir jede Nacht zurück und brieten das Fleisch. Dann war es schließlich verdorben. Mein Plan war gescheitert, und ich war entmutigt.

Nachdem wir das Schwein aufgegessen hatten, litten wir wieder Hunger wie zuvor. Und ich dachte abermals, daß es so nicht weitergehen könne. Ich mußte mir noch einmal etwas überlegen, um ins Straflager geschickt zu werden. Ich konnte doch nicht darauf warten zu verhungern!

Die zweite Gelegenheit kam wie gerufen. Eines Tages gegen Abend, als ich gerade das Feld bewässerte, sah ich einige Schafe zum Stall zurückkehren. In Jiabiangou gab es insgesamt acht Herden mit etwa 2000 Tieren. Sieben Herden waren an jenem Abend bereits zurückgekehrt, die achte war noch auf der Weide. Da hatte ich einen Geistesblitz. Ich nahm meinen Spaten und wartete am Weg, bis die Schafe endlich eintrafen. Ein Rechtsabweichler trieb die Herde an. Ohne einen Mucks sprang ich plötzlich hervor und schlug einem Schaf den Spaten auf den Kopf. Lautlos plumpste es auf den Boden. Ich kannte den Hirten, wir waren zusammen aus Lanzhou nach Jiabiangou gekommen. Es war ein alter Mann, der früher Rektor einer Grundschule gewesen war, die zur Universität Lanzhou gehörte. Einen Moment war er verwirrt, dann rief er erstaunt: ›Xiao Xi, bist du verrückt geworden? Willst du etwa sterben?‹

›Ich bin nicht verrückt. Ich habe Hunger, großen Hunger.‹
›Auch wenn du Hunger hast, kannst du doch so etwas nicht machen. Am hellichten Tag, willst du nicht mehr leben?‹

›Gerade weil ich leben will, tue ich das, sonst würde ich ja verhungern.‹

Der ehemalige Rektor war ein vorsichtiger und besonnener, gütiger Mann. Er hatte Angst und wies mich zurecht. ›Und jetzt? Du hast ein Schaf getötet, wie soll ich das der Lagerleitung erklären?‹

›Geh zurück und melde es. Sag, ich war es, ich habe das Schaf getötet und es gegessen. Dich trifft keine Schuld.‹

Zitternd trieb er die Herde weiter. Ich schleppte das tote Tier zu einer Sanddüne, machte ein kleines Feuer und ließ es mir schmecken. Als ich satt war, legte ich mich hin und wartete darauf, daß mich jemand festnehmen würde. Ich war mir sicher, daß der Alte mich gemeldet hatte. Niemand kam mich abholen. Ich wartete eine ganze Weile, dann schlief ich ein. Um Mitternacht ging ich zur Unterkunft zurück. Auch am nächsten Tag passierte nichts. Später erfuhr ich, daß der Alte der Lagerleitung gemeldet hatte, daß ein Schaf fehlte. Einige Rechtsabweichler wurden zum Weideplatz geschickt, um es zu suchen, doch das war natürlich vergeblich.

In den folgenden Tagen ging ich immer wieder zum Versteck, manchmal sogar tagsüber, vor aller Augen, und briet mir ein Stück Fleisch. Die Reste wickelte ich immer wieder in die Schafhaut ein. So hatte ich eine ganze Woche etwas zu essen, doch niemand hatte etwas bemerkt.

Da besann ich mich mit einem Mal anders: Ich wollte absichtlich eine Straftat begehen, um ins Gefängnis zu kommen. Aber nichts passierte, ganz im Gegenteil, ich hatte mir den Bauch vollgeschlagen. Den Mutigen gehört die Welt, die Feigen verhungern! Dann sollte es eben so sein, und ich würde in

Jiabiangou bleiben. Wenn ich irgendwo etwas stehlen könnte, würde ich es stehlen, wenn ich irgend etwas zu essen fände, würde ich es essen. So hätte ich ein Auskommen. Vielleicht wäre bald alles vorbei, und die Rechtsabweichler würden nach Hause geschickt. Dann wäre ich als Insasse eines Umerziehungslagers besser dran als in einem Straflager.

Aber dann passierte plötzlich etwas, womit ich nicht gerechnet hatte. Drei Tage später wurde ich nach dem Abendessen in das Büro von Brigadeleiter Liang gerufen. Als ich seinen Arbeitsraum betrat, hielt Liang Jingxiao gerade eine Sitzung mit den Gruppenleitern ab. Als er mich sah, beendete er die Sitzung, bat aber die Anwesenden, nicht zu gehen. ›Wir werden eine öffentliche Verlautbarung machen.‹

Das Büro bestand aus zwei Räumen, einem Wohnraum und einem Sitzungszimmer, und es gab ein Ofenbett. Kaum hatte Liang ausgeredet, kam ein Polizist aus dem Wohnzimmer. Er war nicht groß, etwa einen Meter sechzig. ›Ich verlese jetzt einen Haftbefehl. Haftbefehl des Amtes für öffentliche Sicherheit, Bezirk Chengguan, Lanzhou. Der Konterrevolutionär Xi Zongxiang wurde auf frischer Tat angetroffen …‹ Als er den Haftbefehl verlesen hatte, sagte er: ›Xi Zongxiang, zu deiner Sicherheit lege ich dir Handschellen an. Heute wirst du hier schlafen und kommst hier nicht mehr fort.‹

Ich war ganz durcheinander, ich hatte doch nur ein Schwein und ein Schaf getötet, wie konnte ich da ein Konterrevolutionär sein? War das wieder eine neue Version der Bart-Geschichte? Ich fragte: ›Können Sie mir erklären, was ich getan habe?‹

Ein zweiter Polizist kam aus dem Zimmer und schnaubte: ›Leg dich hin und halt den Mund.‹ Ich tat rasch, was er befahl.

Am nächsten Morgen brachte mich ein Wagen zum Bahnhof Jiuquan. Nach der Ankunft in Lanzhou wurde ich in das Gefängnis in der Changjia-Gasse gebracht. Im April 1961 wurde ich zu fünf Jahren Arbeitslager verurteilt. Aber 1962 befand mich dann ein Revisionsgericht für nicht schuldig, und ich wurde freigelassen.«

Xi Zongxiang hatte seine Geschichte zu Ende erzählt. Während er sprach, konnte er seine Emotionen kaum verbergen, jetzt wurde er aber ganz ruhig. Er zündete sich eine Zigarette an und goß mir Tee ein. Dann sagte er etwas unsicher: »Mehr habe ich in Jiabiangou nicht erlebt. Meine Geschichte ist für Sie sicher nicht interessant.«

»Von Ihrer Verhaftung habe ich gehört. Aber niemand konnte mir sagen, warum man Sie verhaftet hatte.«

»Bildung einer konterrevolutionären Vereinigung.«

»Bildung einer konterrevolutionären Vereinigung?« Ich war erstaunt.

»Das ist auch eine lange Geschichte. An der Abendschule hatte ich zwei Kollegen, Yao Jiada und Ma Xin. Sie waren etwa so alt wie ich. Beide hatten die Mittelschule abgeschlossen, aber aufgrund ihrer Klassenherkunft durften sie nicht studieren. Wir hatten fast denselben Lebensweg, deshalb verbrachten wir viel Zeit miteinander. Im Jahr 1957, während der Rechtsabweichler-Kampagne, wurde ich nach Jiabiangou verschickt. Auch Yao wurde als Rechtsabweichler abgestempelt, blieb aber auf seinem Posten. Er wurde nur degradiert, und sein Gehalt wurde gekürzt. Ma Xin hatte sich nichts zuschulden kommen lassen. Er wurde zwar nicht zum Rechtsabweichler erklärt, aber trotzdem in ein Umerziehungslager gebracht.

Wie gesagt, erfuhr ich am 10. April 1958, daß ich ins Umerziehungslager mußte, wohin ich am 20. April auch gebracht wurde. In diesen zehn Tagen war ich mißmutig, weil ich nicht wußte, was mich dort erwarten würde. Ma und Yao waren gute Freunde, deshalb kamen sie jeden Tag vorbei, um mich abzulenken. Wir wußten nicht, ob und wann wir uns wiedersehen würden, deshalb schlug Yao Jiada vor, ein Foto von uns dreien zu machen als Erinnerung. Ma Xin, der eine schöne Handschrift hatte, schrieb auf die Fotos: ›Möge unsere Freundschaft immer so gedeihen wie der Wald.‹ Wir rahmten die Bilder und hängten sie zu Hause an die Wand. Weil wir drei häufig Zeit miteinander verbrachten, hatte wohl irgend jemand unserem Vorgesetzten erzählt, daß wir angeblich planten, ins Ausland zu fliehen. Mein Chef hatte mich deswegen sogar einbestellt. Aber kaum hatte er angefangen zu sprechen, verlor ich schon die Fassung und beschimpfte den Scheißkerl, der dieses Gerücht in Welt gesetzt hatte. Wer hätte gedacht, daß mich das einmal ins Gefängnis bringen sollte.

Als ich in Jiabiangou war, stand ich mit Yao und Ma in Briefkontakt. Wir erzählten uns alles mögliche. Einmal schrieb Yao mir, daß er nicht mehr als Lehrer arbeitete. Er habe gekündigt und eine Stelle als Kellner in einem Restaurant in Lanzhou gefunden. Er schrieb, er wolle lieber Teller tragen und Schüsseln spülen, als in der alten Arbeitseinheit schief angesehen werden. Im Restaurant hatte er sich mit einem Koch angefreundet, der ein netter und intelligenter Kerl war. Ich wiederum berichtete in meinen Briefen von Yu Zhaoyuan. Ich schrieb, er verfüge über einen starken Lebenswillen und schaffe es, ohne Unterstützung von seiner Familie im Lager nicht zu verhungern.

Als ich ins Gefängnis nach Lanzhou gebracht wurde, verhörte man mich. Ich sollte verraten, wer an der Bildung der konterrevolutionären Vereinigung beteiligt gewesen sei. In dem Moment wußte ich, daß die Behörde für öffentliche Sicherheit uns beobachtet hatte. Sie hatte auch all unsere Briefe kontrolliert und war schließlich zu dem Ergebnis gekommen, daß wir drei eine konterrevolutionäre Vereinigung waren und im Umerziehungslager oder Gefängnis weitere Mitglieder rekrutiert hatten. Ich wurde zu fünf Jahren Gefängnis verurteilt, Yao Jiada zu vier Jahren und Ma Xin zu acht Jahren.

An dem Tag, als der Richter meine Entlassung bekanntgab, kam das Straßenkomitee zu mir nach Hause, um mir mitzuteilen, daß ich an einer Studiensitzung auf der Polizeiwache teilnehmen müsse. Auch wenn ich nicht schuldig war, mußte ich mich weiterhin oft bei der Polizei melden und Bericht über meine Aktivitäten erstatten. Auf diese Weise sollte ich mich unter die Kontrolle der Organe der Diktatur des Proletariats begeben.

Ob es im Alltag deswegen Probleme gab? Natürlich konnte ich keine ordentliche Arbeit finden. Das Straßenkomitee hatte einen Lastkarren-Transporttrupp organisiert. Also kaufte ich eine Karre und lebte als Kuli. Während der Kulturrevolution wurde ich zur Feldarbeit in die Heimat meiner Familie geschickt, in die Kommune Qingbaishi im Kreis Gaolan. In dieser Zeit kümmerte sich mein Vater um meine Frau und meine Tochter. Im Alter von siebzig Jahren zog er immer noch den Lastkarren, um sie zu ernähren.

Im Jahr 1979, nach Beginn der Reform- und Öffnungspolitik, bekam ich eine Arbeit in der Shuimogou-Grundschule, allerdings in der Verwaltung, nicht als Lehrer.«

»Jetzt haben sich die Zeiten geändert«, sagte Xi Zongxiang lachend, »wir können hier zusammensitzen und über vergangene Zeiten reden. Das ist wirklich ein Fortschritt.«

Satt

»Die einprägsamste Sache, die ich in Jiabiangou erlebt habe?«
»Ja. Was können Sie bis heute nicht vergessen, was hat sich in Ihr Gedächtnis eingebrannt?«
Im Frühwinter des Jahres 1999 traf ich auf einem Blumenmarkt in Lanzhou Gao Jiyi in seiner Pflanzenklinik. Vierzig oder fünfzig Geschäfte säumten den kleinen Marktplatz. Es war schon recht kalt, nachts fielen die Temperaturen unter den Gefrierpunkt, aber tagsüber stellten die Ladeninhaber immer noch ihre Pflanzen vor die Läden, um Kunden anzulocken. Die unzähligen Blüten ließen den Platz erstrahlen, und ihr Duft betörte die Menschen.
Vor dem kleinen Laden von Herrn Gao jedoch stand kein einziger Topf. Es war eine Pflanzenklinik, eingerichtet für diejenigen, die keinerlei Erfahrung mit der Pflege ihrer Gewächse hatten. Bei Herrn Gao erfuhren sie, was bei Krankheiten zu tun war und wie Schädlingsbefall vorgebeugt werden konnte. Außerdem verkaufte Herr Gao Pflanzenschutzmittel und Dünger. Er hatte das Schaufenster geöffnet und einen Tisch vor das Fenster gestellt. Darauf standen Flaschen und Dosen mit Pulvern und Tinkturen. Er saß auf einem Hocker, mit dem Rücken an den Tisch gelehnt.
Am Eingang stand ein niedriger Stuhl, eigens für Besucher. Herr Gao bat mich, darauf Platz zu nehmen. Der Laden war etwa vier Quadratmeter groß, so daß nicht mehr als zwei Personen hineinpaßten. In einer Ecke stapelten sich Säcke mit Humuserde zum Verkauf. Wenn ein Kunde eine Pflanze eintopfen wollte, dann füllte Herr Gao etwas davon in eine Plastiktüte und nahm dafür 3,5 Jiao.
Er sagte lange kein Wort und schien angestrengt nachzudenken. Er war noch nicht sehr alt, erst 64 Jahre, aber sein Haar war schon grau und sein Bart ganz weiß.
Ich sah zu ihm auf und versuchte seiner Erinnerung auf die Sprünge zu helfen: »Sie waren drei Jahre in Jiabiangou, und Sie haben bestimmt viel erlebt. Aber irgend etwas hat sicher einen so tiefen Eindruck hinterlassen, daß Sie es nicht mehr vergessen können.«
Es war bereits mein zweiter Besuch bei Herrn Gao. Zwei Tage zuvor hatte mich jemand, der auch zur Umerziehung in Jiabiangou gewesen

war, zu ihm mitgenommen und uns einander vorgestellt. Wir hatten ganz allgemein über Jiabiangou gesprochen. Bevor ich ging, hatte ich Gao Jiyi gebeten, doch noch ein wenig über diesen Abschnitt seines Lebens nachzudenken. Ich sagte, daß ich dann wiederkommen wolle, um ein richtiges Interview mit ihm zu führen.

Während wir nun so zusammensaßen, grübelte Herr Gao eine Weile, dann sagte er: »Vieles ist mir in Erinnerung geblieben. Aber es gibt wirklich etwas, das ich nicht vergessen kann. Seit Jahrzehnten trage ich es mit mir herum, ich habe niemandem davon erzählt, nicht einmal meiner Frau und den Kindern. Diese Sache quält mich und läßt mich manchmal sogar aus dem Schlaf aufschrecken. Es ist schon so lange her, aber bis heute weiß ich nicht, ob ich richtig gehandelt habe oder nicht.«

Als ich Herrn Gao das erste Mal traf, war er offen und aufrichtig, sehr redegewandt, aber an jenem Tag sprach er zögerlich. Ich blickte ihn an und wartete geduldig, daß er weitersprach. Ich hatte die Erfahrung gemacht, daß man es nicht eilig haben durfte, wenn man Menschen wie Herrn Gao interviewen wollte. Man durfte sie nicht drängen, nicht nachbohren. Je mehr man darauf aus ist, den Ausgang einer Geschichte zu erfahren, desto eher kann es vorkommen, daß der Gesprächspartner nur kurz angebunden ist oder gar nichts mehr erzählt. Die Überlebenden von Jiabiangou waren aufgrund ihrer Erlebnisse leicht in Angst und Schrecken zu versetzen. Selbst das Rascheln von Blättern ließ sie erzittern!

»Es war im Frühling 1960, im März oder April«, versuchte Herr Gao sich zu erinnern, »ja richtig, es war Anfang April. Der Lagerleiter suchte sich acht gesunde Männer, die aus Jiuquan Pflanzkartoffeln holen sollten. Darunter waren Mitglieder der Landwirtschafts- und Baubrigade sowie Jin Zhenzhu als Aufseher. Dieser war der Gruppenleiter der Baubrigade, ein ›Knüppel‹, wie wir diese Handlanger der Lagerleitung nannten. Irgendeiner, der Wei hieß – ein ehemaliger Insasse, der aber das Lager nicht verlassen durfte –, war auch dabei zu unserer Beaufsichtigung. Und auch ein Friseur wurde noch ausgewählt. Es war noch dunkel, als wir acht an jenem Morgen in der Gemeinschaftsküche eine Schüssel Brei zum Frühstück aßen. Dann stiegen wir auf einen Lastwagen und fuhren los.«

Ich unterbrach Gao Jiyi. »Herr Gao, eine Frage. Für den Transport der Pflanzkartoffeln war doch die Landwirtschaftsbrigade zuständig, warum wählte man Sie aus? Waren Sie nicht in der Schreinerei? Und Jin Zhenzhu gehörte doch zur Baubrigade. Warum sollte er dann die Leute von der Landwirtschaftsbrigade beaufsichtigen?«

»Wir befanden uns damals schon zwei Jahre im Umerziehungslager. Viele der Rechtsabweichler waren vor Erschöpfung oder Hunger stark angeschlagen, etliche waren bereits gestorben, und die, die noch am Leben waren, waren völlig ausgezehrt. In der Landwirtschaftsbrigade gab es nicht genügend Leute, die die Laster überhaupt noch be- und entladen konnten. Wenn es um solche Arbeiten ging, wurden aus dem ganzen Lager Leute ausgesucht. Nach meiner Ankunft in Jiabiangou kam ich in die Schreinerbrigade. Die Arbeit dort war körperlich nicht so anstrengend wie die auf dem Feld. Obwohl ich im Vergleich zu früher körperlich abgebaut hatte, war ich immer noch viel kräftiger als die anderen, deshalb wurde ich ausgewählt. Außerdem war ich der jüngste Rechtsabweichler im Lager. Als ich nach Jiabiangou kam, war ich gerade 21 Jahre und noch in guter physischer Verfassung.«

»Jin Zhenzhu war viel älter als Sie.«

»Ein paar Jahre. Nachdem er nach Jiabiangou gekommen war, wurde er Gruppenleiter. Er wurde als Aufseher eingesetzt und mußte daher nicht auf dem Feld arbeiten. So zeigte er kaum körperlichen Verschleiß. Die Lagerleitung bevorzugte ihn bei der Zuteilung der Essensrationen, damit er auf die anderen Insassen aufpassen konnte. Deshalb war er kräftiger als wir. Er war klein und gedrungen, hatte ein rosiges Gesicht. Haben Sie ihn schon mal gesehen?«

»Ja. Ich habe ihn interviewt. Er sieht genauso aus, wie Sie ihn beschreiben.«

»Wir fuhren eine Stunde mit dem Lastwagen nach Jiuquan. Dann hielt der Wagen in einem großen Hof, wo wir aus einem großen Lagerraum die Kartoffeln herausschaffen und aufladen sollten.«

»Was für ein Hof? Im Amt für Reform durch Arbeit in Jiuquan?«

»Nein, es sah nicht aus wie in einer Behörde. Außer dem Pförtner war niemand dort.«

Um das zu bestätigen, was ich in einem anderen Interview erfahren hatte, fragte ich noch einmal nach: »Wo war der Hof? Südwestlich vom Trommelturm in Jiuquan? Dort war früher die Textilfabrik, die dem Amt für Reform durch Arbeit unterstand. Alles große Gebäude, das waren die Produktionshallen.«

»Ich weiß nicht. Ich erinnere mich nur daran, daß der Hof leer war. Kein Mensch war dort. Wie ein Depot.«

»Auf welcher Straße sind Sie in die Stadt gekommen? Damals gab es nur vier Straßen in Jiuquan, eine in jede Himmelsrichtung. Man wußte also immer, in welcher Richtung man sich bewegte. Das große Haus, von dem Sie gesprochen haben, war das vielleicht ein Landwirtschaftsbetrieb im Vorort?«

»Nein, es war in der Stadt. Sonst habe ich aber nichts in der Umgebung gesehen. Es war früher Morgen, gerade hell geworden. Ein kalter Wind blies, und wir saßen zusammengekauert auf der Pritsche des Wagens.«

Ich fragte nicht weiter. Herr Gao fuhr fort: »Der Lagerraum war zur Hälfte mit den Kartoffeln gefüllt. Ich schätze, die kamen von anderswoher, weil kein Stroh daran klebte. Wir packten die Kartoffeln in Säcke, trugen sie nach draußen und luden sie auf den Laster. Wir waren dabei immer zu viert, an jedem Zipfel einer. Ein Fünfter kroch unter den

Sack, nahm ihn auf die Schultern, und dann hoben wir ihn zusammen auf den Wagen.

Etwa um 10 Uhr waren wir fertig und wollten zurückfahren. Da sagte dieser Aufseher Wei, wir sollten aus einem der Säcke acht Kilogramm Kartoffeln abwiegen, eines für jeden, um sie zu kochen und zu essen. Seit ich fast zwei Jahre zuvor nach Jiabiangou gekommen war, hatte ich mich nicht mehr satt gegessen. Am Anfang war die Versorgung noch ganz gut, da konnte man wenigsten halb satt werden. Angesichts des vollen Lasters und meines physischen Zustands war ich deshalb aber selbst mit diesem großzügigen Vorschlag noch nicht ganz zufrieden und fragte Wei: ›Können Sie uns nicht gleich ein paar Kilo mehr geben, damit wir richtig satt werden? Sie haben doch sicher auch Hunger, genau wie wir.‹ Ehemalige Insassen wie er, die im Lager bleiben mußten, hatten dennoch eine bessere Stellung. Sie bekamen 24 Yuan Lohn im Monat. Und auch was das Essen betraf, ging es ihnen besser als uns, aber satt wurden auch sie natürlich trotzdem nicht. Deshalb fragte ich so dreist.

Aber er war nicht einverstanden. ›Nicht, daß ich nicht will, daß ihr etwas eßt. Ich fürchte nur, wenn ihr so voll seid, könnt ihr heute nachmittag nicht mehr arbeiten.‹ Also aßen wir jeder nur ein Kilo Kartoffeln. Das machte uns zwar nicht satt, aber es war natürlich trotzdem besser als das Essen in Jiabiangou.«

»War nicht das halbe Lager voller Kartoffeln? Hättet ihr die nicht essen können?«

»Nein, der Lagerist, das war der Pförtner, hatte uns verboten, die restlichen Kartoffeln dort auch nur anzurühren. Die auf dem Laster waren alle genau abgewogen und protokolliert.

Zwei Tage lang waren wir damit beschäftigt, die Kartoffeln zu verladen, vier Fuhren, zwei am Tag. Wir kümmerten uns nur ums Aufladen, nicht ums Abladen. Abends fuhren wir nicht nach Jiabiangou zurück, sondern übernachteten in einem leeren Raum auf dem Hof. Am zweiten Tag gegen Abend, nachdem die letzte Ladung auf dem Laster war und wir auch unser Gepäck verstaut hatten, sagte Wei: ›Heute abend gibt es eine volle Mahlzeit für euch. Los, ladet einen Sack Kartoffeln wieder ab. Wir kochen sie.‹

Im Hof war ein gemauerter Ofen, und darauf stand ein großer Kessel. Wir hatten natürlich den vollsten Sack Kartoffeln ausgewählt, mindestens achtzig Kilogramm schwer, und füllten den Topf bis zum Rand. Wir waren so hungrig, daß wir nicht einmal warten konnten, bis die Kartoffeln ganz gar waren, und aßen sie in noch halbrohem Zustand. Sie waren so heiß, daß wir sie kaum schlucken konnten. Also brachen wir sie entzwei, eine Hälfte ließen wir auf dem Boden abkühlen, die andere Hälfte schlangen wir sofort hinunter.

Wer lange Hunger gelitten hat und dann plötzlich die Gelegenheit bekommt, sich satt zu essen, kaut nicht einmal mehr richtig, sondern schluckt alles fast unzerkleinert hinunter. Essen konnte man das eigentlich schon nicht mehr nennen. Wir schlangen und schlangen. Wir waren zum Platzen voll, unsere Bäuche ganz dick, aber wir aßen einfach weiter. Wir wußten, daß es so eine Gelegenheit so bald nicht mehr geben würde, vielleicht sogar nie wieder. Deshalb aßen wir weiter, bis uns die Kartoffeln schon beinahe wieder zu den Ohren herauskamen. Wir konnten nicht einmal mehr auf dem Boden oder an eine Wand gelehnt sitzen. Wenn wir uns bückten, würgte es uns die Kartoffeln wieder hoch. Also aßen wir im Stehen weiter. Als wir eigentlich schon gar nichts mehr herunterbekamen, reckten wir noch einmal die Hälse, damit doch noch ein bißchen hineinging. So hatten wir am Ende den ganzen Kessel Kartoffeln aufgegessen.

Während des Essens dachten wir alle noch, je mehr, desto besser, und aßen, soviel wir konnten. Die Quittung bekamen wir dann auf dem Rückweg! Damals war die Straße von Jiuquan nach Jinta noch nicht asphaltiert. Es war ein Sandweg, der nicht im besten Zustand war. Der Lastwagen holperte die Straße entlang, fuhr über Rillen und durch Schlaglöcher. Wir waren so vollgefressen, daß wir nicht einmal sitzen konnten. Stehen ging aber auch nicht, denn die Ladefläche war ja voller Kartoffeln. Bei jedem Schlagloch mußten wir uns also übergeben. Aber nicht nur das: Wir hatten auch furchtbare Bauchschmerzen, die mit jeder Unebenheit der Straße schlimmer wurden. Wir gaben dem Fahrer die Schuld, weil er zu schnell fuhr. Ich schlug an das Führerhaus und bat ihn, doch langsamer zu fahren, was er auch tat. Zwar mußten wir da nicht mehr so häufig brechen, aber die Bauchschmerzen blieben. Wir setzten uns gerade auf die Kartoffelsäcke und stützen uns mit beiden Händen ab, um die Schwankungen etwas abzufangen.

Wir hielten durch, aber der Schmerz war unerträglich. Schließlich erreichten wir die Verwaltungsgebäude von Jiabiangou. Der Fahrer hielt und forderte uns auf abzusteigen. Es war praktischer, wenn wir von hier aus zu Fuß zu unseren Brigaden zurückkehrten. Er würde zum Vorratslager fahren, wo die Leute zum Abladen warteten. Aber von uns acht waren nur zwei tatsächlich in der Lage abzusteigen – Jin Zhenzhu und Wei. Sie hatten weniger gegessen als wir, deshalb ging es ihnen auch nicht ganz so schlecht. Außerdem saßen sie im Führerhaus, von wo man einfacher aussteigen konnte. Wir anderen blieben einfach auf den Säcken liegen und konnten uns nicht rühren. Wir waren vor Schmerzen mehr tot als lebendig, völlig kraftlos, wie gelähmt. Einige stöhnten ohne Unterlaß.

Gruppenleiter Yan von der Baubrigade kam aus seinem Büro und beschimpfte Wei: ›Verdammter Kerl, du solltest sie begleiten! Und was machst du? Du läßt sie sich überfressen. Hättest du sie nicht zurückhalten können? Hast du nicht daran gedacht, daß sie sich sogar zu Tode fressen können?‹ Er sollte tatsächlich recht behalten. Einem Rechtsabweichler aus der Landwirtschaftsbrigade namens Wu war auf dem Wagen der Magen geplatzt. Man brachte ihn in die Unterkunft, wo er noch in der Nacht starb.

Mein Bauch tat immer noch weh, ja, es war sogar noch schlimmer geworden. Der Schmerz wollte einfach nicht nachlassen. Ich stöhnte, weinte und schrie. Ich wälzte mich hin und her und konnte weder liegen noch sitzen. Wie es der Zufall so wollte, kam es just in dieser Nacht zu einem Vorfall: Ein Schleusentor am Wasserspeicher in Xintiantun, einem Zweigbetrieb von Jiabiangou, war gebrochen. Xintiantun lag etwa acht Kilometer westlich von unserem Lager. Dort waren acht- oder neunhundert Rechtsabweichler, parteifeindliche Kräfte, Verbrecher und Konterrevolutionäre interniert. Die Lagerleitung schickte die Schreinerbrigade noch in derselben Nacht zur Reparatur. Aber mein Bauch schmerzte so, daß ich nicht mitkommen konnte. Unser Brigadeleiter Shi Siliang ließ Niu Tiande, den ältesten von uns, bei mir zurück. Er sollte nach mir sehen und aufpassen, daß niemand Holz aus unserer Werkstatt stahl. Im April ging in Lanzhou schon die Weizensaat auf. Aber in Jiabiangou, das im Westen des Gansu-Korridors lag, fielen die Temperaturen in der Nacht immer noch unter den Gefrierpunkt. In den Behausungen der Rechtsabweichler gab es keine Kohle, deshalb stahlen manche aus der Schreinerei Holz, um sich aufzuwärmen.

Niu Tiande hatte vor der Gründung der Volksrepublik studiert und als Ingenieur in einer Fabrik im Nordosten gearbeitet. Als in den fünfziger Jahren die Erschließung des Nordwestens propagiert wurde, kamen viele Freiwillige aus Shanghai, Tianjin und dem Nordosten, um am Aufbau teilzuhaben. Niu Tiande kam nach Lanzhou und arbeitete als Ingenieur in der Bauverwaltung der Provinz Gansu. Als er nach Jiabiangou kam, war er schon weit über fünfzig, fast sechzig. Er war körperlich schwach und konnte keine Feldarbeit mehr leisten. Shi Siliang, unser Brigadeleiter, war ein Tischler, der ebenfalls von der Bauverwaltung nach Jiabiangou zur Umerziehung geschickt worden war. Er kannte Niu und hatte Mitleid mit ihm. Er sprach mit der Lagerleitung und holte ihn in die Schreinerbrigade. Hier war die Arbeit leichter als auf dem Feld. Shi Siliang befürchtete nämlich, daß Niu Tiande sich dort zu Tode arbeiten könnte.

Mein Verhältnis zu Niu Tiande war ausgezeichnet. Ich war der erste Rechtsabweichler gewesen, der in die Schreinerbrigade gekommen war, ein Veteran sozusagen. Im Sommer 1958 stießen viele weitere Rechtsabweichler, Konterrevolutionäre und sogenannte Verbrecher, die aber eigentlich politische Gefangene waren, hinzu. Damals gab es nicht genug Werkzeug, nur ein paar hundert Spaten und Hacken von den vorherigen Insassen. Die neu gekauften Spatenblätter und Stiele waren im Hof gestapelt, aber es gab niemanden, der sie hätte zusammenbauen können. Ich war jung und mutig und meldete mich freiwillig beim Verantwortlichen. Ich sagte, daß ich früher bei uns im Dorf die Feldgeräte zusammengebaut hatte. Ich sammelte also die zurückgelassenen Werkzeuge ein, Äxte, Hobel, Sägen, und setzte Tag und Nacht Spaten und Hacken zusammen. Als ich damit fertig war, blieb ich als Schreiner in der Werkstatt. Später kamen dann ein paar echte, handwerklich sehr begabte Schreiner aus dem Buntmetallwerk in Baijin und von der Bauverwaltung der Provinz Gansu zur Brigade dazu, alles Arbeiter, die rechtsabweichlerische Reden geführt hatten. Ich lernte viel von ihnen und wurde so selbst auch ein ganz passabler Schreiner.

Ich verstand mich, wie gesagt, sehr gut mit Niu Tiande. Er war gebildet und freundlich zu allen und überdies sehr auf Ordnung und Sauberkeit bedacht. Ich war jung und stopfte nicht einmal meine Kleider, wenn sie kaputt waren. Als er das sah, sagte er: ›Xiao Gao, zieh deine Kleider aus, ich flicke sie dir.‹ Meine schmutzigen Sachen wusch er auch für mich. Und ich, ich teilte immer die Extrarationen mit ihm, die ich bekam, wenn ich zur Reparatur von Fenstern und Türen gerufen wurde oder Tische und Bänke schreinerte. Mal war es eine Schachtel Zigaretten, ein anderes Mal ein Dampfbrötchen. Niu Tiande war handwerklich nicht sehr geschickt und bekam deshalb nie etwas zugesteckt. So war er schon bis aufs Skelett abgemagert. Für ihn war die Arbeit in unserer Brigade äußerst anstrengend, weil er nicht über die notwendige Technik verfügte. Er konnte deshalb nur an der Zugsäge eingesetzt werden. Wenn ich mit ihm zusammen daran arbeitete, zog ich immer die Säge zu mir und schob sie zu ihm, damit er seine Kräfte sparen konnte.

Weil er so ein guter Mensch war, kümmerte er sich in jener Nacht rührend um mich. Als ich mich übergab, brachte er mir seine Waschschüssel, damit ich dorthinein spucken konnte. Ich hatte mich so oft übergeben, daß mein Magen längst leer war, aber die Schmerzen waren immer noch kaum zu ertragen. Er sagte, ich solle mich zurücklegen, und dann massierte er meinen Bauch. Anfangs waren die Schmerzen unerträglich, weil mein Magen und Darm noch voller Kartoffelstücke waren. Mein Bauch war zum Zerplatzen angeschwollen. Doch schließlich zeigte seine Massage Wirkung. Ich bekam Durchfall und übergab mich. Und er, er fing all das in seiner Waschschüssel auf, was ich von mir gab. Dann schüttete er es draußen weg und kam zurück, um mir weiter zur Seite zu stehen. Ich quälte mich die ganze Nacht, und er kümmerte sich um mich und machte kein Auge zu.

Als es dämmerte, legten sich meine Beschwerden allmählich. Ich hatte zwar immer noch Schmerzen, aber nicht mehr so stark wie zuvor. Ich war zerschlagen, und die Müdigkeit überkam mich. Niu Tiande hatte in einem behelfsmäßigen Erdofen Feuerholz verbrannt, so daß es in unserer Behausung schön warm wurde. Ich fühlte mich behaglich und schlief ein. So erschöpft, wie ich war, schlief ich sehr tief. Als ich erwachte, waren meine Bauchschmerzen verschwunden. Ich fühlte mich auch nicht mehr so schwach. Ich trank ein Schälchen kaltes Wasser, zog mich an und ging hinaus. Die Sonne stand schon weit im Westen. Es mußte also drei oder vier Uhr am Nachmittag sein. Die Mitglieder der Schreinerbrigade wohnten zusammen mit anderen Arbeitern in einem Hof gleich hinter der Landwirtschaftsbrigade. Gleich neben unserer Unterkunft war die Werkstatt. Aber der Hof war wie ausgestorben, alle waren bei der Arbeit.

Ich ging an der Werkstatt vorbei und wollte zur Mühle. Ich war, wie gesagt, der Jüngste im Lager und konnte einfach nicht untätig sein. Ständig war ich auf Achse. Ich hatte Hunger und wollte mir bei der Mühle etwas zu essen suchen. Aber plötzlich bemerkte ich etwas Ungewöhnliches: Vor der Werkstatt stand sonst eine kaputte Egge. Wissen Sie, so ein viereckiger Holzrahmen, der aussieht wie eine kurze Leiter, mit langen Eisenzinken am unteren Ende, mit denen man Erdschollen zerkleinert. Die Landwirtschaftsbrigade hatte mir die Egge zum Reparieren gebracht, aber sie war so kaputt, daß sich eine Reparatur nicht lohnte, und deshalb stand sie dort seit mehreren Tagen. Ich bemerkte, daß sie an die Seite der Werkstatt geschleppt worden war, wo sie an der Wand lehnte. Ich vermutete, daß jemand sie als Leiter benutzt hatte und in die Werkstatt eingedrungen war. Also kletterte ich nach oben, um zu sehen, wer es war und was er wollte.

Ich stand oben auf der ›Leiter‹ und sah jemanden ein paar Meter von mir entfernt bäuchlings auf dem Dach liegen. Obwohl ich sein Gesicht nicht sehen konnte, erkannte ich Niu Tiande. Ich wunderte mich, denn er war nun wirklich nicht der Typ, der irgendwo herumkletterte. Er war schließlich schon alt und schwach, außerdem ein wenig feige und immer sehr vorsichtig. Was machte er also auf dem Dach? So, wie er dort lag, wollte er bestimmt nicht beobachtet werden. Mir kam das komisch vor, aber ich sagte nichts. Ich kroch vorsichtig aufs Dach und näherte mich ihm geräuschlos. Die Neugier trieb mich. Ich stand hinter ihm und sah ihm über die Schulter. Vor ihm lag ein viereckiges blaues Einschlagtuch. Darauf war etwas Klebriges zum Trocknen ausgebreitet, es war schon hart. Kleine weiße und gelbliche Kartoffelklümpchen ragten hervor.

Mein Herz krampfte sich zusammen. Du lieber Himmel! Das, was da auf seinem blau-weißen Einschlagtuch, das er seit zwei Jahren mit Kleidungsstücken gefüllt als Kissen benutzte, trocknete, war all der Dreck, den ich gestern ausgebrochen und ausgeschieden hatte. Und er schob sich gerade ein Stück davon in den Mund. Danach brach er noch etwas von der hartgewordenen Masse ab, ganz so, als ob es ein Keks wäre.

Mir war, als träfe mich der Schlag. Mein Schädel brummte. Ich war wie versteinert, ganz leer im Kopf. Ich weiß nicht, wie lange ich so da stand. Ein paar Sekunden, eine Minute?

Dann machte ich einen Schritt nach vorn und trat das Tuch mit dem Fuß zur Seite. Ich wollte das Zeug eigentlich mit einem Mal vom Dach stoßen, aber mein Fuß verfing sich. Ich mußte also noch einmal nachtreten, damit alles endlich hinabflog.

Niu Tiande hatte natürlich nicht damit gerechnet, daß ihn jemand entdecken würde. Bei meinem ersten Tritt war er wie vom Blitz getroffen und stöhnte leise auf. Aber als ich das zweite Mal zutrat, entfuhr ihm ein schriller, herzzerreißender Schrei, und er stürzte sich mit einer Kraft auf mich, die ich zuvor nie an ihm beobachtet hatte.

Und auch so einen einen markerschütternden Schrei hatte ich noch nie gehört – er ging mir durch und durch. Als Niu Tiande sich auf mich warf, dachte ich, er wolle mich schlagen und vom Dach stoßen. Ich erschrak. Ich hätte nie gedacht, daß so ein ehrlicher, freundlicher, älterer Herr wüten konnte wie ein Löwe. Vor Schreck machte ich einen Schritt nach hinten. Plötzlich stand ich an der Kante, noch einen Schritt weiter, und ich wäre hinuntergefallen. Ich blieb stehen und hob die Fäuste, als wolle ich zurückschlagen. So schwungvoll, wie er auf mich zugesprungen war, so wütend, wie er dreinblickte, wollte er mich bestimmt auch schlagen. Aber als er vor mir stand, ergriff er meine Handgelenke, hielt einen Moment inne und schüttelte dann kräftig meine Arme: ›Xiao Gao, du warst für mich wie ein Bruder. Ich dachte, du wärst ein guter Mensch. Wie kannst du mir so etwas antun?‹

Er schlug mich nicht, er schubste mich nicht. Er konnte das gar nicht, denn er war nicht gewalttätig. Er schüttelte nur mit aller Kraft meine Hände und reagierte sich mit Worten ab: ›Du bist so gemein, Xiao Gao, du bist so bösartig.‹

›Lao Niu, wie kannst du solches Zeug essen?‹

Er rief barsch: ›Wieso sollte ich das nicht essen können? Wieso?‹

›Man kann es nicht essen! Man kann es einfach nicht essen!‹

In diesem Moment wußte ich weder ein noch aus. Ich wollte ihm sagen, daß das Zeug dreckig war. Nur Hunde oder Schweine würden so etwas fressen. Er sei ein Mensch, er könne es nicht essen. Aber wenn ich das zu Niu Tiande sagte, dann hieße das ja, daß ich ihn als Schwein oder Hund bezeichnete. Das würde ihn sehr verletzen. Aber ich wußte auch nicht, mit welchen Worten ich ihn überzeugen konnte, nicht mehr auf mich wütend zu sein, und wie ich mich rechtfertigen sollte. Also wiederholte ich immer wieder, daß man das Zeug einfach nicht essen könne.

›Kann man wohl.‹

›Nein, man kann es nicht essen.‹

So ging es immer weiter hin und her. Plötzlich überkam mich eine große Trauer: Ein zuvorkommender, respektierter, alter Ingenieur aß plötzlich das, was jemand ausgebrochen oder ausgeschieden hatte. Wie konnte er sich selbst so demütigen? Gleichzeitig fühlte ich mich ungerecht behandelt: Ich wollte seine Ehre schützen, und er hielt mich für einen schlechten Menschen, der ihm das Essen aus dem Mund stahl. Tränen traten mir in die Augen. Mir war, als hätte ich einen Kloß im Hals. ›Lao Niu, laß uns nicht streiten. Du hast studiert, bist ein kultivierter Mann. Du weißt in deinem Innersten, daß man so etwas nicht essen kann.‹

Er erstarrte und ließ langsam meine Hände los, dann zog er mich an sich und begann zu weinen: ›Xiao Gao, mein Xiao Gao …‹

Seine Tränen fielen auf mein Gesicht, und unwillkürlich

fing auch ich an zu schluchzen. ›Lao Niu, hör doch auf zu weinen.‹

Wir standen auf dem Dach, drückten uns ganz fest aneinander und weinten.

Das ist vor fast vierzig Jahren passiert, es fehlen nur vier, fünf Monate, dann sind es genau vierzig Jahre. Aber ich habe alles klar und deutlich vor Augen, so, als sei es erst gestern passiert. Lao Nius Schrei klingt mir immer noch im Ohr. Ich werde ihn nie vergessen. Aber ich hatte das alles tief in mir vergraben und niemandem davon erzählt. Auch als an jenem Abend die fünf Schreiner aus Xintiantun zurückkamen, habe ich nichts gesagt. Damals habe ich nicht verstanden, warum Lao Niu gesagt hatte, ich sei gemein und böse. Vielleicht war ich das wirklich? Jetzt sind fast vierzig Jahre vergangen, und ich habe es immer noch nicht für mich klarbekommen. Habe ich mich falsch verhalten? Sagen Sie es mir, habe ich etwas falsch gemacht?«

Er sah mich fragend an. Ich wußte nicht, was ich antworten sollte. Nachdem ich seine Geschichte gehört hatte, fragte auch ich mich, ob er sich richtig verhalten hatte.

In diesem Moment kam eine alte Dame in den Laden, sie wollte ein Mittel gegen Spinnmilben kaufen. Er goß aus einer braunen Flasche zwei Milliliter eines Mittels in ein sauberes Fläschchen und gab es der Dame. Sie fragte nach dem Preis. Ein Yuan.

Sie fragte: »Acht Jiao, geht das?«

»In Ordnung.«

Während er mir von Jiabiangou erzählte, kamen immer wieder Leute in den Laden, die irgendwelche Pflanzenmittel kaufen wollten. Sie feilschten alle mit ihm um den Preis. Er akzeptierte immer und handelte nie.

Nachdem die alte Dame gegangen war, fragte er noch einmal: »Sagen Sie es mir, habe ich etwas falsch gemacht?«

Ich wußte noch immer keine Antwort und fragte zurück: »Lebt Lao Niu noch?«

»Nein. Er ist in Mingshui gestorben.«

»War Ihre Freundschaft nach dieser Sache beendet?«

»Nein. Sie brachte uns noch enger zusammen. Ich war kein guter Schreiner, aber der Dienstälteste in der Schreinerbrigade von Jiabiangou. Man kannte mich, und es gelang mir immer, an etwas Eßbares zu kommen. Wenn ich das Werkzeug der Gemüsebrigade reparierte, bekam ich dafür einige Rüben. Ich teilte sie mit Niu. Als ich in der Mühle arbeitete, stahl ich Mehl, um Brei zu machen, davon gab ich ihm auch etwas ab. Ich hatte in Jiabiangou außerdem eine spezielle Aufgabe. Es gab zwei große Öfen, um für die fast zweitausend Rechtsabweichler Essen zuzubereiten. Einer stand bei der Baubrigade, einer bei der Landwirtschaftsbrigade. Die Aufsätze für die Dampfbrötchen gingen ständig kaputt, entweder zerbrach das Holz, oder sie saßen nicht richtig auf dem Topf, und ich wurde zur Reparatur gerufen. Jedesmal, wenn ich einen Aufsatz reparierte, kratzte ich die Essensreste heraus, die darin hängengeblieben waren. Oder ich steckte einfach ein paar gedämpfte Brötchen ein. Der Koch tat so, als würde er es nicht merken. Egal, was es war, ich teilte immer mit Niu Tiande.

Als die Sommerernte bevorstand, wurde er in die Landwirtschaftsbrigade versetzt. Danach wurde unsere Getreideration auf 12 Kilogramm reduziert. Lebensmittel waren so knapp wie nie zuvor. Mir gelang es auch nicht, zusätzlich irgend etwas zu bekommen. Wenn doch, gab ich ihm nichts, weil ich selbst schrecklichen Hunger litt. Dann habe ich ihn lange Zeit nicht gesehen.

Etwa Ende Oktober, das war schon nach der Verlegung nach Mingshui, sah ich Niu Tiande ein letztes Mal. Als wir verlegt worden waren, war die Schreinerbrigade bereits aufgelöst. Nur ich war noch übrig, die anderen hatte die Lagerleitung in die Landwirtschaftsbrigade versetzt. In Mingshui lebte ich allein in einer zwei Meter tiefen und zirka 1,30 Meter breiten Höhle. Wenn ich mich hinkniete, stieß ich mit dem Kopf an die Decke. Die Lagerleitung hatte festgelegt, daß ich einige Werkzeuge, wie Axt, Hobel, Säge, Dechsel, mit nach Mingshui nehmen und in meiner Höhle aufbewahren sollte, weil es vielleicht ja noch ab und an ein paar Arbeiten für einen Schreiner gäbe.

Unsere Essensration wurde weiter gekürzt, auf 7,5 Kilogramm. Niemand konnte mehr arbeiten. Man konnte nicht einmal am Leben bleiben, wenn man einfach nur still dalag. Einige sammelten Grassamen, um den Hunger zu stillen. Aber ich nicht. Ich dachte, Grassamen seien nicht sehr nahrhaft und könnten nicht die Energie ersetzen, die durch das Sammeln verbraucht worden war. Es lohnte den Aufwand nicht. Ich las statt dessen auf dem Grasland Kuhdung auf und machte damit in meiner Höhle ein kleines Feuer zum Aufwärmen. Am Eingang hing eine kaputte Decke, um den Wind abzuhalten. Ich lag den ganzen Tag in der Höhle und verbrachte so die Zeit. Damals bin ich stark aufgedunsen. Außerdem trug ich wattierte Kleidung, um mich warm zu halten. Ich sah richtig fett aus.

Es war Ende Oktober, und ich lag im Bett, als ich ein Geräusch hörte. Ich drehte mich um und sah, daß der Vorhang am Eingang ein wenig hochgehoben wurde. Ich erschrak, weil ich dachte, es seien Wölfe. Zu jener Zeit starben in Mingshui viele Rechtsabweichler. In der Nähe des Grabens, in dem wir hausten, gab es daher viele Wölfe. Sie kamen selbst im Hellen, liefen am Graben entlang und fraßen die Leichen derer, die nicht richtig beerdigt worden waren. Manchmal griffen sie sogar die Lebenden an. Die Wölfe wurden fett und bekamen glänzendes Fell. Sie waren mutig, als ob sie wüßten, daß die Menschen keine Kraft hatten, gegen sie zu kämpfen. Eines Nachts steckte sogar einmal ein Wolf seinen Kopf in meine

Höhle. Ich nahm eine Axt und verscheuchte ihn. Daher erschrak ich, als nun der Vorhang wieder etwas angehoben war. Ich setzte mich schnell auf und ergriff die Axt, die neben mir lag. Aber in diesem Moment rief eine schrille Stimme: ›Xiao Gao, Xiao Gao, wohnst du hier?‹ Ich konnte nicht erkennen, wessen Stimme das war, also blickte ich hinaus. Es war Niu Tiande. Er hatte seine ganze Kraft aufgeboten, um zu meiner Höhle zu kommen. Jetzt saß er am Eingang und schaffte es nicht mehr, hereinzuklettern. Er keuchte. Ich wollte ihn in die Höhle ziehen, damit er sich aufwärmen konnte, aber er wollte nicht. Er war nur gekommen, um mich zu sehen. Er sagte, er habe nicht mehr lange zu leben, höchstens ein paar Tage. Er hauste in einer großen Erdhöhle am südlichen Ende des Grabens, die zu einem provisorischen Krankenzimmer umfunktioniert worden war. Er sagte, er sei gekommen, um mich um einen Gefallen zu bitten. Keuchend nahm er aus der Innentasche seines Mantels eine Bürste aus Kokosfaser und ein Nähetui. ›Wenn du das hier überlebst und nach Lanzhou zurückkehrst, besuch bitte meine Familie und erzähl meiner Frau, was mit mir passiert ist. Nimm das beides mit, meine Frau und meine Tochter werden es erkennen. Ich habe es von zu Hause mitgebracht. Als ich wegging, sagte meine Frau, ich solle die Bürste mitnehmen, zum Schuhputzen. Meine Tochter steckte mir das Nähetui in die Tasche, damit ich meine Kleider flicken könne. Wenn sie die Bürste und das Nähetui sehen, dann wissen sie, daß du die Wahrheit erzählst.‹

Ich nahm beides an mich. Ich sagte nichts Tröstendes, ich versprach ihm nur, daß ich seinem Wunsch nachkommen würde, sollte ich lebend das Lager verlassen. So wie Niu Tiande aussah, würde er keine drei Tage mehr überstehen. In Jiabiangou und Mingshui hatte ich schon viele sterben sehen.

Vor dem Tod waren sie stark aufgedunsen. Die Ödeme verschwanden für ein paar Tage, dann kamen sie wieder. Wenn das passierte, stand das Ableben kurz bevor. Die Gesichter der Sterbenden waren angeschwollen wie Kürbisse, die Augenlider sahen aus wie weiche Birnen und konnten nur noch zu einem schmalen Schlitz geöffnet werden. Wenn die Todgeweihten umherliefen, dann schauten sie nach oben, weil ihr Gesichtsfeld so schmal war, daß sie den Weg nicht erkennen konnten. Erst wenn sie den Kopf höher hielten, konnten sie etwas besser sehen. Sie bewegten sich schwankend fort und mußten nach jedem Schritt kurz innehalten, um Kräfte zu sparen und das Gleichgewicht zu halten. Ihre Lippen waren so geschwollen, daß es aussah, als würden sie grinsen. Die Haare standen senkrecht in die Höhe. Auch die Stimme veränderte sich, sie klang schrill, wie die eines wimmernden Hündchens. In diesem Zustand war auch Niu Tiande an jenem Tag.

Vier oder fünf Tage später floh ich aus Mingshui. Warum ich geflohen bin? Weil ich leben wollte. Ich war jung und wollte nicht sterben, in Mingshui hatte ich keine Hoffnung. Ich fürchtete, daß ich nach ein paar Tagen auch in so einem Zustand wie Niu Tiande sein würde und dann keine Kraft zum Weglaufen mehr hätte. Eines Nachts Anfang November machte ich mich auf den Weg. Ich hatte einen Stock bei mir, um die Angriffe der Wölfe abzuwehren. Ich nahm nichts mit außer einer Stofftasche mit ein paar medizinischen Büchern und Lao Nius Bürste und Nähetui. Ich war früher Arzt für traditionelle chinesische Medizin, für mich waren die Bücher deshalb mein wertvollster Besitz. Gegen 9 oder 10 Uhr abends, es war stockfinster, stieg ich in Mingshuihe in den Zug. Vier Tage später erreichte ich gegen Abend Lanzhou. Da ich kein Geld und auch kein Schreiben hatte, auf das ich mich hätte berufen können, um eine Fahrkarte zu kaufen, wurde ich unterwegs von der Bahnpolizei aus dem Zug geworfen und in eine Arrestzelle gesteckt. Aber auch daraus konnte ich entkommen und bestieg einen anderen Zug nach Lanzhou. Meine Arbeitseinheit war die dortige Poliklinik für traditionelle chinesische Medizin gewesen, aber ich wagte nicht, dorthin zu gehen. Ich vermutete, daß mein Steckbrief schon bei allen Polizeirevieren und Straßenkomitees von Lanzhou lag. Man würde mich sofort ergreifen, wenn ich mich dort blicken ließ.

Ich wartete bis abends um zehn und ging dann zu meiner älteren Schwester. Vor der Befreiung hatte sie sich in Nord-Shaanxi der Volksbefreiungsarmee angeschlossen, später arbeitete sie als Ärztin im San'aitang-Militärkrankenhaus. Meine Mutter war zu ihr und ihrem Mann gezogen, noch bevor ich zum Rechtsabweichler erklärt wurde. Meine unerwartete Rückkehr war eine große Freude für meine Mutter. ›Du bist zurück, hat man dich entlassen? Du gehst nicht mehr hin, oder?‹

Ich sagte ihr, daß ich geflohen sei.

›Es ist gut, daß du jetzt hier bist. Solange du nicht zurückmußt, ist alles gut.‹

Meiner Schwester hatte ich einen Riesenschreck versetzt, sie fragte immer wieder: ›Was sollen wir machen? Was sollen wir machen? Du bist geflohen, das Amt für öffentliche Sicherheit wird dich hier suchen.‹ Sie fürchtete, ich könne sie und ihre Familie in Schwierigkeiten bringen.

›Beruhige dich, ich ziehe euch nirgends mit hinein. Ich bleibe nur eine Nacht hier, morgen früh bin ich weg.‹

›Wohin willst du?‹ fragte meine Schwester, ›du kannst doch nicht dein Leben lang weglaufen.‹

›Ich kehre in unser Elternhaus in Nord-Shaanxi zurück.

Wenn ich dort nicht gefunden werde, dann werde ich als Bauer arbeiten.‹

Sie sagte: ›Das wäre die einzige Möglichkeit.‹

›Schwester, ich möchte dich um etwas bitten‹, sagte ich, als ich merkte, daß sie einverstanden war, ›geh morgen früh zum Bahnhof und kauf mir eine Fahrkarte nach Xi'an. Ich kann mir keine kaufen, weil ich keine Genehmigung habe. Du bist in der Armee, wenn du in Uniform ein Ticket besorgst, mußt du nichts weiter vorlegen.‹

Sie zog ihre Uniform an: ›Dann erledige ich das sofort.‹

Nachdem sie gegangen war, sagte meine Mutter weinend zu mir: ›Du darfst ihr nicht böse sein, jetzt wird alles streng kontrolliert. Wenn du in die Heimat zurückkehrst, hast du nichts zu essen, nichts, womit du kochen kannst.‹

›Mach dir keine Sorgen. In Jiabiangou habe ich ein wirklich hartes Leben durchgemacht, da werde ich nicht verhungern, wenn ich nach Hause zurückkehre.‹

Plötzlich fiel mir der Gefallen ein, um den Niu Tiande mich gebeten hatte. Ich nahm die Bürste und das Nähetui aus meiner Tasche und gab beides meiner Mutter. ›Mutter, kannst du dir in den nächsten Tagen ein wenig Zeit nehmen und in die Changjia-Gasse gehen, zu der Familie von einem Niu Tiande. Gib seiner Familie bitte die Bürste und das Etui.‹ Ich schrieb ihr die Adresse auf und bat sie, meiner Schwester nichts davon zu sagen. Dann erzählte ich ihr die Geschichte von Niu Tiande.

Ich war noch gar nicht fertig, da kehrte meine Schwester zurück. Sie hatte eine Fahrkarte für den nächsten Morgen sechs Uhr gekauft. Und so stieg ich in aller Frühe in den Zug nach Xi'an.

Ich wohnte einen Winter lang in unserer traditionellen Wohnhöhle auf dem Land. Als es Frühling wurde, hörte ich, daß die Rechtsabweichler aus Jiabiangou zu ihren alten Arbeitseinheiten zurückgekehrt waren. Ich wollte wissen, wie meine alte Einheit mit mir verfahren würde, und fuhr im April 1961 noch einmal nach Lanzhou. Ich wohnte ein paar Tage bei meiner Schwester. Meine Mutter sagte mir, daß sie die Bürste und das Nähetui zu Niu Tiandes Familie gebracht habe. Als seine Frau und Tochter beides sahen, fingen sie sofort an zu weinen und konnten gar nicht mehr aufhören.«

Nachdem ich Gao Jiyis Bericht angehört hatte, schwieg ich eine ganze Weile. Dann sagte ich: »Können Sie mir noch mehr von Ihrer Flucht aus Mingshui erzählen? Soviel ich weiß, haben sich die anderen, die geflohen sind, nicht getraut, in Mingshuihe in den Zug zu steigen. Weil das Lager so nah war, gab es immer Patrouillen am Bahnhof, oder die Flüchtenden wurden von Wachen verfolgt.«
Herr Gao sagte: »Was auf meiner Flucht passiert ist, das habe ich auch immer noch nicht ganz verstanden. Lassen Sie mich morgen weitererzählen. Ich bin mein ganzes Leben auf der Flucht gewesen. Es braucht Zeit, das alles zu erzählen.«
Ich verabschiedete mich und verließ die kleine Pflanzenklinik. Die Blumen auf dem Markt blühten in den schönsten Farben. Menschen, wohin man schaute. Verkäufer, die ihre Waren feilboten, das Geschrei der Kunden, Stimmen, die um Preise feilschten, all das machte mich ganz schwindlig.

Flucht

»Herr Gao, lassen Sie uns unser Gespräch von gestern fortsetzen. Was Sie mir von Niu Tiande erzählt haben, hat mich sehr ergriffen. Aber erzählen Sie mir heute bitte über Ihre Flucht. Sie sind ja aus Jiabiangou entkommen und in die Heimat Ihrer Familie zurückgekehrt. Sie sind dabei sicher auf viele Schwierigkeiten und Gefahren gestoßen.«

Ich saß auf dem Hocker in der kleinen Pflanzenklinik von Herrn Gao. Mittlerweile war ich zum dritten Mal bei ihm. Bei meinem ersten Besuch hatte er mir von der Eröffnung seines Geschäfts erzählt. 1957 war er von der Poliklinik für traditionelle chinesische Medizin der Stadt Lanzhou (damals gab es das Krankenhaus für traditionelle chinesische Medizin noch nicht) zum Rechtsabweichler abgestempelt worden. Im Jahr 1978 wurde er rehabilitiert, und ihm wurde von der örtlichen Gesundheitsbehörde eine Arbeit im Städtischen Volkskrankenhaus zugeteilt. Die Leitung wollte ihn wieder in seiner alten Position als Arzt beschäftigen, aber Herr Gao lehnte ab. Er erklärte, daß er seit über 20 Jahren nicht als Arzt gearbeitet hätte. Er wäre ein rechter Scharlatan, wenn er nach all den Veränderungen auf dem Gebiet der Medizin einfach wieder einsteigen würde. Der Klinikleiter schlug ihm daher vor, als Masseur zu arbeiten, aber auch das lehnte Herr Gao ab. »Ich fürchte, ich bin nicht mal ein guter Masseur. Schauen Sie sich meine Hände an. Das sind die Hände von jemandem, der auf dem Feld und als Schreiner gearbeitet hat. Kann ich so einen Kranken massieren? Geben Sie mir einfach irgendeine Arbeit, als Heizer oder Reinigungskraft. Hauptsache, ich habe ein regelmäßiges Einkommen.«

Aber dem Klinikleiter widerstrebte das. »Das geht nicht, Sie sind Arzt, ein Staatsbeamter. Wenn wir Sie als Arbeiter anstellen, wird uns die Gesundheitsbehörde vorwerfen, daß wir die politischen Vorgaben nicht richtig umsetzen.«

Diese Diskussion zog sich einige Tage hin, bis der Klinikleiter einsah, daß Herr Gao einfach nicht als Arzt arbeiten wollte, und ihn als Abteilungsleiter in der Verwaltung einsetzte. Er meinte es gut mit Herrn Gao, der schließlich 20 Jahre gelitten hatte, und wenn er eine Stelle als Beamter bekam, war das eine gewisse Wiedergutmachung. Aber Herr Gao wies auch dieses Angebot entschieden zurück. »Ich bestehe darauf, nicht in

der Verwaltung zu arbeiten, geben Sie mir eine Aufgabe als einfacher Arbeiter.« Er schlug vor: »Ich kümmere mich um die Pflanzen, als Gärtner. In unserem Krankenhaus ist es kahl, es gibt keine Grünfläche und nicht eine einzige Pflanze. Das ist doch so kein richtiges Krankenhaus!«
Das weckte das Interesse des Klinikleiters. Das städtische Begrünungskomitee hatte das Krankenhaus schon mehrfach kritisiert, weil es keine grüne Umgebung geschaffen hatte, und nun hatte das Krankenhaus gerade vor, in diesem Bereich etwas Geld auszugeben. »Sie kennen sich mit Pflanzen aus?«
»Nach meiner Flucht aus Jiabiangou habe ich in der Heimat meiner Familie im Norden der Provinz Shaanxi auf einer Obstplantage gearbeitet.«
Da Herr Gao spürte, daß der Leiter empfänglich war, fügte er hinzu: »Sie müssen nur etwas Holz kaufen, um alles andere brauchen Sie sich nicht zu kümmern. Ich baue selbst ein Gewächshaus. Ich verspreche Ihnen: Innerhalb von drei Jahren wird unser Krankenhaus den Standards voll entsprechen.«
Der Klinikleiter stimmte überglücklich dem Vorschlag zu. »Sie gelten aber als leitender Angestellter und werden auch so bezahlt.«
So kam es, daß Gao Jiyi sich über zehn Jahre im Städtischen Volkskrankenhaus um die Pflanzen kümmerte. Er organisierte Holz, das er selbst zurechtschnitt, und baute daraus ein Gewächshaus. Er nahm sogar in Peking an einer Fortbildung teil. Das Gewächshaus von Herrn Gao erfreute sich eines sehr guten Rufs, die kostbarsten und auch die beliebtesten Pflanzen wuchsen dort. Alle Abteilungen und Büros des Krankenhauses wurden nach und nach begrünt. Nach nur einem Jahr wurde dem Krankenhaus eine Ehrentafel für seine Bemühungen überreicht. Diejenigen, die ihn einst zum Rechtsabweichler abgestempelt hatten und jetzt hohe Kader waren, kamen vorbei, um sich sein Gewächshaus anzusehen. Als die Wirtschaft zu florieren begann, schlug Gao Jiyi sogar vor, mit den Gewächshäusern auf den freien Markt zu gehen.
Mit 58 Jahren beantragte er jedoch seine Versetzung in den Ruhestand und wurde dann von einem Blumenzuchtbetrieb angestellt. Als dort der Besitzer wechselte, kündigte Gao, weil er das arrogante Verhalten des neuen Inhabers nicht mochte, und eröffnete diese schlichte Pflanzenklinik. Weil er einen so ausgezeichneten Ruf hatte, wollten ihn viele große Zuchtbetriebe anstellen. Sie boten ihm hohe Gehälter, doch er lehnte ab. Er sagte mir, nachdem er lebend aus Jiabiangou entkommen sei, habe er beschlossen, nie mehr als Führungskraft zu arbeiten. Und nach der Kündigung hatte er noch einen zweiten Entschluß gefaßt: nie wieder als Angestellter zu arbeiten. »Mir fehlt es nicht an Essen und Kleidung. Ich habe

keine Angst, ich bin nicht auf der Flucht, ich brauche nicht zu fürchten, daß die Polizei mich mit einem Haftbefehl sucht. Ich helfe denen, die keine Ahnung von Pflanzen haben. Mal verdiene ich zehn Yuan, mal zwanzig oder dreißig. Für mich ist das wirklich ein sorgenfreies Leben.«
Herr Gao saß auf seinem Stuhl, eine Hand auf den Tisch gestützt, der mit Flaschen und Blumentöpfen vollgestellt war. Er hatte das Gesicht eines Bauern, das noch nicht sehr faltig war, bis auf eine tiefe Stirnfalte, die aussah wie eine mit dem Messer gezogene Kerbe. Seine Haut war rauh. Gao Jiyi schien immer ernst zu sein, er lächelte selten. Wenn doch, dann erstarb sein Lächeln, kaum daß es sich richtig auf seinem Gesicht abgezeichnet hatte. Seine Augen waren dunkel und leuchtend. Sie versprühten Intelligenz, Schlauheit, Strenge und zugleich Sanftheit. Seine Stimme klang zwar monoton, aber doch auch auf eine eigene Weise melodisch.
Er blickte mich lange an. »Meine Flucht war wirklich gefährlich und kompliziert ...«

»Gestern habe ich Ihnen ja schon erzählt, daß ich in einer Nacht Anfang November 1960 schließlich geflohen bin. Das war drei oder vier Tage nachdem Niu Tiande in meiner Höhle gewesen war und mich mit der Regelung seiner Angelegenheiten betraut hatte. Nein, es stimmt nicht, es war sieben oder acht Uhr abends, nicht nachts. Ich hatte damals keine Uhr. Ich hatte mal eine gehabt, eine Titoni, die wurde aber vom Brigadeleiter eingezogen, kurz nachdem ich nach Jiabiangou gekommen war. Dort arbeitete ich, wie gesagt, zuerst in der Landwirtschaftsbrigade. Der Vorsteher Cheng Fenglin, früher Abteilungsleiter in der Handelsbehörde, zwang mich eines Tages, ihm die Uhr zu geben. Als ich nach dem Grund fragte, antwortete er, um mich an der Flucht zu hindern. Wenn ich versuche, die Zeit abzuschätzen, die seit dem Abendessen vergangen war, wird es etwa acht Uhr gewesen sein. Ich holte mir einen Stock, zog einen wattierten Mantel an und schlich aus der Höhle in Richtung des Bahnhofs Mingshuihe.«

Herr Gao machte eine Pause, als ob er versuchte, sich zu erinnern. »Als ich am Bahnhof ankam, war der Zug noch nicht eingetroffen. Ich hatte mich bei den Frauen, die ihre Männer besuchen kamen, erkundigt. Gegen neun Uhr sollte ein Bummelzug aus Richtung Westen in Mingshuihe Station machen. Also wartete ich am Bahnhof.«

Ich unterbrach Herrn Gao: »Ich habe gehört, daß es abends Patrouillen gab.«

»Das stimmt. Die Patrouillen und die Brigadeleiter brachen um halb neun zu ihren Rundgängen auf. Das Lager war zwei oder drei Kilometer vom Bahnhof entfernt. In etwa einer halben Stunde war man dort. Die Patrouillen ereichten immer erst kurz vor der Ankunft des Zuges den Bahnhof. Sie wußten, daß eine Flucht von den Insassen meist gut geplant und von langer Hand vorbereitet war. Und es war schwer, jemanden unterwegs zu stellen, da die Flüchtigen sich hinter den Sanddünen versteckten. Aber sie wußten auch, daß der einzige Fluchtweg über den Bahnhof führte. Also ergriffen sie die Ausreißer kurz bevor der Zug ankam. Diejenigen, die gefaßt wurden, wurden dann offiziell verhaftet und in Ketten gelegt oder gleich in Handschellen als Straftäter in das Arbeitslager Yinma gebracht. Wurde die Flucht als nicht so schwerwiegend angesehen, dann sperrte man den Entflohenen ein, hielt öffentliche Kritikveranstaltungen ab und teilte ihn dann der bewachten Gruppe zu.

Ich war früh aufgebrochen und hatte Glück, daß ich keiner Patrouille begegnete. Ein Problem war jedoch die Fahrkarte. Wollte man damals eine kaufen, benötigte man dafür eine Genehmigung. Ich hatte natürlich keine und auch kein Geld. Also ging ich nicht in die Wartehalle, sondern hockte mich an eine dunkle Stelle am Gleisbett. Dort wartete ich auf den richtigen Moment.«

»Sind Ihnen Wölfe begegnet?« unterbrach ich Herrn Gao. »Haben Sie gestern nicht erzählt, daß die Wölfe sich zusammenrotteten und die Leichen fraßen? Oder sogar die Lebenden anfielen?«

»Wölfe?« Gao Jiyi erstarrte und hörte für eine Weile auf zu sprechen. Dann setzte er erneut an: »Es waren zwei. Es war in jener Nacht sehr dunkel. Ich habe nur die Augen der beiden Wölfe gesehen. Sie leuchteten grün, die Silhouette der Tiere konnte ich aber nur undeutlich erkennen. Dennoch haben sie mich nicht angefallen. Vielleicht haben sie den Stock in meiner Hand gesehen und hatten Angst vor mir. Oder sie hatten sich zuvor schon satt gefressen.«

»Hatten Sie keine Angst?«

»Eigentlich nicht. Ich war schließlich jung, obwohl ich damals schon ziemlich aufgeschwemmt war. Und ich hielt einen Stock in den Händen. Diese zwei Wölfe hätte ich vermutlich abwehren können.«

»Sind sie Ihnen nicht gefolgt?«

»Nein, vielleicht war es ja wirklich der Stock, der sie abhielt.«

Dann fuhr er fort: »Ich wartete eine Weile, bis der Zug kam. Als die Frontlichter an der Wartehalle und dem Fahrkartenschalter vorbeihuschten, sah ich, daß kaum jemand auf dem Bahnsteig stand. Ich sah auch keine Patrouille. Nur ein oder zwei Bahnarbeiter in blauen Uniformen, die Signallampen hielten. Der Zug kam zum Stehen. Eine Wagentür nach der anderen wurde geöffnet, die Waggons waren hell erleuchtet. Die Schaffner stiegen aus und stellten sich an die Türen, um die Passagiere zu begrüßen und die Fahrkarten zu kontrollieren. Das wäre eine gute Gelegenheit gewesen, aber ich rührte mich nicht von der Stelle. Ich hatte ja keine Fahrkarte und fürchtete, die Schaffner würden mich nicht einsteigen lassen. Außerdem hatte ich Angst, daß meine Verfolger sich wie ich in der Dunkelheit versteckt hätten und sich auf mich stürzen würden, sobald ich aus der Deckung käme.

Die Schaffner stiegen ein, und die Türen schlossen sich wieder. Die Bahnarbeiter schwenkten ihre Signallampen, die Zugpfeife ertönte, und der Zug fuhr mit einem Tuten los. Das war der Moment, in dem ich aus meinem Versteck sprang und dem Zug hinterherrannte. Ich hüpfte auf die Stufen an einer Wagentür und hielt mich mit einer Hand am Griff fest. Der Diensthabende auf dem Bahnhof hatte mich nicht entdeckt. Sonst hätte er dem Lokführer wohl ein Signal gegeben, und der Zug hätte angehalten. Davor hatte ich am meisten Angst, denn dann wäre ich nicht weggekommen.

Aber der Zug hielt nicht, sondern beschleunigte. Im Handumdrehen hatte er das Gleiswärterhäuschen passiert. Ich war erleichtert. Mit der Hand fest am Griff richtete ich mich auf und preßte mich gegen die Wagentür. Sie war verschlossen, und kein Schaffner war weit und breit zu sehen. Da hämmerte ich mit den Fäusten gegen die Tür. Aber bei dem kalten Wind aus der Wüste Badain Jaran, der um den Waggon herum pfiff, und bei dem lauten Rattern war mein Hämmern nicht zu hören. Der Schaffner war schon im Wageninneren oder ruhte sich in seinem Abteil aus. Ich konnte mich einfach nicht bemerkbar machen. Aber ich wollte auch keinen Ärger verursachen. Wenn ich das Fenster einschlüge, könnte ich zwar in den Wagen steigen, aber ich hätte kein Geld, um den Schaden zu ersetzen. Allerdings konnte ich mich natürlich auch nicht ewig so von außen an die Tür klammern. Ich war schon ganz steif vor Kälte und hielt mich kaum noch am Griff. Noch eine Weile länger, und ich wäre vom Zug gestürzt und vielleicht sogar unter die Räder gekommen. Also mußte ich weiter an die Tür hämmern, so lange, bis der Schaffner mich hörte.

Ich klopfte mit aller Kraft, bis mich schließlich ein Passagier entdeckte. Er kam an die Tür und rief mir durch die Scheibe etwas zu. Dann ging er ins Wageninnere und kam kurz darauf mit dem Schaffner zurück, der mir aufschloß. Wutschnaubend griff er mich am Kragen meines Mantels und zog mich hinein. Er schloß die Tür und hielt mir eine Standpauke: ›Was haben Sie da gemacht? Wollen Sie sich umbringen?‹ Dann fragte er, ob ich eine Fahrkarte hätte. Ich sagte ihm, daß ich natürlich eine gekauft hätte, und tat so, als würde ich in meinen Taschen danach suchen. Ich trug eine baumwollgefütterte Jacke und einen Sun-Yatsen-Anzug aus Gabardine. Es waren neue Kleidungsstücke, die ich im Koffer aufbewahrt hatte. Außerdem hatte ich meine Haare ordentlich gekämmt und mich rasiert. Ich sah also nicht aus wie jemand auf der Flucht. Deshalb war der Schaffner auch noch höflich zu mir, als ich kein Ticket vorzeigen konnte. Er brachte mich in sein Abteil und schloß mich dort ein. Damit war ich aus Jiabiangou entkommen! Als mir das bewußt wurde, fühlte ich mich unendlich erleichtert. Nach den Strapazen war mein schwacher Körper völlig ausgelaugt. Als der Schaffner gegangen war, lehnte ich mich auf dem Stuhl zurück und schlief ein.

Plötzlich verspürte ich einen Schmerz an meiner Stirn. Ich wachte auf und sah einen Polizisten vor mir stehen. Ich war so erschöpft, daß ich meine Augen nicht offenhalten konnte, und schlief sofort wieder ein. Ein weiterer Schlag traf mich an der Stirn, diesmal härter. Ich bemühte mich, meine Augen zu öffnen. Der Polizist sagte lachend: ›Hei, du schläfst aber fest. Wach auf!‹ Er schnipste mir noch ein paar Mal gegen die Stirn, bis ich aufstand.

Ich war plötzlich hellwach, da mir klar wurde, daß ich in ernsten Schwierigkeiten steckte. ›Warum schlagen Sie mich?‹ murmelte ich und versuchte dabei nicht allzu angespannt zu wirken. Der Polizist war verdutzt, dann lachte er: ›Habe ich dir weh getan? Ich wollte dich nur wecken. Zeig mir deine Fahrkarte.‹

Ich wußte, daß ich ihm nichts vormachen konnte. ›Woher soll ich Geld für eine Fahrkarte haben? Ich habe zwei Tage nichts gegessen. Haben Sie vielleicht einen Happen für mich?‹

Der Polizist sah mich schief an. ›Was soll das?‹

›Ich gehöre zum Parteikomitee des Kreises Fufeng, Provinz Shaanxi. Ich wurde zu einer Kontrolle in den Landwirtschaftsbetrieb Mingshui geschickt.‹

›Hast du Papiere?‹

›Papiere? Was für Papiere? Ich wurde unterwegs bestohlen. Ich habe nicht einmal mehr Geld, mir etwas zu essen zu kaufen. Ich habe zwei Tage keinen Bissen zwischen die Zähne bekommen.‹

Der Polizist war skeptisch, er stockte kurz, dann fragte er nach meinem Namen, nach dem des Kreisvorstehers von Fufeng und nach dem des Parteisekretärs. Ich konnte aber alles beantworten, da ich die Namen von einem Kader aus dem Kreis Fufeng gehört hatte, der gerade ein paar Tage zuvor ins Lager Mingshui gekommen war, um einen Verwandten zu besuchen.

Der Polizist stellte mir noch ein paar Fragen, um eine Ungereimtheit zu entdecken. Vielleicht wußte er ja selbst nicht genau, wo der Kreis Fufeng lag und wie der Kreisvorsteher und der Parteisekretär hießen. Seine Zweifel ließen sich jedenfalls nicht zerstreuen. ›Wenn du bestohlen wurdest, warum hast du dann kein Telegramm an deinen Vorgesetzten geschickt, anstatt mitten in der Nacht auf einen Zug zu klettern?‹

›Genosse Polizist, wissen Sie, was im Landwirtschaftsbetrieb Mingshui vor sich geht? Das ist ein Umerziehungslager.

Es gibt dort nichts zu essen, und die Insassen verhungern. Wie hätte ich mir dorthin Geld schicken lassen können?‹

Ich versuchte, ganz ungezwungen mit ihm zu reden, um ihn meine Nervosität und Angst nicht spüren zu lassen. Und tatsächlich gingen ihm langsam die Fragen aus, und sein Ton änderte sich. ›Egal, was passiert ist, du brauchst eine Fahrkarte. Setz dich ins Abteil. In Zhangye steigst du aus. Der nächste Halt ist Linze, das ist ein kleiner Bahnhof. Dort auszusteigen nützt dir nichts. Steig in Zhangye aus, und laß dir vom dortigen Parteikomitee helfen. Du kannst doch nicht mit leerem Magen nach Shaanxi zurückfahren.‹

Ich wußte, daß ich keine Wahl hatte. Weiterzufahren würde meinem ›Status‹ nicht entsprechen und Zweifel schüren. Also meinte ich: ›Das ist gut, genau das hatte ich vor.‹

Bis zu diesem Punkt war meine Flucht erstaunlicherweise reibungslos verlaufen. Ich war sicher, daß ich den Bahnpolizisten ausgetrickst hatte. Aber in Zhangye angekommen, holte er alle Passagiere ohne Fahrkarte zusammen und befahl ihnen auszusteigen. Ich wollte allein verschwinden und mich wieder in den Zug schleichen, aber ein anderer Polizist hielt mich auf. Er wechselte ein paar Worte mit einem Kollegen auf dem Bahnsteig, dann brüllte der: ›Hierher. Alle hierher.‹ Ich wollte diesem Polizisten dieselben Lügen auftischen wie dem im Zug, aber er hörte überhaupt nicht zu. Er brüllte nur: ›Los. Vorwärts. Hierher.‹ Mir blieb also gar nichts anderes übrig, als den anderen in einen dunklen Hof zu folgen.

Dieser Ort war voller Menschen. Manche standen, andere saßen. Sichuan- und Henan-Dialekt waren zu hören. Hinter uns wurden noch weitere Menschen in den Hof gebracht. Ein großer Raum war hell erleuchtet, dorthin sollten wir zur Registrierung gehen. Als wir an der Tür standen, sah ich in der Mitte des Raumes zwei Tische, an denen zwei Polizisten saßen. Sofort war mir klar, daß es nicht um eine Registrierung ging – wir sollten in Gewahrsam genommen werden. Im Frühjahr 1958, bevor ich als Rechtsabweichler gebrandmarkt und nach Jiabiangou geschickt worden war, hatte ich gehört, daß die Polizei Landstreicher, die nach Lanzhou kamen, festnahm und sie dann zur Zwangsarbeit in den Gansu-Korridor in verschiedene Landwirtschaftsbetriebe brachte, wo sie jeden Monat 24 Yuan Lohn bekamen. Ich konnte doch nicht dem Tiger entkommen sein, um anschließend dem Wolf zum Opfer zu fallen!

Der Polizist befahl, daß wir uns vor der Tür des Raumes in einer Reihe aufstellten. Dann ging er wieder. Ich stand ganz hinten, dort, wohin kein Licht fiel, und wartete auf eine Gelegenheit. Dann schlich ich mich weg und mischte mich unter die anderen im Hof. Ich fand heraus, daß sie Bauern aus Henan, Shandong und Sichuan waren, allesamt Wanderarbeiter. Sie wollten nach Xinjiang, um Geld zu verdienen, aber auch sie waren in Zhangye aus dem Zug geworfen worden.

Der Hof war von einer mannshohen Mauer umgeben. Ich fragte zwei junge Frauen aus Sichuan, warum sie nicht einfach darüberkletterten und abhauten. Eine antwortete: ›Wenn es hell wird, gibt es etwas zu essen. Dann sehen wir weiter.‹

Ich entgegnete: ›Ich will aber jetzt gleich abhauen, könnt ihr mir helfen?‹

Ich zog mich mit beiden Händen auf die Mauer, während die Mädchen mich schoben. So kletterte ich hinüber und lief wieder zur Bahnhofswartehalle. Ab und zu patrouillierten dort Polizisten. Ich setzte mich ganz ruhig auf einen Stuhl, las und tat so, als würde ich auf einen Zug warten. Ich war mir sicher, daß ich nicht wie ein Landstreicher aussah, und auch nicht wie ein Verbrecher.

Die Polizisten nahmen tatsächlich ein paar Leute mit, aber

mich ließen sie unbehelligt. So blieb ich bis zum Morgen an Ort und Stelle. Als die Sonne aufging, wurde es etwas wärmer, und ich verließ diesen Ort.

Nach der ganzen Aufregung war ich hungrig – hungrig und müde. Ich mußte irgend etwas zu essen bekommen. Auf der Straße in der Nähe des Bahnhofes, die in den Kreis Zhangye führte, waren ein paar Restaurants und ein Sesambrötchen-Laden. In der Auslage am Eingang türmte sich allerlei Gebäck. Aber ich hatte weder Geld noch Lebensmittelmarken. Auch hatte ich nichts Wertvolles bei mir, nur die Stofftasche, die ich in der Hand hielt. Darin befanden sich meine zwei geliebten Bücher. Ich hatte sie aus Lanzhou mit nach Jiabiangou genommen. Nach der Verlegung nach Mingshui hatte ich sie auch dort gut verwahrt. Viele haben ihre Bücher verbrannt, um sich am Feuer aufzuwärmen, aber ich hatte das nicht übers Herz gebracht und statt dessen Kuhdung benutzt. Aber jetzt war ich entschlossen, die Bücher zu verkaufen. Ich war so hungrig, daß meine Beine ganz schwach waren und ich schon Sterne vor Augen sah. Wenn ich nichts zu essen bekäme, würde ich bald einfach auf offener Straße umfallen.

Ich nahm die Bücher aus der Tasche und ging damit den Weg entlang auf der Suche nach einem Käufer, der gebildet aussah. Die Analphabeten, die Wagen zogen und Hirsebrei verkauften, würden meine Bücher wohl nicht abnehmen. Am besten wäre es natürlich, sie an einen Arzt zu verkaufen, aber wie sollte ich einen erkennen? Wenn jemand mir gebildet erschien, ging ich zu ihm und fragte, ob er die Bücher erwerben wolle. Manche sahen mich an und gingen weiter, ohne auch nur einen Blick auf die Bücher zu werfen, andere blieben stehen und blätterten darin. Aber die Bücher nützten ihnen nichts, sie waren alle keine Ärzte.

Da es mir den ganzen Vormittag über nicht gelungen war, ein Buch zu verkaufen, war ich am Nachmittag fast verzweifelt. Vor Hunger war mir ganz schwindelig, ich schwankte und konnte fast nicht weitergehen. Ich dachte, es sei besser, zur Wartehalle zurückzugehen, als auf der Straße zu kollabieren. Wenn ich dort zusammenbräche, würden sich wahrscheinlich wenigstens die Bahnarbeiter um mich kümmern. Vielleicht aber auch nicht. Vielleicht würden sie mich geradewegs zur Polizei bringen. Da änderte ich plötzlich mein Vorhaben. Ich wollte mich jetzt doch in Gewahrsam nehmen lassen. Da gab es wenigstens etwas zu essen, und ich würde nicht verhungern. Ich erinnerte mich an die Worte der beiden Mädchen aus Sichuan: Das werden wir nach dem Essen sehen. Ihre Idee war besser gewesen als meine.

Als ich zum Bahnhof zurückkehrte, sah ich vor einem Hauseingang zwei alte Männer mit langen Bärten in der Sonne sitzen. Sie waren gebildet, das konnte ich an ihrer Kleidung und ihren Gesichtern ablesen. Ich wollte mein Glück noch ein letztes Mal versuchen. Ich ging zu ihnen und sagte höflich: ›Meine Herren, ich habe hier zwei gute Bücher. Möchten Sie sie kaufen?‹ Sie sahen mich an, dann nahmen sie die Bücher und blätterten darin. Sie fragten, woher ich käme. Ich sagte: ›Aus Shaanxi, alle in meiner Familie sind seit Generationen Ärzte für traditionelle chinesische Medizin. Wegen der Hungersnot wollte ich nach Xinjiang, um Geld zu verdienen. Aber jetzt habe ich keinen Heller mehr, deshalb muß ich die Bücher verkaufen.‹

›In Shaanxi herrscht auch Hungersnot?‹ Einer stand auf: ›Junge, behalte deine Bücher, ich kaufe dir zwei Sesambrötchen.‹

Die beiden Männer besorgten mir in einem staatlichen Geschäft zwei Gebäckteile und ließen mir sogar noch eine Schale

Wasser bringen, bevor sie wieder gingen. Ich verschlang die Brötchen und schüttete das Wasser hinunter. Dann ließ ich mir noch eine Schale bringen. Mir wurde sofort warm, und ich fühlte mich gleich viel kräftiger. Dann ging ich zur Wartehalle zurück und überlegte, wie ich es in einen Zug schaffen könnte.

An jenem Nachmittag und Abend gelang mir dies allerdings noch nicht. Ich erinnere mich jetzt: Damals gab es auf der Strecke von Lanzhou nach Westen nur zwei oder drei Linien, einen Schnellzug und einen Bummelzug, vielleicht auch noch einen Schnellzug nach Shanghai. Genau weiß ich es nicht mehr, aber es waren nicht viele. Jedesmal, wenn ein Zug in Richtung Osten einfuhr, rannte ich auf den Bahnsteig, aber ich schaffte es nicht hinein. Nachdem die Züge eingefahren waren, stiegen die Schaffner aus und kontrollierten an der Wagentür die Fahrkarten. Wer keine hatte, durfte nicht einsteigen. Ich sah, wie einige Bauern aus Henan mit großen Bündeln auf dem Rücken ohne Ticket einsteigen wollten und daraufhin von der Bahnpolizei abgeführt worden. Deshalb traute ich mich nicht, dasselbe zu versuchen.

Auch am nächsten Tag schaffte ich es nicht. Aber auf den Stufen vor der Wartehalle fand ich eine entwertete Fahrkarte. Ich wartete, bis gegen Mitternacht der Linienzug einfuhr, mit dem ich gekommen war. Als er gerade abfahren wollte, lief ich mit der Fahrkarte in der Hand zur Wagentür: ›Nicht die Türen schließen.‹ Ich winkte dem Schaffner mit der Fahrkarte. Ich tat ganz abgehetzt und stieg ein.

Dann ging ich sofort weiter in einen anderen Wagen. Ich setzte mich auf einen Platz nahe der Tür und sah mich um. Als ich sicher war, daß niemand mich beachtete, kauerte ich mich unter den Sitz. Dort blieb ich, bis der Zug Lanzhou erreichte.

Was in Lanzhou passiert ist, habe ich Ihnen gestern schon erzählt. Ich blieb eine Nacht bei meiner Schwester. Früh am Morgen ging ich mit vierzig Yuan, die ich von ihr bekommen hatte, und der Fahrkarte, die sie für mich gekauft hatte, zurück zum Bahnhof und fuhr nach Xi'an. Als ich gerade gehen wollte, gab mir meine Schwester noch vier Schachteln Zigaretten. Als ich ihr sagte, daß ich nicht rauchte, entgegnete sie: ›Behalte sie, auf dem Weg wirst du sie wahrscheinlich brauchen.‹ Sie meinte, daß sie jeden Monat eine Marke bekam, für die sie vier Schachteln Zigaretten kaufen konnte. Das waren die, die eigentlich für meinen Schwager bestimmt waren. Mehr hatte sie nicht.

Von Xi'an fuhr ich mit dem Zug nach Tongchuan. Die Fahrkarte für die Weiterfahrt kaufte mir ein Passagier von dort, mit dem ich mich im Zug unterhalten hatte und der eine Genehmigung besaß. Schwieriger war es, eine Busfahrkarte von Tongchuan nach Yan'an zu kaufen. Man benötigte nicht nur eine Genehmigung, sondern mußte sich auch eine Wartenummer geben lassen. Erst wenn diese aufgerufen wurde, konnte man überhaupt eine Fahrkarte erwerben. Am Busbahnhof war eine riesige Menschenmenge, schon mehr als 700 Personen hatten eine Nummer gezogen. Jeden Tag fuhren nur drei Busse, in jeden paßten etwa 30 Fahrgäste. Ich wurde unruhig, wie sollte ich so je nach Yan'an gelangen? Bedrückt saß ich in der Wartehalle und zerbrach mir den Kopf. Wie sollte ich eine Fahrkarte organisieren?

Da betrat ein Mann die Wartehalle, er sah aus wie ein Angestellter des Busbahnhofes, konnte aber genausogut ein Polizist in Zivil sein. Er blieb vor einem Jungen stehen, der neben mir saß: ›Fahrkartenkontrolle.‹

Der Junge holte sein Ticket heraus, dann sollte er auch noch seinen Ausweis zeigen. Er hatte aber keinen. ›Wie kannst du ohne Ausweis eine Fahrkarte kaufen? Die Fahrkarte ist konfisziert.‹ Dann scheuchte er den Jungen aus der Wartehalle.

Ich bekam einen großen Schreck. Ich fragte mich, warum es an diesem Busbahnhof so strenge Regeln gab. So einfach konnten Fahrkarten konfisziert werden? Was sollte ich machen, wenn man mich kontrollierte? Würde man mich zur Polizei bringen?

Aber nachdem ich mir den Mann genauer angesehen hatte, zweifelte ich daran, daß er wirklich ein Angestellter des Busbahnhofs war. Er blickte sich verstohlen um, und ohne noch weitere Personen zu kontrollieren, verließ er die Wartehalle. War er vielleicht nur ein kleiner Ganove, der ehrliche Dörfler schikanierte?

Plötzlich kam mir eine Idee. Ich stand auf und folgte ihm. Er ging in ein Restaurant und setzte sich an einen Tisch. Ich nahm am Nachbartisch Platz. Um nicht aufzufallen, zog ich eine Zigarette heraus und zündete sie an. Wir beobachteten uns gegenseitig aus den Augenwinkeln. Nach einer Weile fragte er mich, woher ich käme und wo ich arbeitete. Ich sagte ihm, daß ich ein Arzt aus Lanzhou sei. Er hielt inne. Dann fragte er, ob es in Lanzhou schwer sei, an Zigaretten zu kommen.

Ich antwortete: ›Es ist ganz schön schwer. Aber man bekommt vier Päckchen im Monat zugeteilt.‹ Dann fügte ich hinzu: ›Als Arzt ist es kein Problem, noch mehr zu bekommen.‹

Da änderte sich sein Tonfall, und er bettelte: ›Geben Sie mir doch eine Schachtel.‹

›Warum nicht, es sind ja nur Zigaretten.‹

Ich zog eine Packung hervor und gab sie ihm. Als er mir Geld geben wollte, hielt ich seine Hand fest. ›Schon in Ordnung, ich will kein Geld. Können Sie mir aber vielleicht helfen, eine Fahrkarte zu kaufen? Ich bin nicht von hier und kenne niemanden.‹

›Wohin wollen Sie denn?‹

›Nach Yan'an.‹

Er schaute sich vorsichtig um und holte das Ticket hervor, das er gerade einkassiert hatte. ›Ich habe die Fahrkarte für jemanden gekauft, aber Sie können sie haben.‹

Überglücklich nahm ich sie an und gab ihm das Geld. Dann überließ ich ihm alle Zigaretten, die ich hatte.

Ich hatte eine Fahrkarte! Meine Freude war unbeschreiblich, mein Plan hatte funktioniert! Am nächsten Morgen stieg ich in aller Frühe in den Bus. Die zweite Hürde war genommen!

Von Yan'an mußte ich weiter nach Suide. Aber wie sollte ich das anstellen? An der Bushaltestelle herrschte ein riesiges Gedränge. Ich benötigte wieder eine Genehmigung und eine Wartenummer. Mir blieb nichts anderes übrig, als mich auf die Stufen vor den Wartesaal zu setzen und auf eine Gelegenheit zu warten. Ich hatte wirklich Glück, denn tatsächlich tat sich etwas: Ein Fahrkartenhändler kam auf mich zu und fragte leise, ob ich eine Fahrkarte nach Suide wolle. Ich fragte ihn nach dem Preis. Er wollte fünf Yuan haben, obwohl die Tickets nach Suide eigentlich nur zwei Yuan fünfzig kosteten. Er sagte, es sei eine teure Fahrkarte. Ohne zu zögern griff ich danach. Nun war mein Geld fast ausgegeben, ich hatte nur noch sieben oder acht Yuan. Von Suide aus hatte ich noch einen Weg von 70 Kilometern vor mir. Busse gab es auf der Strecke nicht, wie sollte ich da nach Hause kommen? Also sagte ich zu dem Händler: ›Ich habe nur noch vier Yuan, ich gebe dir drei. Von dem Rest muß ich mir noch etwas zu essen und zu trinken kaufen.‹

Aber er lehnte ab, er wollte fünf.

›Ich gebe dir drei. Irgendwie mußt du die Karte sowieso verkaufen. Wenn du sie mir nicht zu diesem Preis gibst, fange ich laut an zu schreien.‹

Da konnte ich sehen, daß er Angst bekam, erwischt zu werden. Er bat mich leise, nicht zu schreien.

›Gib mir vier Yuan.‹

›Drei und keinen mehr.‹

Er hatte keine Wahl. In ausweglosen Situationen ist einem fast jedes Mittel recht – ich hatte sogar einen Schwarzhändler ausgetrickst!

Am nächsten Tag kam ich endlich in Suide an. Aber jetzt begannen erst die richtigen Schwierigkeiten. Ich hatte noch vier Yuan in der Tasche und immer noch siebzig Kilometer bis zu meinem Heimatort vor mir. Es gab keinen Bus. Ich brauchte etwas zu essen und eine Unterkunft. In der Nacht schlief ich für einen Yuan in einem billigen Hotel, und am nächsten Morgen machte ich mich ohne Frühstück auf den Weg. Nach drei, vier Kilometern war ich hungrig und erschöpft. Ich konnte keinen Schritt mehr gehen. Da kam mir ein alter Mann entgegen. So wie er aussah, war er die ganze Nacht unterwegs gewesen. Um den Kopf hatte er fest ein Tuch gewickelt, nur seine Augen waren zu sehen. Auf dem Rücken trug er einen Schultersack, prall gefüllt mit Hirsemehlbrötchen. Der Alte sah mir an, daß ich einen langen Weg hinter mir hatte, und kam auf mich zu: ›Bist du gestern mit dem Bus aus Yan'an gekommen?‹

›Ja.‹

›Gestern Abend rief die Busstation in unserem Dorf an, um mir zu sagen, daß mein Sohn mit dem Bus aus Yan'an gekommen sei. Am Bahnhof ist er vor Hunger zusammengebrochen. Hast du ihn gesehen?‹

›Ein junger Mann aus Qinghai lag regungslos am Boden.

Um ihn herum hatte sich eine Menschentraube gebildet. Arbeitet dein Sohn in Qinghai?‹

›Ja. Lebt er noch?‹

Ich bejahte das.

Sofort begann er, mich zurechtzuweisen: ›Warum seid ihr Wanderarbeiter so herzlos? Ihr seht jemanden fast vor der Haustür vor Hunger zusammenbrechen und helft ihm nicht.‹

›Väterchen, gib mir nicht die Schuld. Mir geht es schlechter als deinem Sohn. Du bringst ihm etwas zu essen. Ich habe noch siebzig Kilometer vor mir. Seit gestern morgen habe ich nichts mehr gegessen, nicht mal ein Getreidekörnchen.‹

Als er das hörte, nahm er den Sack von der Schulter und gab mir sechs Brötchen. So ein warmherziger Mann! Dann eilte er in Richtung Suide davon.

Ich lebte vier Tage von diesen Brötchen, und vier Tage war ich auch noch unterwegs, bevor ich endlich in meinem Heimatdorf Gaozhong Jiawa eintraf. Zuerst wohnte ich einen Monat bei meinem Onkel, um wieder zu Kräften zu kommen. Als ich mich etwas erholt hatte, kehrte ich in unser altes Zuhause zurück. Ich ruhte mich den ganzen Winter aus. Als es wärmer wurde, ging es mir wieder besser, und ich nahm eine Arbeit in der Produktionsbrigade auf.«

»Wie es weiterging, erzähle ich Ihnen morgen. Es ist schon dunkel.«

»Gut, dann reden wir morgen weiter.«

Ich sah nach draußen. Einige Blumenhändler waren gerade dabei, ihre Stände zu schließen, und räumten die Pflanzen in ihre Läden.

»Herr Gao, eine Frage habe ich doch noch. Hat niemand bemerkt, daß Sie aus Mingshui geflohen waren? Hat Sie niemand verfolgt?«

»Ähm ...«, er murmelte etwas vor sich hin.

Ich hakte nach: »Soweit ich weiß, haben es die meisten, die aus Mingshui geflohen sind, nicht gewagt, zum Bahnhof Mingshuihe zu gehen. Er lag zu nah am Lager, und es war ein leichtes, die Entflohenen dort wieder einzufangen.«

Er brummelte irgend etwas vor sich hin. Ich fragte noch weiter: »Hat Sie die Polizei in Ihrem Dorf nicht verhaftet? Ich habe mit vielen gesprochen, denen die Flucht gelungen war, aber kaum einer von ihnen hat es gewagt, in die Heimat zurückzukehren. Wer es doch tat, wurde von der Polizei verhaftet und zurück ins Lager geschickt. Wenn in Jiabiangou eine Flucht bemerkt wurde, wurden sofort Nachrichten an die früheren Arbeitsstellen und die Polizeireviere in der Heimat geschickt, mit der Bitte, beim Ergreifen der Flüchtigen behilflich zu sein. Oder es wurde jemand losgeschickt, um den Flüchtigen zurückzubringen.«

Schließlich sagte Herr Gao: »Herr Zhang, Sie stellen wirklich gute Fragen! Es wurde tatsächlich jemand auf mich angesetzt.«

»Haben Sie sich so gut versteckt, daß er Sie nicht zu fassen bekam?«

»Nein, so war das nicht. Herr Zhang, eigentlich wollte ich Ihnen das nicht erzählen. Die Sache verfolgt mich seit damals. Ich weiß nicht, ob es richtig war, was ich gemacht habe. Diese Sache bereitet mir noch mehr Kopfzerbrechen als die Geschichte mit Niu Tiande. Ich habe Alpträume deswegen.«

Ich sah ihn fest an.

»Na gut«, sagte er, »ich werde Ihnen heute alles erzählen. Am Abend der Flucht war ich nicht allein. Wir waren zu zweit. Wir sind zu zweit geflohen.«

»Zu zweit?« Ich war überrascht.

»Ja. Ich erzähle Ihnen am besten alles von Anfang an.«

»Ich war, wie gesagt, der Dienstälteste in der Schreinerbrigade von Jiabiangou. Aber das hieß keineswegs, daß ich auch der Beste gewesen wäre. Der Erfahrenste, der Beste, das war Meister Luo, Luo Hongyuan. Er hatte schon zuvor als Schreiner gearbeitet, aber eigentlich war er Bauingenieur. In den dreißiger Jahren hatte er einen Abschluß an der Qinghua-Universität gemacht. Vor der Befreiung hatte er dann als Ingenieur gearbeitet, danach in einem Baubetrieb im Nordosten Chinas. Weil er vor 1949 Mitglied der Guomindang war, durfte er nicht als Ingenieur arbeiten, sondern wurde zum einfachen Arbeiter degradiert, zum Schreiner. In den fünfziger Jahren, als es Kampagnen zum Aufbau des Nordwestens Chinas gab, wurde er in die Yinbai-Edelmetall-Fabrik versetzt. Im Herbst 1958, als während der Anti-Rechts-Kampagne viele alte Rechnungen beglichen wurden, erklärte man ihn wegen seiner früheren Mitgliedschaft in der Guomindang zum Konterrevolutionär und schickte ihn ins Umerziehungslager Jiabiangou. Ich weiß nicht, wie gut er als Ingenieur war, aber er verstand sein neues Handwerk besser als richtige Schreiner wie Wei Lizhi.

Wei Lizhi war ein Arbeiter, der reaktionäre Äußerungen getan hatte und deshalb als schädliches Element zur Umerziehung geschickt wurde. Er war zwar ein sehr fähiger Schreiner, aber er konnte weder lesen noch schreiben und verstand nichts von Bauzeichnungen. Luo Hongyuan war zwar kein Schreiner, aber das, was Wei konnte, konnte er auch. Damals hatten alle Pferdewagen im Gansu-Korridor, auch die in Jiabiangou, große Holzräder, die größer waren als die Wagen selbst. Spannte man ein Pferd davor, war die Deichsel ganz schief, und für die Pferde war das Gefährt schwer zu ziehen. Als Luo in die Schreinerbrigade kam, schlug er daher vor, die Proportionen zu verändern. Nach der Genehmigung durch die Lagerverwaltung entwarf er kleinere Räder mit einem Radkranz aus neun Holzplatten und 18 Speichen. Das war eine komplizierte Sache, denn Luo mußte den ganzen Wagen umkonzipieren. Er zeichnete einen Bauplan, und wir fertigten danach die Einzelteile. Der neue Wagen sah gut aus und war viel besser zu benutzen. Wenn die Rechtsabweichler aus Jiabiangou damit nach Jiuquan fuhren, um Dung zu holen, zogen sie immer große Aufmerksamkeit auf sich.

Warum erwähne ich Meister Luo überhaupt? Als ich nach Jiabiangou gekommen war, dachte ich, mein Leben sei zu Ende. Selbst wenn man mich entlassen würde, ließ man mich sicher nie wieder als Arzt arbeiten. Außerdem war ich sehr getroffen, daß man mich zum Rechtsabweichler erklärt hatte.

Ich beschloß, meinen Lebensunterhalt als Arbeiter zu verdienen. Wenn ich weder Arzt noch Kader war, konnte man mich auch nicht mehr zum Rechtsabweichler abstempeln, dachte ich. Ich wollte das Schreinerhandwerk lernen. Also wählte ich mir in der entsprechenden Brigade einen Lehrmeister, und das war Luo. Ich machte sogar einen Kotau vor ihm, damit er mich als Lehrling akzeptierte.

Es sollte sich zeigen, daß meine Wahl die richtige gewesen war. Auch nach meiner Flucht aus Jiabiangou arbeitete ich wieder in der Landwirtschaft und ging einer Nebenbeschäftigung als Schreiner nach, um Geld für die Produktionsbrigade und mich selbst zu verdienen. In der Kulturrevolution wurde ich wegen meiner Vergangenheit angegriffen und mußte erneut fliehen. Ich zog umher und nahm überall kleinere Arbeiten an. Mit dem Geld, das ich so verdiente, konnte ich mit meiner Familie mein altes Dorf verlassen. In all diesen unruhigen Zeiten konnte ich nur überleben, weil ich in Jiabiangou bei Meister Luo das Schreinerhandwerk erlernt hatte.

Gestern habe ich Ihnen erzählt, daß ich mich sehr gut mit Niu Tiande verstand. Wir waren wie Brüder, wie er sagte. Aber Meister Luo war für mich wie ein Vater. So, wie es in einem Sprichwort heißt, ein Lehrer für einen Tag, ein Vater fürs Leben. Luo brachte mir alles bei, was ich als Schreiner können und wissen mußte. Im Gegenzug wusch ich für ihn die Wäsche, machte sein Bett, und wenn ich irgendwo etwas zu essen bekam, gab ich ihm zuerst davon. Er war zwar Schreiner, aber zugleich ein stolzer Intellektueller. Er stahl nie etwas und litt deshalb ständig Hunger. Luo war damals freiwillig in den Nordwesten gekommen, und zwar ganz allein. Seine Familie lebte noch im Nordosten, deshalb kümmerte sich in Jiabiangou niemand um ihn. Seine Familie wußte wahrscheinlich überhaupt nicht, wie hart das Leben im Arbeitslager war. Da die Entfernung so groß war, kam ihn auch niemand besuchen oder schickte Pakete mit Kleidung oder Lebensmitteln.

So kam es, daß ich mich für ihn mitverantwortlich fühlte. Eines Tages etwa holte mich jemand von der Hasenzucht, um einen Zaun zu reparieren. Das Umerziehungslager Jiabiangou lag zwischen zwei Hügeln, die beide nicht sehr hoch waren; der im Norden zehn, zwanzig Meter, der im Süden sieben, acht Meter. Ich weiß nicht warum, aber die Lagerinsassen nannten die Hügel ›schlafende Drachen‹. Die Rechtsabweichler hatten einen Zaun um den kleineren der beiden gezogen und hielten dort Hasen. Als ich ihn reparierte, kamen ein paar der Tiere angelaufen und setzten sich neben mich. Das war wirklich seltsam. Es schien fast, als hätten sie noch nie einen Menschen gesehen. Niemand war in der Nähe, also nutzte ich die Gelegenheit und erschlug zwei davon mit meiner Meßlatte. Es war ganz einfach, ich mußte nur auf den Nasenrücken zielen, und schon fielen sie um. Ich packte die Hasen in meine Werkzeugkiste und trug sie unbemerkt zurück. Ich versteckte sie unter einem Stapel Bretter und wartete auf eine gute Gelegenheit, um sie zu kochen.

Das war wirklich ein bloßer Zufall. Am nächsten Tag sollte jede Brigade ein paar Männer abstellen, um Reisig für die Kantine zu sammeln. Von unserer Schreinerbrigade traf es zwei Personen. Reisig wurde in einem Wüstenstück nördlich vom Lager gesammelt, niemand wollte den langen Weg dorthin zurücklegen. Also wählte der Brigadeleiter immer junge Leute aus. An jenem Tag meldete ich mich und Meister Luo freiwillig, obwohl dieser eigentlich gar nicht gehen wollte. Es war Winter, und ein eisiger Nordwestwind wehte über die Wüste. Reisigsammeln war nicht so angenehm wie die Arbeit in der Werkstatt. Ich versuchte, ihm zu verstehen zu geben, daß er meinem Vorschlag zustimmen solle. Schließlich wurden wir tatsächlich beauftragt. Auf dem ganzen Weg maulte Luo. Er war wütend. Doch als uns niemand mehr sehen konnte, zeigte ich ihm die toten Hasen, und er war besänftigt. Er lachte sogar und fragte, warum ich ihm das nicht eher gesagt hatte. ›Wie hätte ich etwas sagen können? Wenn jemand das gemeldet hätte, dann wäre ich ›hochgestuft‹ und bestraft worden.‹

Ich nahm die Hasen aus der Innentasche meines Mantels. Dann sammelte ich etwas Reisig und machte ein Feuer, um sie zu braten. Jeder aß einen, und wir genossen das köstliche Mahl über all Maßen. Danach gruben wir das Fell und die Innereien ein, damit niemand etwas entdecken konnte.

Gestern habe ich erzählt, daß die Schreinerbrigade im Sommer 1960 aufgelöst wurde, weil es keine Arbeit mehr gab. Einige wurden in die Landwirtschaftsbrigade versetzt, nur zwei oder drei Schreiner blieben übrig. Luo Hongyuan wurde auch versetzt, und wir sahen uns nur noch sehr selten. Aber dann wurden wir nach Mingshui im Kreis Gaotai verlegt, um dort einen Landwirtschaftsbetrieb aufzubauen, und schon zwei Tage nach meiner Ankunft traf ich ihn wieder.

Weil der Vortrupp noch nicht genügend Höhlen gegraben hatte, schlief ich in der ersten Nacht in Mingshui unter freiem Himmel. Am folgenden Morgen aß ich eine Schale Brei und begann in der Nähe der Küche, die sich damals auf einem Vorsprung außerhalb des Grabens befand, eine Höhle in eine Erhebung zu graben. Der Gruppenleiter erlaubte nur, daß ich allein wohnte, da ich mein gesamtes Schreinerwerkzeug mitgebracht hatte. Ich sollte es gut aufbewahren und kleinere Reparaturen übernehmen. Meine Höhle lag nah am Büro der Lagerleitung. Dabei handelte es sich um einige Baracken, die auf einem Vorsprung standen. So konnte man mich schnell rufen, wenn etwas zu erledigen war.

Ich erinnere mich, daß eines Nachmittags plötzlich Meister Luo vorbeikam. Er sah fürchterlich aus, unrasiert, das Haar zerzaust. Er war abgemagert und ganz bleich. Seine Kleidung war zerrissen, um die Beine hatte er Stoffetzen gebunden. Ich erschrak und fragte, was passiert sei. Als er noch in der Schreinerbrigade arbeitete, war er stets darauf bedacht, das Aussehen eines kultivierten Menschen zu wahren. Auf meine Frage antwortete er aber nur, daß er sein Gepäck verloren habe. Zusammen mit anderen Rechtsabweichlern war er mit einem Güterzug auf dem Weg nach Mingshui, als der Zug mitten in der Wildnis anhielt. Jemand rief, sie seien in Mingshui angekommen und sollten aussteigen. Also warfen sie ihr Gepäck aus dem Zug. Sie waren kaum ausgestiegen, da fuhr der Zug auch schon weiter gen Osten. Als sie in Mingshui angekommen waren, schickte das Lager zwar einen Pferdewagen los, um das Gepäck einzusammeln, aber seines und das einiger anderer wurde nicht gefunden.

Er war sichtlich niedergeschlagen, und ich versuchte ihn aufzurichten: ›Weg ist weg, was nützt es, sich zu ärgern.‹ Ich schlug ihm vor, in meiner Höhle zu wohnen. Ich habe Ihnen schon erzählt, daß meine Behausung sehr klein war, etwas über einen Meter hoch und einen Meter zwanzig breit, etwa zwei Meter tief und ganz gerade. In den ersten Tagen teilte ich mir mit Meister Luo das Lager. Dann stahl ich für ihn aus einer anderen Höhle eine Bettdecke und Liegepolster, die einem Rechtsabweichler gehört hatten, der gestorben war. Ich grub eine Nebenhöhle, in der Luo schlafen sollte. Er war älter als ich und schwach, am Eingang war es folglich zu kalt und windig für ihn.

Wir wohnten so etwa zwei Wochen zusammen, dann war

die Kälte nicht mehr auszuhalten. Ich sammelte auf dem Weideland Kuhdung und errichtete eine kleine Feuerstelle am Eingang der Höhle, um die Witterung abzuhalten. Aber Luo wurde dennoch krank und bekam ein Leberödem. In Jiabiangou war er schon einmal wegen einer Leberzirrhose und einer Wasseransammlung im Bauchraum auf der Krankenstation gewesen. Sein Bauch war dieses Mal aber sogar noch stärker angeschwollen und aufgebläht wie eine Trommel. Sein ganzer Körper war so aufgeschwemmt, daß ihm seine Kleidung nicht mehr paßte.

Ich rief Dr. Deng, der Luo sofort in die Krankenstation einwies. Diese befand sich in einer großen Erdhöhle nicht weit von meiner entfernt. Ich nahm das Bettzeug und brachte Luo dorthin. Zwischen einigen Dutzend kranker Rechtsabweichler fand ich ein kleines Plätzchen, um ein Lager für Luo aufzuschlagen. Als ich ihn ein paar Tage später besuchte, schien sein Bauch tatsächlich ein wenig kleiner geworden zu sein. Aber sein Körper war nach wie vor aufgeschwemmt, und er war noch immer sehr schwach. Er setzte sich auf, aber ihm fehlte die Kraft zu sprechen. Er redete nur leise und stokkend.

Einige Tage später, kurz nachdem Niu Tiande mich mit seinen Angelegenheiten betraut hatte, war ich bereit zur Flucht. Ich ging noch einmal zur Krankenstation, um Luo Hongyuan zu besuchen. Zu dem Zeitpunkt waren meine Beine und mein Gesicht auch bereits ziemlich angeschwollen, und ich war körperlich sehr geschwächt. Ich mußte enfach fliehen. Ein paar Tage später wäre ich dazu nicht mehr in der Lage gewesen.

Ich wollte mich eigentlich nur schnell von Luo verabschieden. Ich wußte, daß er nicht mehr lange zu leben hatte, und wollte wissen, ob ich irgend etwas für ihn regeln sollte. Aber als ich in die Krankenstation kam und mit ihm sprach, überkam mich ein großer Abschiedsschmerz. Ich saß lange neben ihm. Eigentlich wollte ich endlich fliehen, aber der Gedanke daran, daß mein Meister in der Öde sterben und sein Leichnam einfach in die Dünen geworfen würde, war kaum zu ertragen. Dieses Gefühl von Traurigkeit wurde immer stärker, je länger ich neben ihm saß. Ich konnte nicht anders, als ihm ins Ohr zu flüstern: ›Meister Luo, ich werde fliehen. Gibt es etwas, das ich für dich regeln soll?‹

Er entgegnete nichts, aber ich spürte, wie ein Zittern durch seinen Körper ging. Er streckte eine Hand unter der Decke hervor und hielt die meine fest. Er drehte sich zu mir. Ich wußte, daß er mir etwas sagen wollte, und hielt mein Ohr dicht an seinen Mund. ›Willst du wirklich fliehen?‹

Ich nickte.

Er sah mich mit seinen zugeschwollenen Augen an. ›Dann komme ich mit.‹

Ich erschrak. So schwach wie er war, wie sollte er die lange Flucht aus Mingshui überstehen? Ich wußte, daß er einen starken Lebenswillen hatte, wahrscheinlich hatte er während der ganzen Zeit auf der Krankenstation gedacht, daß er längst hätte fliehen sollen. Jetzt konnte er es nicht mehr, aber als er hörte, daß ich es versuchen wollte, war er entschlossen, mit mir zu gehen. Ich wollte ihm sagen, daß er besser hierbleiben solle, weil er sich kaum bewegen könne. In ein paar Tagen würden vielleicht alle entlassen werden. Aber ich wußte, daß das so klingen würde, als schlüge ich ihm vor, hier auf seinen Tod zu warten. Ich wollte ihn nicht verletzen. Weder nickte ich, noch schüttelte ich den Kopf. Ich sagte einfach kein Wort.

Nach einer Weile meinte er: ›Xiao Gao, nimm mich mit. Ich kann laufen. Ich schaffe das schon.‹

Aus seinen schmalen Augen liefen zwei schmutziggelbe

Tränen. Tief in meinem Innersten wußte ich, daß er es nicht schaffen würde. Mein Herz begann heftig zu schlagen, auch mir stiegen Tränen in die Augen. Ich versuchte, sie zu unterdrücken, und flüsterte in sein Ohr: ›Komm morgen abend zu meiner Höhle. Und zieh dich warm an.‹

Ich stand auf und verließ sofort die Krankenstation, denn ich fürchtete, ich würde sonst anfangen, laut zu schluchzen.

Am nächsten Abend begann ich, mich auf meine Flucht vorzubereiten. Aber eigentlich war fast nichts zu tun. Ich zog meinen Wintermantel an und band meine Hose mit einem Hanfstrick fest. Ich aß die zwei Gemüseteigtaschen, die ich am Vormittag in der Kantine gestohlen hatte, um mich zu stärken. Dann tat ich so, als schliefe ich. Ich legte mich hin, deckte mich zu und wartete darauf, daß es dunkel wurde und Luo Hongyuan kam. Es kam oft vor, daß die Lagerleitung oder die ›Knüppel‹ plötzlich in die Höhlen stürmten, um zu überprüfen, ob es irgendwelche Unregelmäßigkeiten gab, ob zum Beispiel jemand ein Schaf gestohlen und verspeist hatte oder geflohen war. Als ich auf Luo wartete, fragte ich mich, ob er vielleicht seinen Plan geändert hätte. Er war schließlich ganz offenkundig viel zu schwach, um zu fliehen. Ursprünglich wollte ich Richtung Westen laufen, zum Bahnhof Yuanshanzi, der recht weit entfernt war. Wenn Luo wirklich mit mir kommen sollte, mußten wir den kürzeren Weg zum Bahnhof Mingshuihe nehmen. Ich mußte an seinen Gesundheitszustand denken. Es war gefährlich, in Mingshuihe den Zug zu nehmen, vielleicht würde man uns fassen. Aber ich hatte keine andere Wahl. Er war zu schwach, er würde es nicht nach Yuanshanzi schaffen. Ich versuchte, mich zu beruhigen. Er konnte nicht laufen, also würde ich ihn huckepack nach Mingshuihe tragen müssen. So ausgezehrt wie er war, konnte er zumindest nicht sehr schwer sein.

Alles mögliche ging mir durch den Kopf, als Luo tatsächlich vor meiner Höhle erschien. Es war noch nicht einmal dunkel, und ich erschrak: ›Fällt es den Pflegern nicht auf, wenn du jetzt schon weg bist?‹

Er würde mehr Aufmerksamkeit auf sich ziehen, wenn er im Dunklen wegginge, sagte er, man würde fragen, wohin er so spät wolle.

›Hat dich jemand gesehen?‹

›Ich habe dem Pfleger gesagt, daß ich zu Shi Siliang will. Ich wüßte, daß ich nicht mehr lang zu leben hätte, und wollte ihm daher meine letzten Angelegenheiten übertragen.‹

Das klang durchdacht. Ich bat ihn, sich zu setzen und auszuruhen. Wir wollten aufbrechen, wenn es dunkel war, und bald war es auch schon soweit. Die Nacht war stockfinster. Ich sah aus meiner Höhle und konnte die zwanzig Meter entfernte Felswand nicht mehr erkennen. Da machten wir uns auf den Weg.

Ich suchte die niedrigste Stelle der Felswand, schob Luo hinauf und kletterte hinterher. Wir liefen über den Höhlen Richtung Süden. Wir konnten nicht im Graben bleiben, denn wenn uns dort jemand sähe, würde er Verdacht schöpfen.

Nachdem wir die Küche einige Meter hinter uns gelassen hatten, waren wir schon etwas erleichtert: Niemand würde nachts hierherkommen. Es war dunkel, am Himmel waren kaum Sterne zu sehen, und man konnte nicht einmal die Hand vor Augen erkennen. Selbst wenn jemand aus der Küche oder der Verwaltung gekommen wäre, hätte er uns schlichtweg nicht sehen können. Soweit ich wußte, brachen außerdem die Patrouillen nicht so zeitig auf. Wir konnten also den kleinen Trampelpfad nehmen, den die Besucher entlangkamen, wenn sie ihre Verwandten im Lager besuchen wollten. Das würde Kräfte sparen.

Ich sagte Luo, er solle sich auf mich stützen, um sich zu schonen. Aber wir waren noch nicht einmal einen Kilometer gelaufen, als er schon nicht mehr weiterkonnte. Ich legte seinen Arm um meinen Hals und versuchte, ihn an der Hüfte zu stützen. Wir sahen aus wie verletzte Kriegskameraden im Film, die sich gegenseitig Halt gaben. So gingen wir etwa dreihundert Meter weiter, dann fiel er auf seine Knie und keuchte schwer: ›Xiao Gao, geh weiter. Ich kann nicht mehr.‹

Ich wußte, daß er wirklich am Ende war, sonst hätte jemand mit einem so starken Lebenswillen wie er so etwas nicht gesagt.

›Steh auf, ich trage dich.‹

›Geh, geh allein weiter! Ich kann wirklich nicht mehr. Geh allein zum Bahnhof!‹

›Was sagst du da! Ich kann dich doch nicht hier zurücklassen. Steh auf, ich trage dich.‹

›Nein, es geht nicht.‹

›Doch, es geht. Steh schnell auf.‹

Unter meinem Ziehen und Zerren richtete er sich tatsächlich wieder auf. Ich nahm ihn huckepack und sagte ihm, er solle sich an meinem Hals festhalten.

Als ich ihn auf dem Rücken trug, stellte ich fest, daß er nicht so leicht war, wie ich gedacht hatte. Er war zwar vom Hunger gezeichnet und schwach, aber gerade deshalb war seine Hüfte dick und die Beine geschwollen. Sein Gesicht war so aufgedunsen, daß es fast wie ein Kürbis aussah. Jeder Körperteil war so voller Wasser, daß Luo überproportional groß und schwer war.

Ich trug ihn einige hundert Meter, bis wir weichen Sandboden erreichten, dann gaben meine Beine nach. Ich keuchte vor Anstrengung. Mein Herz schlug bis zum Hals, und ich schwitzte. Ich sagte: ›Laß uns eine Pause machen.‹

Ich setzte Luo ab und atmete schwer.

›Es geht nicht. Ich kann nicht mehr. Schon nach ein paar Schritten bin ich am Ende. Früher hätte ich dich ohne Pause zum Bahnhof tragen können.‹

Er sagte nichts und sah mich nur an. Ich begegnete seinen Blicken, aber ich konnte ihn nicht deutlich erkennen, denn es war zu dunkel, und das schwache Licht der Sterne konnte sein Gesicht nicht beleuchten. Die weite Wüste war ganz still, nur ein starker Nachtwind pfiff um uns herum. Man sagt, im Gansu-Korridor wehte das ganze Jahr ein kräftiger Wind, am stärksten sei er zwischen Oktober und April.

Wir hatten eine Weile verschnauft, der Wind hatte uns kräftig durchgeblasen und meinen Schweiß eisgekühlt.

›Laß uns weitergehen.‹

Ich drehte mich um und beugte mich vor, so daß Luo auf meinen Rücken steigen konnte, aber er wandte sich ab. ›Nein, ich möchte nicht, daß du mich trägst.‹

Ich zog ihn zu mir, aber er stieß meine Hände von sich fort: ›Xiao Gao, geh allein weiter. Du gehst vor, und ich komme ganz langsam hinterher.‹

›Unsinn, wenn ich vorausgehe, dann wirst du nie am Bahnhof ankommen. Mach schon! Ich trage dich. Wenn wir uns nicht beeilen, schaffen wir den Zug nicht.‹

Ich zog ihn noch einmal zu mir, aber er wich zurück. ›Xiao Gao, hör auf mich. Du kannst mich nicht tragen. Wenn du es dennoch versuchst, wirst du vor Erschöpfung zusammenbrechen. Dann schafft es keiner von uns.‹

Ich erschrak. ›Soll das heißen, daß du nicht weitergehen willst?‹

›Ich möchte, aber ich habe mich wohl selbst getäuscht. Ich schaffe es nicht bis zum Bahnhof.‹

›Dann trage ich dich!‹

›Nein, Xiao Gao, ich möchte das nicht. Beeil dich! Wenn du noch länger wartest, holt dich vielleicht die Patrouille ein, und dann kommst du nie mehr von hier fort.‹

Er hatte recht. Wahrscheinlich hatte man inzwischen im Lager bemerkt, daß wir beide geflohen waren, und schon jemanden auf uns angesetzt. Aber ich konnte doch nicht allein fliehen und ihn zurücklassen! Man würde ihn finden und ins Lager zurückbringen.

›Was hältst du davon: Wenn du nicht willst, daß ich dich trage, dann stütz dich auf mich. Wir gehen ganz langsam. Ich glaube, die Patrouille wird erst in einer Weile ihren Rundgang starten. Vielleicht haben sie noch nicht entdeckt, daß wir fort sind.‹

›Sie haben es bestimmt schon bemerkt! Jeden Abend gehen sie durch die Höhlen und zählen die Insassen.‹

Ich zog ihn am Arm: ›Dann mach schnell! Stütz dich auf mich.‹

Ich zog ihn ein paar Schritte weiter, bis er stolperte. Aber ich zerrte ihn weiter wie ein Soldat seinen verwundeten Kameraden. Er fiel. Ich wollte ihn hochziehen, aber es ging nicht mehr.

Ich war sehr beunruhigt. ›Meister, du mußt versuchen aufzustehen. Du kannst nicht hier sitzen bleiben. Sollen sie uns fangen und zurückbringen? Dann werden wir bestraft.‹

Er war so erschöpft, daß er nicht einmal mehr sprechen konnte. Nach einer Weile, als sein Keuchen etwas nachgelassen hatte, sagte er: ›Ich kann wirklich nicht weitergehen. Ich möchte dich nicht belasten. Lauf schnell fort.‹

Er hatte tatsächlich keine Kraft mehr, und auch ich keuchte schon ziemlich stark. Meine Beine zitterten. Ich war ganz schlapp, ich hatte keine Kraft mehr, ihn zu tragen oder zu ziehen. Ich blickte zum Himmel, zu den Sternen. ›Wenn du nicht mehr weiterkannst, dann gehen wir eben zurück. Ich bringe dich zurück.‹

Er hob seinen Kopf und sagte verdutzt: ›Mich zurückbringen? Hast du keine Angst, daß man dich dafür bestraft?‹

›Das ist mir egal. Ich kann nicht zulassen, daß du hier erfrierst oder gefangen und zurückgebracht wirst.‹

Eine Weile war er still, dann sagte er fürsorglich: ›Was soll das? Besser, einer entkommt, als daß beide gefangen werden. Ich bin krank. Was sollen sie mit mir schon machen, wenn sie mich fangen? Mich ins Lager Yinma schicken? Mich in die bewachte Gruppe stecken? Bei dir ist das etwas anderes. Sie werden dich in Ketten legen und an einem noch schlimmeren Ort internieren.‹

Ich wußte, daß das wirklich passieren würde, wenn sie mich faßten. Aber ich konnte trotz allem meinen Meister nicht einfach so aufgeben.

Als ich schwieg, durchbrach Luo die Stille: ›Xiao Gao, bin ich noch dein Meister? Wenn ja, dann hör auf mich und geh! Geh schnell! Ich werde nicht erfrieren, keine Sorge. Es wird gleich eine Patrouille hier sein, sie werden mich ins Lager zurückschleppen.‹

Tränen stiegen mir in die Augen. ›Meister, paß auf dich auf, wenn du zurück im Lager bist.‹

Er saß auf dem Boden und winkte. ›Geh. Beeil dich.‹

Ich drehte mich um und ging in Richtung Bahnhof. Aber nach ein paar Schritten blieb ich stehen. Ich zog meinen Mantel aus und ging zu Luo zurück. ›Meister, leg dich hin. Ich decke dich mit meinem Mantel zu.‹

›Behalt ihn! Und geh! Unterwegs ist es kalt.‹

›Meister, hör ein einziges Mal auf deinen Schüler. Leg dich hin, ich decke dich zu. Dann ist dir etwas wärmer. Ich bin jung, ich werde nicht frieren. Aber du, wenn du hier so sitzen bleibst.‹

›Du hast einen langen Weg vor dir. Es ist bitterkalt.‹

›Wenn du nicht auf mich hörst, dann bleibe ich eben hier.‹

Bei diesen Worten legte er sich sofort auf den Sandboden, und ich deckte ihn zu. Dann hörte ich ihn nur noch sagen: ›Los! Geh!‹

Ich wischte mir die Tränen aus den Augen und ging mit großen Schritten zum Bahnhof Mingshuihe. Meinen Meister ließ ich in der Wüste zurück.«

Herr Gao sprach nicht weiter, weil seine Stimme ihm versagte. Tränen liefen über sein rauhes Gesicht. Er wischte sich mit seinen groben Händen, die wie die eines Bauern aussahen, die Augen. Auch mir stiegen Tränen in die Augen.

Nach einer Weile fragte ich: »Ihr Meister, lebt er noch?«

Gao Jiyis Stimme klang kratzig und stockend:

»Ich habe Ihnen doch erzählt, daß ich im April 1961 nach Lanzhou zurückkehrte, um zu erfahren, wie man als ehemaliger Rechtsabweichler von seiner früheren Arbeitsstelle aufgenommen wurde. Das stimmt nicht. Ich kehrte nicht deswegen nach Lanzhou zurück. Ich wollte wissen, was mit meinem Meister passiert war. Ich ging nicht zu meiner früheren Arbeitsstelle, denn ich hatte längst beschlossen, daß ich nicht wieder als Arzt in meinem früheren Krankenhaus arbeiten wollte, auch wenn ich rehabilitiert worden war. Ich wollte auch nicht in der Verwaltung arbeiten. Ich wollte als Bauer oder Schreiner arbeiten und mir meinen Lebensunterhalt mit meiner eigenen Hände Arbeit verdienen. Als ich nach Lanzhou zurückkehrte, fragte ich ehemalige Rechtsabweichler nach Luo. Alle sagten, er sei geflohen. Ich war verblüfft. Wie konnte das sein? Er war völlig ausgezehrt, wie konnte er geflohen sein? Sie hatten alle von der Lagerverwaltung gehört, daß ihm die Flucht gelungen war.

Einen Tag bevor ich Lanzhou wieder verließ, wurde mir klar, was passiert war: Die Wölfe hatten ihn gefressen.

Ich habe Ihnen doch erzählt, daß ich eine Uhr hatte, die mir vom Vorarbeiter Chen Fenglin abgenommen wurde. Bevor ich abfuhr, ging ich zum Handelsbüro und zu Chen Fenglin, weil ich meine Uhr zurückhaben wollte. Als ich vor seiner Tür stand, bekam er einen riesigen Schreck. Nicht, weil ich die Uhr zurückhaben wollte, sondern weil er mich erblickte. Als er die Tür öffnete, schrie er: ›Ein Geist, ein Geist!‹ Dann fiel er zu Boden und zitterte am ganzen Körper. Als seine Familienangehörigen seinen Schrei hörten, kamen sie herbeigelaufen, um ihm aufzuhelfen. Auch ich reichte ihm meine Hand, aber er schreckte zurück. Es dauerte eine ganze Weile, bis er sich beruhigt hatte. Dann sagte er mir, was ihm so einen Todesschreck versetzt hatte.

Er erzählte, daß er zusammen mit Gruppenleiter Hou in jener Nacht um 8.30 Uhr zur Patrouille aufgebrochen war. Sie hatten mein Fehlen bemerkt und bei der Lagerleitung Meldung erstattet. Unterwegs entdeckten sie einen Mantel, der voller Blutflecken war. Sie leuchteten mit ihren Taschenlampen darunter und sahen im Mantelfutter meinen Namen. Sie suchten weiter und entdeckten in der Nähe einen Schädel und ein paar Knochen. Da nahmen sie an, daß mich die Wölfe gefressen hatten. Sie nahmen den Mantel mit zurück ins Lager und gaben ihren Bericht ab. So kam es, daß mich niemand zum Bahnhof verfolgt hatte.

Ich hatte den Mantel von meinem Lehrer bekommen, als ich in Lanzhou als Arzt gearbeitet hatte. Er war ein Militärarzt, der in einem renommierten Pekinger Krankenhaus ausgebildet worden war. Er war ein Meister auf seinem Gebiet.

Beide waren wir als Rechtsabweichler gebrandmarkt worden. Mich hatte man als ultrarechts eingestuft, ihn nur als gemäßigt. Er blieb in Lanzhou und wurde degradiert, ich jedoch wurde nach Jiabiangou geschickt. Bevor ich abgeholt wurde, hatte er mir seinen neuen Armeemantel gegeben und gesagt, daß es in Jiuquan sehr kalt sei. Da in Jiabiangou Diebstahl an der Tagesordnung war und ich fürchtete, ich würde den Mantel nicht wiederfinden, schrieb ich meinen Namen hinein.

Ich fragte Chen Fenglin, ob er wisse, was mit Luo Hongyuan passiert sei. Er sagte, daß er ein paar Tage nach meiner Flucht von Gruppenleiter Yan erfahren habe, daß Luo auch nicht mehr da sei. Gruppenleiter Yan konnte nicht glauben, daß er wirklich geflohen sei. Wie hätte er das unbemerkt anstellen können? Wann war er überhaupt geflohen? Man vermutete, er habe seine Krankheit nur vorgetäuscht. Gruppenleiter Yan informierte die Lagerleitung von Luos Flucht, die wiederum informierte Luos frühere Arbeitsstelle und bat die Polizei in seiner Heimat, den Flüchtigen zu verhaften. Aber sie hörten nie etwas von ihm. Luos Heimat lag im Nordosten und war weit von Jiabiangou entfernt. In der Ferne konnte die Lagerleitung niemanden auf ihn ansetzen.«

Mit diesen Worten beendete Herr Gao seine Erzählung, dann fügte er noch hinzu: »Ich weiß nicht, ob ich schuld am Tod von Meister Luo bin. Ich weiß es einfach nicht. Vielleicht hätte ich ihn gar nicht mit auf die Flucht nehmen sollen. Hätte ich ihn zurück ins Lager bringen sollen, als er nicht weitergehen konnte?«

Er wischte sich die Tränen aus den Augen. Nach einer Weile sagte ich: »Herr Gao, räumen Sie die Sachen zusammen und gehen Sie nach Hause. Der Markt ist schon geschlossen.«

Aber als wir aus dem kleinen Hof traten, sahen wir den Platz hell erleuchtet. Unzählige Lichter und Tausende Lampen in den Wohnungen ließen Lanzhous Nachthimmel erstrahlen. Kein Stern war zu sehen.

Die Frau aus Shanghai

Diese Geschichte wurde mir von Li Wenhan, einem ehemaligen Rechtsabweichler, erzählt. Er stammte aus der Provinz Hubei. Im Jahr 1948, nach dem Abschluß der Mittelschule, ging er zur Armee. Nach der Befreiung im Jahr 1949 meldete er sich freiwillig für den Koreakrieg, wo ihm eine Bombe der Amerikaner drei Rippen zerschmetterte. Li kehrte nach China zurück und bekam nach seiner Genesung eine Stelle im Ministerium für öffentliche Sicherheit. Er sagte, er sei in ein Büro dieser Behörde in der Provinz Gansu versetzt worden, weil er einer Großkapitalisten-Familie entstammte. Offiziell hieß es jedoch, er solle den Aufbau des Nordwestens Chinas unterstützen. Bald schickte man ihn als Verantwortlichen in die Produktionsabteilung der Außenstelle des Arbeitslagers Jiuquan im Nordwesten der Provinz Gansu. Im Jahr 1957 wurde Li zum Rechtsabweichler erklärt, seines Postens enthoben und kam nach Jiabiangou zur »Umerziehung durch Arbeit«.

Im Dezember 1960 entließ man alle Rechtsabweichler aus Jiabiangou und schickte sie zu ihren Arbeitsstellen zurück. Aber Li wußte nicht, wohin er gehen sollte. Nachdem er zwei Monate im Gästehaus der Außenstelle des Arbeitslagers gewohnt hatte, fand man endlich etwas für ihn: Er wurde in das Umerziehungslager Shigong im Kreis Anxi geschickt, nicht als Kader, nicht als Strafgefangener, sondern als Arbeiter. Aber dort wußte die Lagerleitung auch nicht, wie sie mit ihm verfahren sollte. Schließlich behandelte man ihn wie einen Straftäter, der nach verbüßter Strafe als Angestellter im Lager blieb. Man zahlte ihm zwar 24 Yuan als Monatslohn, aber er arbeitete zusammen mit den normalen Insassen auf dem Feld.

Er blieb dort bis zum Jahr 1969, als sich China auf einen Krieg gegen die Sowjetunion vorbereitete und alle Insassen in die Kollektivwirtschaft Wudaping in Zentral-Gansu verlegt wurden. Da Li aber ja kein Straftäter im juristischen Sinne war, wurde er mit einigen anderen Angestellten in die Kollektivwirtschaft Xiaowan gebracht. Er kam schließlich in die Brigade für Tierhaltung. Wir wohnten beide eine ganze Weile in einem Raum neben den Schafställen zusammen. Während dieser Zeit lernten wir einander gut kennen, und er erzählte mir viele Geschichten aus Jiabiangou.

»Laß mich dir heute die Geschichte einer Frau erzählen, der Frau eines Rechtsabweichlers aus Shanghai. Ich habe dir berichtet, daß vor dem Nationalfeiertag 1960 alle Rechtsabweichler aus Jiabiangou, auch die der Arbeitsstation Xintiantun, in die Einöde nach Mingshui im Kreis Gaotai gebracht wurden, mit Ausnahme einiger hundert, die zu schwach zum Arbeiten waren.

In Mingshui sollte der größte landwirtschaftliche Großbetrieb im Gansu-Korridor angelegt werden, 33 000 Hektar Land wollte man kultivieren. Dazu sollten nach dem Plan des Amtes für Reform durch Arbeit der Provinz Gansu die Insassen der mehr als zehn Umerziehungs- und Arbeitslager, die unter der Verwaltung der Behörde in Jiuquan standen, eingesetzt werden. Angesichts des bevorstehenden Winters verlegten die Leiter der anderen Landwirtschaftsbetriebe die Insassen jedoch nicht nach Plan – mit Ausnahme von Jiabiangou. Wir waren etwa 1500 Mann und schlugen unser Lager in zwei Gräben am Fuß des Qilian-Gebirges auf. Im Laufe von Jahrtausenden hatte das Wasser dort tiefe Spalten ausgewaschen, die sich mehr als zwei Kilometer entlangschlängelten. Im Süden, nahe dem Gebirge, wurden sie sehr flach, nach Norden hin jedoch immer tiefer, an der tiefsten Stelle bis zu sechs, sieben Meter. Die Gräben liefen im Süden in Sandboden aus, weiter nach Norden schlossen sich Dünen an.

Da es kein Holz gab, um Hütten zu bauen, lebten wir in Erdlöchern und Höhlen, die wir mit unseren eigenen Händen gegraben hatten. Die Höhlen waren unterschiedlich groß, am Südende, da, wo der Graben flacher war, nur etwa einen Meter hoch. Man konnte sich dort nur auf allen vieren hineinzwängen. Einmal hineingekrochen, konnte man kaum aufrecht sitzen. In diesen Höhlen hausten die Rechtsabweichler allein oder zu zweit. Unsere Gruppe grub im Mittelteil des Grabens jedoch außerdem auch eine große Höhle. Am Anfang, noch in *Jiabiangou*, zählten 25 Rechtsabweichler zu unserer Einheit. Drei waren bereits vor der Verlegung gestorben, drei weitere waren zu schwach zum Laufen und blieben deshalb zurück. Die restlichen 19, zusammen mit zweien aus einer anderen Gruppe, die keine Unterkunft gefunden hatten, wohnten alle in dieser einen großen Höhle. Am besten erinnere ich mich an Wen Daye, Wei Changhai, Chao Chongwen, Zhong Yuliang und Zhang …, Zhang irgendwas. Er war Professor am Historischen Seminar der Pädagogischen Hochschule des Nordwestens. Sein Vorname fällt mir nicht ein. Cui Yi war damals nicht in Mingshui, und auch nicht mehr in Jiabiangou. Er war bereits zwei Monate zuvor geflohen. In den vierziger Jahren hatte er sein Studium an der Peking-Universität abgeschlossen und sprach sehr gut Englisch. Zur gleichen Zeit hatte er an der Studentenbewegung gegen den Bürgerkrieg und die amerikanische Unterstützung der Regierung der Nationalisten teilgenommen und sich im Untergrund für die Kommunistische Partei engagiert. Nach der Befreiung wurde er Funktionär in der Propagandaabteilung des Provinzparteikomitees Gansu. Wen Daye war Vizerektor der Provinzpflegeschule und Professor an der Medizinischen Hochschule Lanzhou. Er starb in Mingshui, nachdem er falsche Speisen gegessen hatte. Ach ja, Dong Jianyi ist etwa zur selben Zeit gestorben.

In unserer Höhle war er der einzige, der nie etwas Unhygienisches aß. Er war Urologe im Volkskrankenhaus der Provinz Gansu gewesen, stammte aus Shanghai und hatte dort eine medizinische Hochschule besucht. Ich hatte ihn schon in Jiabiangou kennengelernt, aber wir hatten nicht miteinander gesprochen, weil wir nicht in einer Brigade waren. Vor dem 10. Nationalfeiertag am 1. Oktober 1959 hatte der Landwirtschaftsbetrieb Jiabiangou eine Exkursion nach Jiuquan organisiert. Dort schauten wir uns eine Ausstellung über die Erfolge der Umerziehung durch Arbeit an, vorbereitet vom zuständigen Amt in Jiuquan. Danach aßen wir zusammen in einem Restaurant. Die Rechtsabweichler aus Jiabiangou hatten immer etwas Geld und Lebensmittelmarken bei sich, die sie von zu Hause mitgebracht hatten. Aber im Umerziehungslager gab es dafür keine Verwendung mehr. Wenn es allerdings einmal Ausgang gab, konnten sie sich die Gelegenheit nicht entgehen lassen, essen zu gehen. Leider war damals aber das Essen in den Restaurants auch rationiert, so daß man nur ein halbes Pfund Hirse oder zwei Dampfbrötchen kaufen konnte. Wenn die Zeit ausreichte, gingen manche deshalb sogar noch in ein zweites Restaurant, um etwas mehr abzugreifen.

An jenem Tag saßen wir also im Restaurant an einem Tisch und kamen ins Gespräch. Ich erfuhr, daß Dong im Jahr 1956 freiwillig nach Lanzhou gezogen war. Damals hatte die Kommunistische Partei junge Leute aus den Städten ermuntert, sich in den abgelegenen Regionen im Nordwesten niederzulassen. In Shanghai war Dong Arzt in einem Krankenhaus gewesen, in Lanzhou wurde er dann Direktor der Urologie im Volkskrankenhaus. Seine Frau war auch Ärztin in Shanghai. Sie folgte ihm aber nicht nach Lanzhou, da sie damals ein Kind erwartete. Er erzählte außerdem, daß seine Frau ein Einzelkind sei. Seine Schwiegereltern seien strikt dagegen gewesen, daß sie Shanghai verließ.

Dong Jianyi sah aus wie 34 oder 35. Seine gelehrte Art hinterließ bei mir einen bleibenden Eindruck. Ich erinnere mich noch daran, was ich sagte, als wir aus dem Restaurant kamen und uns wieder versammelten, um zurück nach Jiabiangou zu fahren: ›Ich glaube nicht, daß Dong lange leben wird. So langsam, wie er gegessen und geschluckt hat, als ob alles ihm nicht schmeckte, wird er nicht lange durchhalten.‹ Mein Nachbar stimmte mir zu und meinte, Dong sei zu anspruchsvoll. Andere würden Wildgräser ausgraben, Grassamen abstreifen oder Mäuse fangen, um ihre Mägen zu füllen. Er hingegen verabscheute Schmutz und sagte, diese Sachen seien ihm zu unhygienisch. So aß er nur das wenige, das uns zugeteilt wurde.

Später sah ich ihn eine Weile nicht und dachte, er sei gestorben. Wer hätte gedacht, daß er sich wie ich in Mingshui aufhielt und sogar mit mir in einer Höhle hauste. Als ich ihn entdeckte, rief ich laut aus: ›Lao Dong, du bist gar nicht gestorben!‹

Er lachte: ›Warum sagst du so etwas?‹

›Du bist beim Essen so anspruchsvoll. Ich habe dich eine Weile nicht gesehen, da dachte ich, du seist wahrscheinlich gestorben.‹ Daraufhin erklärte er, daß er wegen Leberzirrhose drei Monate in der Krankenstation gelegen habe.

Auch in Mingshui achtete Dong immer noch sehr darauf, was er aß. In Jiabiangou waren bereits etliche gestorben, weil die Arbeit zu schwer war und wir nicht satt wurden von 24 Pfund Getreide pro Monat. In Mingshui wurde die tägliche Ration noch einmal auf ein halbes Pfund pro Tag reduziert, noch weniger als zuvor. Einmal am Tag gab es eine Portion Gemüsedampfbrot und eine Portion Brei. Der Nährwert war so gering, daß nun erst recht das große Sterben ausbrach. Um die Zahl der Todesfälle zu reduzieren, ergriff die Leitung Sondermaßnahmen: Die Arbeit der Rechtsabweichler wurde ausgesetzt. Es war ihnen nun erlaubt, während der Arbeitszeit Grassamen zu sammeln, Mäuse und Regenwürmer zu fangen, um ihren Hunger zu stillen, oder einfach in der Höhle zu dösen. Wir alle fingen damals Nagetiere und Eidechsen in der Umgebung und aßen alle Weiden- und Ulmenblätter auf. Aber Dong Jianyi nahm nichts davon. Nachdem er die Dampfbrote und den Brei verzehrt hatte, verbrachte er seine Zeit im Bett.

Ich riet ihm, nicht so wählerisch zu sein. ›Iß, was du kriegen kannst. Überleben ist wichtig.‹

Aber er antwortete ganz unerwartet: ›Ist das etwas, was Menschen essen?‹

Daß er dabei nicht verhungerte, war ganz das Verdienst seiner Frau. Seit er als Rechtsabweichler nach Jiabiangou gekommen war, besuchte sie ihn alle zwei, drei Monate einmal und brachte Kekse, Milch- und Glukosepulver mit.

Aber nach etwa einem Monat in Mingshui verschlechterte sich seine Gesundheit. Er sah nur noch aus wie ein Gerippe, die Augen lagen in tiefen, dunklen Höhlen, so daß man richtig erschrecken konnte. Seine Beine waren ganz schwach, und er konnte kaum noch laufen. Wenn er jeden Tag zweimal zum Essenholen ging, dann bewegte er sich dabei so schwankend, daß eine Windböe ihn hätte umblasen können. Wenn er in der Höhle etwas trinken wollte, krabbelte er auf den Knien dorthin. Er lag den ganzen Tag in der Höhle und sprach kein Wort, ja öffnete kaum einmal die Augen.

Eines Abends Mitte November – ich kochte gerade am Eingang der Höhle Wurzeln, die ich auf dem Feld ausgegraben hatte – kam Dong Jianyi plötzlich zu mir. Ich dachte, er wolle meine Wurzeln probieren, und fischte ihm einige mit Stäbchen aus dem Topf. Er aber schob sie von sich.

›Lao Li, ich habe eine Bitte an dich.‹

›Worum geht es?‹

›Ich bin sicher, daß du lebend nach Lanzhou zurückkehren wirst.‹

›Wie kannst du dir so sicher sein? Hast du nicht gesehen, daß mein Gesicht so geschwollen ist, daß ich die Augen nicht mehr öffnen kann? Meine Füße sind so dick, daß ich keine Schuhe mehr anziehen kann.‹

In der Tat waren im November fast alle extrem schwach. Jeden Abend, wenn wir schlafen gingen, wußten wir nicht, wer am nächsten Morgen noch aufwachen würde. Alle zwei, drei Tage starb jemand. Und alle gingen sie im Schlaf, ohne zu wimmern, ohne zu schreien. Es gab keinen quälenden Kampf, sie starben ganz leise.

Du fragst, warum wir nicht abgehauen sind? Einige haben ja die Flucht ergriffen. Cui Yi zum Beispiel, Zhong Yuliang und Wei Changhai auch, oder der Leiter der An- und Verkaufsgenossenschaft des Kreises Minqin. Aber das waren alles nur einzelne, die meisten blieben. Wir waren ja voller Illusionen. Wir dachten, eines Tages würde die Partei merken, daß wir zu Unrecht als Rechtsabweichler verurteilt worden waren. Sie würde sicher die Entscheidung korrigieren und uns rehabilitieren. Außerdem hielten wir die Erziehung durch Arbeit für eine Probe, auf die uns die Partei zur Überprüfung unserer Loyalität gestellt hatte. Wenn wir wegliefen, dann würden wir sie betrügen. Das wäre dann ein Verrat an der gesamten Revolution. Einmal gefehlt, tausendmal bereut – davor hatten wir Angst. Deshalb flohen nur wenige.

Ich sagte Dong, daß es mir auch nicht so gut ging und ich fürchtete, den Winter nicht zu überleben.

Dong aber entgegnete: ›Lao Li, du wirst überleben. Du bist einfallsreich.‹

Ich war verdutzt, was meinte er?

›Ich weiß, daß dir jemand Essen bringt. Gruppenleiter Kong hat dich zweimal herausgebeten. Nachdem du zurückgekommen bist, hast du unter der Bettdecke gegessen. Ich kann nachts nicht schlafen, ich habe dich gehört.‹

Ich sagte nichts, denn er hatte recht. Dong hatte mein Geheimnis gelüftet. Im Jahr 1959 begann das Sterben in Jiabiangou und Xintiantun. Die Rechtsabweichler schrieben nach Hause und baten um Kekse und geröstetes Mehl. Auch ich dachte darüber nach, wie ich dem Hungertod entkommen könne. Ich überlegte hin und her und beschloß, mich bei Gruppenleiter Kong einzuschmeicheln. Dieser war von der Gangu-Ziegelsteinfabrik ins Lager versetzt worden. Er hatte keinen hohen Rang und war lediglich stellvertretender Leiter des Bautrupps in Jiabiangou. Er mußte oft mit einem Pferdewagen nach Jiuquan fahren und dort für den Landwirtschaftsbetrieb Baumaterial und Dinge des täglichen Bedarfs besorgen. Außerdem holte er die Päckchen für die Rechtsabweichler von der Post. Ich dachte damals, er könne für mich von Nutzen sein und ich müsse ein gutes Verhältnis zu ihm haben.

Eines Tages bekam ich ein Päckchen von einem Freund. Darin war aber nichts zu essen, sondern nur ein Knäuel Baumwollgarn und ein Stück blauer Cord. Ich gab Kong alles mit den Worten: ›Gruppenleiter Kong, ich weiß nicht, was ich damit machen soll. Geben Sie es Ihrer Frau, sie kann vielleicht etwas daraus nähen.‹ Kongs Frau war ein paar Jahre jünger als er, so 22 oder 23, und kam vom Land. Als sie ihn einmal in Jiabiangou besuchte, habe ich sie gesehen. Er nahm die Sachen, schien aber ein wenig verlegen. ›Hat dir deine Familie das Päckchen geschickt? Warum senden sie dir nichts zu essen? Was du am meisten brauchst, ist schließlich etwas zum Beißen.‹

›Gruppenleiter Kong, Sie haben recht. Sie sind wirklich verständnisvoll. Ich brauche tatsächlich etwas zu essen. Ich bin nicht verheiratet, meine Eltern sind schon alt. Ich möchte nicht, daß sie wissen, daß ich hier im Umerziehungslager bin. Deshalb schickt mir niemand etwas zu essen.‹

Meine Worte schienen ihren Zweck zu erfüllen.

›Da ist es wirklich schwer hier. Aber wenn du Geld hast, dann finden wir vielleicht eine Lösung.‹

Ich verstand, was er meinte. ›Was nützt mir Geld? Hier kann man doch nichts kaufen. Auch mit Geld und Lebensmittelmarken kommt man nicht an Dampfbrötchen. Man muß trotzdem hungern.‹

›Hier vielleicht nicht, aber in Jiuquan. Auf dem Schwarzmarkt gibt es alles.‹

›Das nützt mir aber auch nichts. Ich komme hier ja nicht heraus.‹

Ich sprach nicht weiter, denn ich wollte erst seine Reaktion abwarten. Aber er sagte freiheraus: ›Was ist denn daran schwierig? Ich fahre doch zwei-, dreimal in der Woche nach Jiuquan. Sag mir einfach, was du brauchst, ich bringe es dir mit.‹

Genau da wollte ich ihn haben.

›Wenn das so ist, vielen Dank. Aber ein Problem gibt es dennoch. Es wäre gut, wenn Sie mir helfen könnten.‹

›Und was wäre das? Was kann ich für dich tun?‹

›An dem Tag, als ich nach Jiabiangou gekommen bin, habe ich die 1000 Yuan Bargeld und 300 Yuan in staatlichen Pfandbriefen, die ich bei der Registrierung bei mir hatte, in der Finanzabteilung zur Verwahrung abgegeben. Jetzt komme ich da nicht mehr heran. Können Sie das vielleicht für mich holen?‹

›Das sollte kein Problem sein. Ich erledige das gleich morgen.‹

Er hielt sein Versprechen. Am nächsten Tag gegen Abend

rief er mich ins Büro und sagte mir, daß er das Geld abgehoben habe. Als ich fragte, wie er das denn bewerkstelligt habe, sagte er, er habe dem Kassenwart mitgeteilt, daß meine Eltern krank seien und daß ich ihnen Geld für die Behandlung schikken wolle. Er unterschrieb für mich, und der Kassenwart überreichte ihm daraufhin Geld und Pfandbriefe. Nachdem er mir beides ausgehändigt hatte, gab ich ihm sogleich die Pfandbriefe zurück. ›Ich brauche jetzt Bargeld. Wenn die Pfandbriefe fällig werden, lösen Sie sie ein und unterstützen Sie Ihre Familie damit.‹ Damit war er zufrieden. Sein monatliches Gehalt betrug nur vierzig bis fünfzig Yuan, so waren dreihundert Yuan für ihn eine Riesensumme. Ich nutzte diesen Moment, gab ihm überdies zwanzig Yuan und bat ihn, mir dafür in Jiuquan etwas zu essen zu kaufen. Zwei Tage später, am Abend, als ich schon schlief, hörte ich, wie Gruppenleiter Kong mich rief. Ich ging hinaus, und er überreichte mir ein Päckchen mit zwei Sesambrötchen. Er schärfte mir ein, niemandem etwas davon zu sagen. So kam es, daß ich Gruppenleiter Kong jede Woche bat, mir Gebäck mitzubringen. Das ging schon so seit über einem Jahr. Diese zwei Sesambrötchen machten einen Riesenunterschied. Auch wenn sie nicht groß waren, jeweils nur ein halbes Pfund, so waren sie doch für meinen ausgezehrten Körper eine unentbehrliche Ergänzung und haben mich in Jiabiangou überleben lassen.

Dong Jianyi war also nichts entgangen. Als ich nichts sagte, sprach er: ›Ich möchte dich um eine Sache bitten, aber ich weiß nicht, ob du es machst.‹

›Was ist es? Sag.‹

›Meine Frau will mich besuchen, aber ich glaube, in meinem jetzigen Zustand werde ich nicht länger auf sie warten können.‹

Ich erschrak. ›Wie kannst du so was sagen? Dir geht es doch ganz gut!‹

Er schüttelte den Kopf. ›Laß mich ausreden. In den letzten Tagen war mein Kopf völlig leer. Meine Sinne verlassen mich, und alles vor meinen Augen verschwimmt. Das ist kein gutes Zeichen.‹

›Red keinen Unsinn. Du bist bloß eingenickt.‹

Er schüttelte wieder den Kopf. ›Lao Li, glaub mir, ich kann zwischen Einnicken und Schwindel unterscheiden. Ich bin nicht eingenickt. Ich schlafe bis zum Abend, dann geht nichts mehr. Ich setze mich eine Weile hin und nicke dann einfach ein? Nein, es ist ein ernstes Problem. Mir ist das schon ein paarmal passiert. Das ist ein schlechtes Zeichen.‹

›Nein, so ist es nicht.‹

›Lao Li, hör mir zu, ich muß über etwas Ernstes mit dir sprechen. Vor ein paar Tagen habe ich einen Brief von meiner Frau bekommen. Sie möchte mich bald besuchen. Ich habe ihr zurückgeschrieben, daß demnächst ein Teil von uns verlegt wird und daß ich dabei sei. Sie müsse also schnell herkommen. Ich habe ihr auch geschrieben, sie solle sich bei dir nach mir erkundigen, wenn sie mich in Mingshui nicht finden könne.‹

›Lao Dong, was soll das?‹ Ich fuhr erschreckt auf.

›Keine Sorge, bleib ruhig. Ich wollte es dir eigentlich nicht sagen. Ich dachte, ich würde sie vielleicht noch sehen. Aber als ich heute morgen aufgestanden bin, kam der Schwindel wieder. Ich habe nicht mehr viel Zeit, deshalb habe ich es dir erzählt.‹

›Quatsch, du spinnst. Du vermißt deine Frau so sehr, daß du verrückt wirst. Du bist unzurechnungsfähig.‹

Er lachte gequält. ›Unterbrich mich nicht. Ich bitte dich um etwas ganz Einfaches, wirklich! Aber du mußt es unbedingt machen. Falls ich noch lebe, wenn sie kommt, natürlich nicht. Wenn ich in diesen paar Tagen sterbe, bevor meine Frau kommt, wickle mich in meine Bettdecke ein. Laß mich dort in der Höhle liegen.‹

Unsere Höhle war sehr groß, und da in der letzten Zeit einige Bewohner gestorben waren, war in der hintersten dunklen Ecke etwas Platz. Dorthin zeigte er.

›Laß mich dort liegen, bis meine Frau kommt. Erzähl ihr, was mit mir passiert ist, und bitte sie, meinen Leichnam mit zurück nach Shanghai zu nehmen.‹

Er sah mich mit seinen dunklen, versunkenen Augen an und wartete auf meine Antwort. Aber ich gab keinen Ton von mir. Mein Herz verkrampfte sich. Ich wußte nicht, was ich sagen sollte.

›Ich bitte dich, tu mir diesen einen Gefallen. Ich möchte nicht hier begraben werden. Lao Li, meine Frau, meine Eltern, meine Schwiegereltern, alle waren sie dagegen, daß ich in den Nordwesten ging. Aber ich habe nicht auf sie gehört. Ich wollte den Aufbau dieser Region von ganzem Herzen unterstützen. Jetzt bereue ich es. Ich bereue, daß ich nicht auf meine Familie gehört habe.‹

Drei Tage später starb Dong Jianyi. Anders als die anderen in unserer Höhle ging er nicht im Schlaf, sondern am Tag. Es war am Vormittag des vierten Tages, nachdem er mir diese Aufgabe übertragen hatte. Er saß, in seine Decke gewickelt, auf dem Bett und sprach mit mir. Er sagte, seine Frau würde bald kommen, ich brauchte mich nicht um die Beerdigung zu kümmern. Während er sprach, fiel sein Kopf ganz plötzlich auf die Knie, und er war tot. So etwas hatte ich im Film schon einmal gesehen. Ich hatte gedacht, es sei künstlerische Übertreibung. Aber seit Dong Jianyis Tod weiß ich, daß die Kunst hierin wahrheitsgetreu ist.

Entsprechend seinem Wunsch wickelten Chao Chongwen und ich ihn in seine Daunendecke und einen Vorleger ein, legten ihn in den hintersten Winkel der Höhle und warteten, daß seine Frau die Leiche abholte.

Aber wer hätte gedacht, daß die Sache einen solch absonderlichen Gang nehmen würde! Die Toten wurden gewöhnlich an die Höhleneingänge gelegt und dann vom Beerdigungstrupp abgeholt und beigesetzt. Aber am Morgen nach dem Tod von Dong Jianyi kam der Direktor des Lagers namens Liu höchstpersönlich mit einigen Leuten, um die Leichen abzuholen. Er brüllte herum und wies seine Leute an, auch in den Höhlen zu suchen. Natürlich fanden sie Dong Jianyi und brachten ihn nach draußen. Aber ich hatte ihm ja ein Versprechen gegeben, deshalb folgte ich dem Trupp, um zu sehen, wo er begraben wurde.

Einen Tag später wurde uns klar, warum Direktor Liu gekommen war. Um die Mittagszeit tauchten im Lager einige Gäste auf. Sie trugen alle Militärmäntel, waren aber offenkundig nicht von der Armee. Unter ihnen waren auch zwei Frauen. Sie gingen durch alle Höhlen und stellten den Rechtsabweichlern Fragen: von welcher Einheit sie kamen, wie lange sie schon im Lager waren, warum sie hier waren, wieviel sie jeden Tag zu essen bekamen und so weiter. Kaum waren sie wieder weg, hieß es, eine Arbeitsgruppe des Zentralkomitees der Kommunistischen Partei sei dagewesen, unter der Leitung der stellvertretenden Ministerin für Überwachung. Sie überprüften die Situation in Jiabiangou und Mingshui. Das Gerücht besagte auch, daß irgendein Rechtsabweichler die Vizeministerin kannte und beide miteinander gesprochen hätten.

Diese Nachricht munterte uns sehr auf. Alle dachten, die Zentrale würde unsere Probleme vor Ort lösen, die Rechtsabweichler könnten Mingshui bald verlassen und nach Hause zurückkehren. Ein paar Tage gingen ins Land, aber nichts passierte. Da waren wir tief enttäuscht. Erst im Januar 1961 konnten die Rechtsabweichler aus Jiabiangou tatsächlich nach Hause zurückkehren. Und das hatte wirklich mit dem Besuch der Vizeministerin zu tun.

Aber laß mich zu Dong Jianyis Geschichte zurückkehren. An einem Nachmittag, fünf oder sechs Tage nachdem er gestorben war, kam seine Frau in Mingshui an. Sie war bis Gaotai mit dem Zug gefahren. Dort hatte man ihr gesagt, wie sie zu uns heraus käme. Sie fragte, wo Dong Jianyi wohne, und jemand schickte sie zu unserer Höhle.

Mein Bett stand nah am Höhleneingang, deshalb hörte ich als erster jemanden nach Dong Jianyi rufen. Ich fragte, wer denn da sei und warum er Dong Jianyi suche. ›Ich, ich suche Dong Jianyi.‹ Ich erschrak, denn auf einmal wurde mir klar, wer sie war. Ich stand schnell auf. Für einen Moment vergaß ich sogar die Höhe der Höhle und stieß mir den Kopf. Zeit für Schmerzen hatte ich jetzt aber nicht, und leise sagte ich zu den anderen in der Höhle, daß Dongs Frau gekommen sei. Dann rief ich nach draußen: ›Ach, Sie sind es. Kommen Sie doch herein.‹

Es schien, als wäre ein Wirbelsturm durch die Höhle gefegt. Alle setzten sich hastig auf, zogen sich an, strichen die Betten glatt. Inmitten dieses Wirrwarrs teilte sich der Strohvorhang, und eine Frau trat herein. Auch sie stieß sich den Kopf, verzog kurz das Gesicht und sah mich dann an.

›Ich komme aus Shanghai, mein Name ist Gu Xiaoyun. Ich möchte Dong Jianyi sehen. Wohnt er hier?‹

›Ja, ja. Er wohnt hier, aber jetzt ...‹

Ehrlich gesagt, hatte ich mir gar nicht überlegt, was ich eigentlich zu ihr sagen sollte. Ich hatte angenommen, daß sie fünf oder sechs Tage nach dem Tod von Dong Jianyi die Todesnachricht vom Landwirtschaftsbetrieb erhalten haben müßte und daher gar nicht mehr kommen würde. Plötzlich stand sie aber nun hier, und das versetzte mich in Panik.

Sie konnte wohl meine Verwirrung erkennen, denn sie fragte überrascht: ›Wie, ist er gar nicht hier?‹

Ich antwortete nicht, sondern nickte nur zweideutig. Ich verzog mein Gesicht, blickte fragend die anderen an und hoffte auf irgendeine Hilfe von ihnen. Aber sie saßen oder lagen schweigend da und starrten zurück. Da wurde ich noch nervöser.

›Bitte setzen Sie sich. Sind Sie die Frau von Dong Jianyi?‹

Sie blieb stehen. ›Ja, die bin ich.‹ Sie blickte sich um, ganz, als ob sie spürte, daß etwas nicht stimmte. Dann sah sie mich fragend an.

›Sind Sie Li Wenhan?‹

›Ja, so ist es.‹

›Lao Dong hat mir geschrieben, falls er nicht in Mingshui sei, solle ich Li Wenhan aufsuchen. Das sind Sie, richtig?‹

›Hm.‹

›Ich habe den Brief von Lao Dong dabei. Er hat geschrieben, daß er vielleicht verlegt wird, und bat mich, so schnell wie möglich zu kommen. Sonst habe ich ihn immer in Jiabiangou besucht, in Mingshui war ich noch nie. Wenn er schon verlegt sein sollte, besuche ich ihn dort, wenn er sich eingewöhnt hat. Nur die Zeit fehlt. Ist er denn schon fortgebracht worden?‹

›Er ist gerade nicht da, Lao Dong ist irgendwo hingegangen.‹

Ich war ganz durcheinander und wich ihrem Blick aus. Ich strich mein Bett glatt, damit sie sich setzen konnte. ›Setzen Sie sich, bitte setzen Sie sich.‹

Mein Bett war schmutzig. Ich schüttelte es auf, um einen Moment Zeit zu gewinnen und zu überlegen, wie ich ihr das mit Dong Jianyi sagen konnte.

Sie ließ sich nieder. In der Hand hielt sie eine große, prallgefüllte karierte Aktentasche. Sie band das grüne Seidentuch ab, das sie um den Kopf trug, und sah mich an. Sie war eine typische Frau aus dem Süden: runde Stirn, eingesunkene Augen, ein sehr hübsches Gesicht und ein spitzes Kinn. Dong Jianyi hatte mir gesagt, daß sie schon über dreißig war, aber sie sah noch wie 25 oder 26 aus. Ich brachte es wirklich nicht übers Herz, ihr von Dong Jianyi zu erzählen. Ich ging schnell meine Teetasse abspülen und wollte ihr Wasser eingießen. Vor meinem Bett stand meine Thermosflasche, aber sie war leer.

›Warten Sie einen Moment, ich hole Wasser.‹ So versuchte ich Zeit zu gewinnen, um einen Moment nachdenken zu können.

Aber sie sagte: ›Lassen Sie es gut sein, bleiben Sie hier und setzen Sie sich. Lassen Sie uns reden. Wo ist Lao Dong? Wann kommt er zurück?‹

Ich antwortete nicht, sondern fragte die anderen: ›Hat jemand heißes Wasser für Schwester Gu?‹

Jemand gab mir seine Thermoskanne, ich goß ein wenig in die Tasse und stellte sie auf den Lederkoffer neben meinem Bett. ›Darf ich Sie Schwester Gu nennen? Lao Dong hat mir gesagt, daß Sie etwas älter sind als ich. Nennen Sie mich einfach Xiao Li.‹

Sie lächelte und akzeptierte stillschweigend. Ein wenig beschämt fragte sie: ›Xiao Li, Sie wissen doch, wo Lao Dong ist?‹

›Schwester Gu, ich muß Ihnen das ganz genau erzählen. Aber Sie werden sicher sehr traurig sein, wenn Sie das hören. Lao Dong ist gegangen, vor sieben oder acht Tagen.‹

Ich hatte beschlossen, ihr die Wahrheit zu sagen. Aber ich brachte es nicht übers Herz, es deutlicher zu machen. Um mein Unbehagen zu überspielen, wandte ich mich sofort zu den anderen Höhlenbewohnern.

›Stimmt's, Lao Dong ist vor sieben oder acht Tagen gegangen? Lao Chao, sag was.‹

Aber niemand reagierte. Die anderen saßen nur still da und schauten auf die Besucherin. Ich fürchtete, sie könnte gleich in Tränen ausbrechen, aber sie saß reglos da und starrte mich an. Hatte sie mich nicht gehört oder nicht verstanden, was ich mit ›gegangen‹ meinte? ›Schwester Gu, haben Sie mich verstanden? Lao Dong ist vor sieben oder acht Tagen gestorben.‹

Da fing sie auf einmal an zu weinen. Sie hatte mich sehr wohl verstanden und nur versucht, den Schmerz zu unterdrücken. Ihr Schluchzen kam ganz tief aus ihrer Brust. Sie beugte sich über ihre Tasche und weinte. Tränen liefen über ihre Hände. Ich hatte so viele Kameraden sterben sehen, daß mein Herz zu Stein geworden war. Ich wußte nicht mehr, was Kummer war, aber ihr Weinen ging mir zu Herzen. Auch mir liefen die Tränen über das Gesicht. Stell dir vor, eine Frau, die fast drei Jahre lang alle zwei, drei Monate ihren Mann im Umerziehungslager besuchen kam! Sie schickte ihm immer etwas zu essen und anzuziehen. Warum? Gefühle, Zuneigung zwischen Mann und Frau. Sie hatte darauf gewartet, daß er irgendwann wieder mit der ganzen Familie vereint sein würde. Aber ihre Hoffnung war zerplatzt – ihr Mann war tot. Da brach natürlich der Kummer aus ihr heraus. Damals war es gar nicht einfach, von Shanghai in den Gansu-Korridor und in den Kreis Gaotai zu kommen. Heute ist man mit dem Schnellzug auf der Strecke Shanghai – Ürümqi in zwei Tagen und zwei Nächten in Gaotai. Aber damals gab es nur bis Hami eine Zugverbindung. Und auf dieser Strecke gab es nur Bummelzüge, so langsam, als ob ein altes Rind den Wagen zöge. Sie war etliche Male umgestiegen und benötigte fünf bis sechs Tage von Shanghai nach Gaotai. Sie hatte ganz allein die Schwierigkeiten dieser langen Reise auf sich genommen. Und dann war ihr Mann gestorben. Wie konnte sie das ertragen? Konnte sie da ihren Schmerz zurückhalten? Mir liefen die Tränen. Die anderen in der Höhle wischten sich auch verstohlen die Augen. Wir waren wirklich gerührt.

Ich wollte warten, bis sie ihren Kummer herausgeweint hatte. ›Schwester Gu, hören Sie doch auf zu weinen. Denken Sie an Ihre Gesundheit, Sie müssen ja wieder nach Shanghai zurückfahren.‹ Aber meine Worte waren nutzlos, sie schluchzte einfach weiter. ›Schwester Gu, lassen Sie mich Ihnen erklären, was passiert ist. Lao Dong hat mich vor seinem Tod mit einigen Dingen beauftragt, von denen ich Ihnen erzählen will.‹

Da unterdrückte sie ihr Schluchzen und richtete sich auf. Ihr Weinen klang jetzt wie ein Schluckauf. Sie sah mich an. Dann erzählte ich ihr, was vor und nach Dongs Tod geschehen war. Ich erzählte ihr, wie Dong gestorben war, und daß er keine Schmerzen hatte, als es soweit war. Daß er plötzlich einfach aufhörte zu atmen, während wir uns unterhielten. Ich sagte ihr auch, daß wir ihm seinen neuen Wollanzug aus dem Koffer angezogen hatten, ihn dann in seine Bettdecke und einen Läufer eingewickelt und begraben hatten. So verheimlichte ich ihr, daß Dong Jianyi nicht im Nordwesten, sondern in Shanghai beerdigt werden wollte. Ich sagte nur, daß nach seinem Tod seine Habseligkeiten von der Disziplinarabteilung konfisziert worden waren. ›Wenn Sie die Sachen jetzt mitnehmen wollen, müssen Sie zur Verwaltung gehen. Ansonsten schicken sie Ihnen die Wertsachen sicher per Post. Der Rest wird weggeworfen.‹

Da begann sie aufs neue bitterlich zu weinen. ›Er ist weg, was soll ich da mit seinen Sachen?‹ Sie schluchzte und schluchzte. Dann öffnete sie ihre Tasche und nahm einige Papiertüten heraus. Sie breitete alles auf dem Bett aus. ›Xiao Li, ich habe diese beiden Hemden in Shanghai für Lao Dong gekauft. Jetzt, wo er nicht mehr da ist, gibt es niemanden, der sie tragen kann. Behalten Sie sie als Erinnerung. Diesen Pullover habe ich selbst gestrickt, Masche für Masche. Den werde ich jetzt wieder mit zurücknehmen.‹

Dann zeigte sie auf das Essen – Kekse, Dörrfleisch, Kuchen. Sie erhob ihre Stimme: ›Bedient euch!‹

Normalerweise bildete sich immer eine Traube, wenn Besuch kam. Jeder hoffte, einen Keks, einen Löffel Suppennudeln oder eine Zigarette abzubekommen. Aber an jenem Tag war alles anders: Wir saßen still auf unseren Betten und gaben uns sehr kultiviert. Jemand sagte sogar in ganz gehobenem Ton: ›Nein danke. Ich mache mir nichts aus Süßem.‹

Als sie noch einmal alle aufforderte, sagte ein anderer: ›Brauchen Sie auf Ihrem Weg zurück nach Shanghai keinen Proviant?‹

›Wieviel kann ich schon essen. Ein paar Kekse sind genug. Außerdem kann ich im Zug etwas kaufen. Das können Sie schließlich nicht.‹

›Sie haben recht. Dann bediene ich mich mal.‹ Einer stand auf und kam herüber. Er steckte sich zwei Kekse in den Mund. Keiner weiß, warum, nachdem er ein wenig darauf herumgekaut hatte, fing er an zu husten. Jemand lachte. ›Paß auf, daß du nicht an den Keksen erstickst.‹ Er hustete so sehr, daß ihm Tränen kamen, aber schluckte trotzdem alles hinunter. Er wischte sich die Tränen weg. ›Wenn ich ersticke, verklagt meine Frau Schwester Gu.‹ Alle lachten. Auch auf dem Gesicht der Frau zeigte sich ein schwaches Lächeln.

Einer nach dem anderen kam herüber und nahm sich etwas. Die, die nicht laufen konnten, krochen heran und streckten ihre schmutzigen Hände nach den Tüten aus. Ich rief besorgt: ›Benehmt euch. Laßt Schwester Gu eine Tüte Kekse für den Rückweg.‹ Schließlich waren nur ein paar Krümel übrig. Die Frau sagte zu mir: ›Lassen Sie doch. Ich kann mir im Zug etwas kaufen.‹

Es war äußerst beschämend, wie sich die anderen vor ihren Augen auf die Lebensmittel gestürzt hatten. Ich entschuldigte mich. ›Schwester Gu, nehmen Sie es uns nicht übel. Wir sind zu hungrig, um auf unsere Manieren zu achten.‹

Sie seufzte: ›Ich kann es euch nicht verdenken.‹

Als alle gegessen hatten, setzten sie sich wieder auf ihre Betten. Manche leckten sich noch das Glukosepulver von den Händen. Die Frau aus Shanghai sagte: ›Ihr seid die Freunde von Lao Dong. Als er noch lebte, habt ihr ihm geholfen. Ich schulde euch meinen Dank. Um eine Sache muß ich euch aber noch bitten.‹ Sie hielt inne und sah uns alle an. Wir waren ganz ruhig und warteten darauf, daß sie fortfuhr. Manche drängten: ›Reden Sie weiter. Sagen Sie, was es gibt.‹ Sie fuhr fort: ›Ich bin gekommen, um Lao Dong zu besuchen. Ich hätte nie gedacht, daß er nicht mehr dasein würde. Ich habe ihn nicht einmal mal mehr gesehen. Könnt ihr mich zu seinem Grab bringen und mir helfen, es zu öffnen? Ich möchte ihn sehen und dann mit zurück in seine Heimat Shanghai nehmen. Bitte helft mir dabei.‹

›In Ordnung‹, sagte sofort jemand, ›das ist kein Problem, das Grab ist nicht tief, wir können ihn problemlos ausbuddeln.‹

Ich aber erschrak und sagte schnell: ›Schwester Gu, das geht nicht. Lao Dongs Grab können wir nicht anrühren.‹

Sie war überrascht. ›Warum?‹

›Überlegen Sie mal: Er liegt seit sieben, acht Tagen unter der Erde. Der Körper ist zwar noch ziemlich intakt, aber die Verwesung hat schon begonnen. Wie wollen Sie ihn in diesem Zustand mit zurücknehmen? Mit dem Zug?‹ Sie stutzte. ›Lassen Sie es gut sein. Es ist nicht so einfach, wie das Grab eines toten Hundes oder toten Schweins zu verlegen‹, fügte ich hinzu.

›Was soll ich machen?‹

›Wenn Sie ihn wirklich umbetten wollen, dann kommen Sie in ein paar Jahren wieder. Dann können Sie seine Knochen mitnehmen.‹

Sie überlegte eine Weile. ›Kann man wirklich nichts machen? Gibt es wirklich keinen anderen Weg? Dann bleibt mir wohl nichts weiter, als in zwei Jahren wieder herzukommen und ihn an seinem dritten Todestag umzubetten.‹

›Zum dritten Todestag geht es auch nicht. Der Verwesungsprozeß dauert sehr lange. Drei Jahre sind noch nicht lang genug.‹ Ganz beiläufig fügte ich hinzu: ›Warum die Eile? Wenn es jetzt nicht geht, dann lassen Sie ein paar Jahre vergehen. Heißt es nicht, man soll die Toten in Frieden ruhen lassen?‹

›In Ordnung. So werde ich es machen und in ein paar Jahren zurückkommen. Können Sie mich heute dennoch zu seinem Grab bringen? Danach werde ich zurückfahren.‹

Mein Herz pochte. Das hatte ich am meisten gefürchtet. Ich überlegte und sagte: ›Schwester Gu, das Grab von Lao Dong ... Gehen Sie besser nicht hin.‹

Sie sah mich verdutzt an. ›Warum?‹

Ich wich ihrem Blick aus und machte Ausflüchte. ›Einfach so, es ist nur ... ein Erdhaufen, da ist nichts zu sehen.‹

Ihre Gesichtsfarbe und auch ihr Tonfall änderten sich: ›Xiao Li, ich bin tausende Kilometer gefahren, um ihn zu sehen.‹

Ich war in Verlegenheit. ›Das stimmt, deshalb sind Sie ja gekommen. Aber er ist nicht mehr unter uns.‹

›Er ist nicht mehr da. Aber sein Grab, das muß ich besuchen!‹

›Ja, aber ...‹

›Aber was?‹

›Aber ... sein Grab ... wir finden es vielleicht ... nicht.‹

›Wie das?‹

Ich wußte wirklich nicht, wie ich antworten sollte. Auf ihrem Gesicht zeigte sich Argwohn, ihre Augen schienen mich zu durchbohren. Ich stotterte. ›Es gibt überall Gräber, sie sind weit verteilt. Ich fürchte, wir werden es nicht finden.‹

›Xiao Li, Sie haben gerade gesagt, daß Sie ihn selbst begraben haben. Nach den paar Tagen finden Sie das Grab nicht mehr?‹

Ich bereute, daß ich nicht vorsichtiger gewesen war mit dem, was ich gesagt hatte. Ich saß in der Klemme. Ich sagte dreist: ›Schwester Gu, als ich gerade sagte wir, da meinte ich eigentlich den Beerdigungstrupp und nicht uns hier in der Höhle.‹

Sie entgegnete nichts und starrte mich nur ganz ungläubig an.

Ich fuhr fort: ›Wenn Sie mir nicht glauben, fragen Sie die anderen. Fragen Sie, wer von ihnen Lao Dong begraben hat.‹

Sie blickte in die Runde, aber keiner gab einen Ton von sich. Dann sagte sie zu mir: ›Xiao Li, ich weiß nicht, ob Sie wirklich nicht am Grab waren, aber ich möchte Sie um eines bitten, ich muß unbedingt das Grab von Lao Dong finden. Wenn ich nicht weiß, wo es ist, kann ich ihn nicht umbetten. Wo soll ich dann seine Knochen suchen?‹

Sie hatte mich mißverstanden. Sie glaubte, ich wolle sie nicht zum Grab bringen. Ich fühlte mich elend.

›Schwester Gu, hören Sie mir zu. Wenn hier jemand stirbt, dann wird er nach draußen getragen. Ein spezieller Bestattungstrupp kommt mit einem Pferdewagen, bringt die Leichen weg und begräbt sie. Sonst kommt niemand mit. Überlegen Sie doch mal: Die Leute hier können vor Hunger nicht aufstehen, nicht gehen. Woher sollten sie die Kraft nehmen, einen Toten zu tragen? Außer den Leuten vom Bestattungstrupp geht niemand mit zum Grab. Wirklich!‹

Nachdem sie meine Erklärung gehört hatte, war sie einen Moment lang still. Dann erwiderte sie: ›Xiao Li, dann machen wir es so: Sie bringen mich zu den Gräbern, und ich suche eins nach dem anderen ab.‹

›Auch wenn wir uns dort umschauen, werden Sie es doch nicht finden. Alle Gräber sind gleich. Wie wollen Sie das von Lao Dong erkennen?‹

Sie war überrascht. ›Gibt es keine Grabsteine?‹

›Grabsteine? Glauben Sie, das ist ein Friedhof für Märtyrer?‹

›Keine Grabsteine? Wie können sie das machen? Das ist unmenschlich! Wenn die Verwandten der Verstorbenen zum Grab kommen, wo sollen sie das Opfergeld verbrennen?‹

Ich hob die Hände. ›Damit habe ich nichts zu tun. Ach ja, was ich gesagt habe, ist nicht ganz richtig. Zum Glück haben Sie mich daran erinnert. An die Körper der Toten werden Zettel mit Namen und Nummern geheftet. Die sind aber mit Pinsel geschrieben.‹

›Wozu? Wenn die Toten begraben sind, können die Verwandten doch nicht jedes Grab aufbuddeln, um nach den Zetteln zu suchen.‹

›Darum geht es auch nicht. Die Nummern dienen rein statistischen Zwecken. Listen werden zusammengestellt und an die Vorgesetzten übergeben. Wer schert sich denn um die Verwandten?‹

Sie begann wieder zu weinen. ›Heißt das, ich kann Lao Dong nicht sehen?‹

Ich sagte nichts. Ich wußte nicht, wie ich darauf antworten sollte. Da rief Chao Chongwen wider Erwarten: ›Was heißt, wir finden das Grab nicht? Gehen Sie zur Verwaltung, zur Disziplinarabteilung, die ist für die Beerdigungen zuständig. Sie führen Buch und sollten wissen, wo er begraben ist.‹ Die anderen gaben ihm recht. ›Ja, versuchen Sie es einmal dort.‹

Sie wischte sich die Tränen ab und sah mich an. Ich sagte: ›Na gut, ich bringe Sie dorthin.‹

Wir wohnten im mittleren Teil des Grabens. Ich führte sie durch die gewundene Senke, wir gingen etwa zehn Minuten. An der Südseite krochen wir heraus. Ich zeigte auf eine andere Erdspalte im Osten in etwa einem Kilometer Entfernung. ›Dort ist die Verwaltung.‹

Ich sah ihr nach, bis sie ihr Ziel fast erreicht hatte, dann ging ich zur Höhle zurück.

Als ich hineinkrabbelte, hörte ich Chao Chongwen schon schimpfen: ›Lao Li, du Mistkerl.‹ Er war sehr aufbrausend, wenn ihm etwas nicht gefiel, und machte sich immer gleich Luft. Wie er selbst sagte, wurde er als Rechtsabweichler verurteilt, weil er den Parteisekretär kritisiert hatte. Ich fragte überrascht: ›Lao Chao, was ist denn mit dir los? Habe ich dich provoziert?‹

›Sei froh, daß ich dich nicht verprügele! Du Mistkerl. Dir zuzuhören hat mich wirklich wütend gemacht. Lao Dongs Frau fleht dich unter Tränen an, sie zum Grab zu bringen. Das ist doch nur normal. Wenn der Mann stirbt, geht die Frau zum Grab. Sie merkt sich, wo es ist, dann kann sie später wiederkommen, um ihn umzubetten. Es ist doch nur ein paar Schritte weg, und du willst sie nicht hinbringen. Du sagst, du kannst es nicht finden! Wie das? Bist du nicht hinterhergegangen, als Dong Jianyi beerdigt wurde? Du hast gesagt, du willst wissen, wo sie ihn beerdigen, damit du es seiner Frau sagen kannst, wenn sie kommt. Jetzt ist sie da, und du sagst, du weißt es nicht. Was soll das?‹

Ich wartete geduldig, bis er fertig war. Dann erwiderte ich: ›Warum hältst du nicht einfach die Klappe? Ich habe schon meine Gründe, warum ich sie nicht hinbringe. Aber was geht dich das an? Ganz ehrlich: Als sie hier war, habe ich befürchtet, daß du dein Maul nicht halten kannst und Ärger machst.‹

›Angst, daß ich etwas sage? Hör auf zu faseln. Warum hast du Angst, daß ich den Mund aufmache? Du fürchtest wohl, daß ich aufdecke, daß du doch den Pullover haben willst. Du hättest sie doch bestimmt hingebracht, wenn sie ihn dir gegeben hätte!‹

›Unsinn.‹ Ich war wirklich böse. ›Einen Scheißdreck weißt du! Vor zwei Tagen, als ich am Eingang der Schlucht Wurzeln ausgegraben habe, habe ich gesehen, daß Lao Dongs Leiche einfach offen herumlag. Er lag da ganz nackt. Jemand hat ihm die Kleider weggenommen und die Decke und den Vorleger.‹

›Was sagst du?‹ Chao Chongwen riß erschrocken die Augen auf.

Professor Zhang sagte: ›Die Sachen hat bestimmt jemand mitgenommen, um sie gegen Essen einzutauschen. Ich war ja von Anfang an dagegen, daß wir ihm den Wollanzug anziehen und ihn in die Daunendecke wickeln. Aber ihr habt nicht auf mich gehört!‹

Ich sagte: ›Es kommt noch schlimmer. Jemand hat ihm das Fleisch von den Knochen geschnitten.‹

›Wirklich?‹

›Wenn du mir nicht glaubst, geh hin. Warum sollte ich euch anlügen?‹

›Wer hat das getan? Welcher Scheißkerl macht so etwas Perverses?‹ brüllte Chao Chongwen. ›Wei Changhai, warst du das?‹

Wei Changhai hatte gerade unter Arrest gestanden, weil er an Leichen herumgeschnitten hatte. Er konnte gerade seine Arme wieder bewegen, die vom Seil, mit dem er gefesselt war, fast abgeschnürt worden waren. Fassungslos entgegnete er auf Chaos Anschuldigung: ›Lao Chao, das stimmt einfach nicht, du beschuldigst mich zu Unrecht.‹

›Nicht wahr? Du warst es! Warst du es nicht auch bei Rektor Wang?‹

›Lao Chao, ich bin unschuldig! Das mit Rektor Wang habe ich ja zugegeben. Was ich gemacht habe, war nicht richtig. Aber danach habe ich so etwas nie mehr getan. Meine Arme waren doch so geschwollen, daß ich nicht mal rausgehen konnte. Wie hätte ich es also überhaupt machen können?‹

›Du wagst es zu sagen, daß du nicht draußen warst?‹

Ich ging schnell dazwischen: ›Lao Chao, das kann ich bezeugen, er war nicht draußen. Ich hab ihm sogar das Essen geholt, weil er es allein nicht schaffte.‹

›Aber wer soll es sonst gewesen sein? Ach, die Menschen sind alle zu Tieren geworden. Nicht mal ein Tiger wäre so unbarmherzig, sein Junges zu fressen. Menschen fressen Menschen. Sind das überhaupt noch Menschen?‹

Chao Chongwen sagte nichts mehr, sondern stöhnte nur auf.

Es war schon dämmrig. Als wir aus unserer Höhle blickten, sahen wir nur noch einen schmalen Streifen der Abendsonne über dem Felsvorsprung. Der Graben lag schon im Schatten. Ich ging zur Küche, um unseren Brei zu holen. Nach dem Essen legte ich mich hin, denn wenn man nach dem Essen schläft und sinnlose Bewegungen vermeidet, dann wird die Kalorienverbrennung auf ein Minimum vermindert.

Doch bevor ich einschlief, hörte ich ein Geräusch hinter dem Vorhang.

›Wer ist da?‹

›Ich bin es, Xiao Li. Ich bin noch einmal gekommen, um Sie um Hilfe zu bitten.‹

Es war die Stimme der Frau aus Shanghai. Ich setzte mich auf und zog mir etwas über. Dabei raunte ich den anderen zu: ›Lao Dongs Frau ist zurück. Was soll ich machen?‹

Ich hörte Chao Chongwens Stimme: ›Bitte sie herein.‹

Dann rief ich in Richtung Höhleneingang: ›Kommen Sie doch herein.‹

Es war noch nicht ganz dunkel. Der Vorhang hing ein wenig schief, und ein Dämmerschein fiel in die Höhle. Ein Schatten kam die Stufen herauf und blieb stehen. Ich begriff, es war zu dunkel in der Höhle. Sie hatte Angst, irgendwo anzustoßen. Ich bat sie zu warten und zündete eine Petroleumlampe an. Dann fragte ich: ›Haben Sie jemanden angetroffen?‹

Der Schein der Lampe spiegelte sich auf ihrem bleichen Gesicht. Sie sagte traurig: ›Xiao Li, ich muß Sie noch einmal um Ihre Hilfe bitten.‹

Sie konnte nicht weitersprechen. Ein Schluchzen unterbrach sie mitten im Satz, Tränen füllten ihre Augen. Ich sagte hastig: ›Weinen Sie nicht. Setzen Sie sich erst einmal und erzählen Sie. Was ist passiert? Haben Sie niemanden gefunden?‹

Sie wischte sich die Augen und setzte sich wieder auf mein Bett. Ich hockte mich ihr gegenüber. In unserer Höhle zu stehen war sehr anstrengend, weil sie so niedrig war. Man mußte sich immer krümmen.

Sie berichtete mir, daß in der Verwaltung der Beamte der Disziplinarabteilung das Totenregister durchgesehen und bestätigt habe, daß Dong vor sieben Tagen gestorben sei. Aber er wußte nicht, wo er beerdigt worden war. Sie wollte, daß der Beamte den Beerdigungstrupp befragte. Er schickte sie zu Duan Yunrui, einem aus dem Trupp. Aber dieser konnte ihr nur sagen, daß er lediglich für die Registrierung der Namen und des Todeszeitpunktes zuständig sei und gar nicht selbst mit zum Gräberfeld ginge. Die anderen konnte sie aber auch nicht befragen. Einer war gestorben, weil er etwas Verdorbenes gegessen hatte, ein anderer lag schwerkrank in der Krankenstation, und die restlichen drei konnten nicht laufen, lagen also in ihren Höhlen. Und der neue Beerdigungstrupp wußte natürlich nicht, was vorher passiert war. So blieb sie einfach in der Verwaltung und weinte. Außerdem ließ sie den Beamten wissen, daß sie nicht zurück nach Shanghai führe, wenn sie die Leiche von Dong Jianyi nicht finden könne. Da wurde der Beamte wütend: ›Gut. Wenn Sie nicht zurückfahren, dann lasse ich eben eine Höhle für Sie suchen. Sie können so lange bleiben, wie Sie wollen!‹ Darauf entgegnete sie nichts, sondern weinte nur.

›Wollen Sie wirklich nicht zurückfahren? Wo arbeiten Sie in Shanghai?‹

›Warum wollen Sie das wissen?‹

›Ich werde Ihrer Arbeitsstelle schreiben, daß sie jemanden aus der Sicherheitsabteilung herschicken, um Sie abzuholen. Sie sind wie alle Frauen aus der Großstadt! Ihr Mann verbreitet reaktionäres Gedankengut, wird zur Umerziehung durch Arbeit verurteilt. Aber anstatt einen Schlußstrich zu ziehen, kommen Sie auch noch hierher und stiften Unruhe. Sie haben ein Problem mit Ihrer Gesinnung! Das ist eine Demonstration gegen die Regierung, gegen die Diktatur des Proletariats. Wir müssen Ihre Arbeitsstelle informieren, damit Sie ordentlich geschult werden.‹

›Xiao Li, bitte helfen Sie mir‹, flehte sie mich an.

Als ich hörte, daß sie nichts erreicht hatte, war ich erleichtert. ›Wie soll ich Ihnen helfen?‹

›Können Sie mich morgen zum Gräberfeld bringen und mir helfen, das Grab von Lao Dong zu finden?‹

›Wie sollen wir das denn finden? Dort sind Hunderte Gräber, Tausende Gräber, in jedem freien Fleckchen Erde wurde jemand beerdigt. Manche Hügel sind vom Wind abgetragen worden, so daß man man nicht einmal mehr den Ort genau bestimmen kann. Wo wollen Sie da anfangen?‹

›Wenn ich alle aufgrabe, werde ich auch Lao Dongs Grab finden.‹

›Das funktioniert nicht. Ganz zu schweigen davon, daß Sie nicht kräftig genug sind. Und selbst wenn das so wäre, ist es nicht möglich. Es ist nicht angemessen, alle Gräber zu öffnen, nur um einen einzigen Menschen zu finden.‹

Sie schluchzte auf und sagte unter Tränen: ›Xiao Li, was kann man denn sonst machen?‹

›Nichts. Wenn man das Grab nicht findet, dann muß man es lassen. Sie haben sich auf den Weg hierher gemacht, Sie wissen, was mit Lao Dong passiert ist, Sie haben Ihre Pflicht als Ehefrau erfüllt. Lao Dong ruht in Frieden, lassen Sie es dabei. Wissen Sie, Sie sind nicht die einzige, die das Grab eines Angehörigen nicht finden kann. Bleiben Sie heute nacht hier. Morgen früh gehen Sie zum Bahnhof und fahren zurück nach Shanghai.‹

Sie schluchzte ununterbrochen, aber ich beachtete das nicht. Ich brachte mein Bett in Ordnung und bot es ihr an. ›Sie können hier schlafen. Ich suche mir etwas anderes.‹

Dann nahm ich meinen Mantel und quetschte mich zu einem anderen Rechtsabweichler auf seine Liege. In Jiabiangou hatte es noch gesonderte Zimmer für die Besucher gegeben, aber nicht mehr in Mingshui. Außer den Hütten, die von der Verwaltung als Büros aufgestellt worden waren, gab es nichts. Alle Lagerinsassen und auch das Personal wohnten in Erdhöhlen. Wenn jemand zu Besuch kam, mußte er zwischen die Insassen gequetscht schlafen oder sitzend auf den Morgen warten.

Ich legte mich also hin. Nach einer Weile hob ich den Kopf und sah mich um. Sie saß immer noch da und hatte sich nicht gerührt. Vielleicht war ihr mein Bettzeug zu schmutzig. Ich hatte es zuletzt vor drei Jahren gewaschen. Die Decke hatte so eine dicke Schmutzschicht, daß man die Farbe gar nicht mehr erkennen konnte, und sie war voller Läuse. Leise hörte ich die Frau wimmern.

Ich weiß nicht, ob sie in der Nacht überhaupt geschlafen hat. Als ich am Morgen aufwachte, saß sie immer noch da. Sie hatte sich nur die Decke um ihren kurzen Mantel gelegt. Obwohl wir noch nicht mitten im Winter waren, war es schon ziemlich kalt. In der Nacht sank die Temperatur bereits auf minus 17 oder 18 Grad. In der Höhle gab es keinen Ofen, und vor dem Eingang hing nur ein Vorhang, um den Wind abzuhalten. Ich wusch mich nach dem Aufstehen nicht. Ich weiß gar nicht, wie viele Monate ich das schon nicht mehr getan hatte. Das Wasser mußte man aus einem Brunnen neben der Küche im östlichen Graben holen, aber wir hatten nicht die Kraft, es zu schöpfen und zu unserer Höhle zu tragen. Ich ging zu unserem Zugführer und ließ mir einen

Versorgungsschein ausstellen. Damit kaufte ich ihr etwas zu essen, nämlich zwei Gemüsedampfbrötchen.

›Essen Sie, und dann gehen Sie zum Zug.‹

Sie nahm die Dampfbrötchen und legte sie auf den Koffer.

›Sie haben gestern den ganzen Tag nichts gegessen, heute essen Sie auch nichts. Mögen Sie das etwa nicht?‹

›Ich habe keinen Hunger, ich möchte nichts essen.‹

Kaum daß sie den Mund aufmachte, fing sie wieder an zu weinen. ›Xiao Li, bitte bringen Sie mich zu Lao Dongs Grab. Wenn ich es nicht finden kann, werde ich keinen Bissen mehr runterbringen.‹

Vorwurfsvoll sagte ich: ›Haben Sie es noch nicht verstanden? Ich habe Ihnen doch schon gesagt, daß ich nicht weiß, wo es ist. Essen Sie, und fahren Sie zurück nach Shanghai.‹

Sie jammerte: ›Xiao Li, Lao Dong hat in seinem Brief geschrieben, daß ich Sie aufsuchen soll, wenn ich hier bin. Sie wissen bestimmt, wo er begraben ist.‹

›Er meinte, wenn er nicht mehr da ist, wenn Sie kommen, soll ich Ihnen alles erzählen. Ich habe ihn wirklich nicht begraben.‹

Sie begann wieder zu schluchzen. ›Sie wissen es, Sie wissen es. Gestern haben Sie gesagt, daß Sie ihn beerdigt haben, dann haben Sie es abgestritten. Warum bringen Sie mich nicht hin?‹

Ich wußte nicht, was ich darauf noch sagen sollte. Ich hielt es ja selbst nur schwer aus und war innerlich hin- und hergerissen. Wenn ich es ihr nicht sagte, dann würde sie vor Kummer nicht aufhören zu weinen, und das würde mir das Herz brechen. Wenn ich ihr aber die Wahrheit sagte, würde sie das nicht ertragen können. Je öfter ich ihr sagte, sie solle aufhören zu weinen, desto lauter wurde ihr Schluchzen. Es war wirklich nicht auszuhalten. Da drehte ich mich um und ging aus der Höhle. Ich dachte, wenn ich sie nicht beachtete, würde sie aufgeben.

So blieb ich den ganzen Tag in einer anderen Höhle. Ich dachte, daß sie bestimmt weg wäre. Als die Sonne unterging, kam ich zurück, aber sie saß unverändert auf meinem Bett und schluchzte. Jemand sagte leise zu mir: ›Sie weint den ganzen Tag, mal laut, mal ganz leise.‹ Die Dampfbrötchen lagen immer noch auf dem Koffer, sie waren schon ganz trokken und schrumpelig geworden. Jemand hatte ihr eine Tasse Wasser hingestellt, doch die hatte sie auch nicht angerührt.

Ich holte ihr noch etwas zu essen, eine halbe Portion Gemüsebrei, und redete auf sie ein: ›Sie müssen etwas essen. Auch wenn es nicht schmeckt, Sie müssen essen. Sie brechen sonst vor Hunger zusammen. Und wie kommen Sie dann zurück nach Shanghai?‹ Aber sie rührte nichts an, leise liefen ihr die Tränen die Wangen herunter.

Wie in der ersten Nacht blieb sie auch in dieser Nacht einfach sitzen. Da ich erst sehr spät einschlief, konnte ich sie aus einiger Entfernung beobachten. Ich hätte nicht gedacht, daß sie so dickköpfig sein würde. Ich fürchtete, daß sie Schaden nehmen könnte, weil sie sich das alles so zu Herzen nahm. Sie war so vernarrt in Dong Jianyi, da war alles möglich. Um Mitternacht verlosch die Lampe, und ich konnte sie nicht mehr sehen. Im Dunkeln war nur ab und zu ihr leises Schluchzen zu hören.

Es war der dritte Morgen nach ihrer Ankunft in Mingshui. Als ich aufwachte, war die Sonne schon aufgegangen. Sie schien noch nicht direkt in unsere Höhle, aber einige Strahlen fielen durch den Vorhang auf den Körper der Frau. Sie saß immer noch dort, bewegungslos, wie eine Holzplastik oder Tonskulptur. Ihr Gesicht war völlig verweint und ihre Augen angeschwollen wie Walnüsse. Ich war am Ende. Ich rief

Chao aus der Höhle. ›Lao Chao, was sollen wir mit ihr machen? Seit zwei Tagen hat sie nichts gegessen und getrunken. Hoffentlich verhungert sie nicht.‹

›Keine Sorge. Wir leiden seit über zwei Jahren Hunger und sind immer noch am Leben. Wie können ihr da zwei Tage etwas anhaben?‹

›Aber sie kann doch nicht nur weinen. Was, wenn ...‹ Ich sprach nicht zu Ende.

Chao Chongwen fragte mich: ›Und was sollen wir machen?‹

›Das habe ich dich gefragt.‹

Er blickte stumm zum Himmel, dann erwiderte er: ›Vielleicht solltest du sie doch zu den Gräbern bringen und sich umschauen lassen?‹

›Nein, das geht nicht. Gestern und vorgestern habe ich nicht zugestimmt, wie kann ich es dann heute machen? Und außerdem, wenn sie Lao Dong sieht und dann vor Kummer stirbt, was dann?‹

›Das eine geht nicht, das andere ist gefährlich. Was soll das?‹ ereiferte er sich.

Ich machte einen Vorschlag: ›Vielleicht redest du ihr heute zu, daß sie so schnell wie möglich nach Shanghai zurückfährt. Sie mißtraut mir. Sie glaubt, ich betrüge sie. Sie hört auch nicht auf mich. Rede du ihr zu. Vielleicht hilft es.‹

Chao Chongwen stimmte ohne zu zögern zu. ›Gut, dann rede ich mit ihr. Nach dem Frühstück werde ich mit ihr sprechen. Aber ob ich Erfolg habe, steht in den Sternen. Diese Frau ist wirklich stur.‹

Chao Chongwen wollte also nach dem Frühstück mit ihr reden. Aber als wir mit dem Essen von der Küche zurückkamen, war etwas geschehen: Jemand war gestorben, ein Buchhalter aus dem Provinzhandelsbüro. Sein Körper war schon zuvor ganz eingefallen gewesen. Als ich vor ein paar Tagen auf der Latrine war, hockte er dort und hatte keine Kraft, wieder aufzustehen. Ich zog ihn hoch. Als er stand, machte er nicht einmal seine Hose zu. Je schwächer man ist, desto kälteempfindlicher ist man und zieht sich um so dicker an, und so trug er eine wattierte Hose über der gestrickten Unterhose und darüber noch eine normale Hose. Seine Hände waren zu schwach, um den Gürtel zuzuschnallen. Also half ich ihm dabei.

An jenem Morgen war folgendes passiert: Als alle aufgestanden waren, lag er reglos im Bett. Sein Bettnachbar hatte noch gefragt: ›Soll ich dir etwas zu essen holen?‹ Als er keine Antwort bekam, ging er nur seine Ration holen. Als er zurückkam, lag der Buchhalter noch genauso da. Er war beunruhigt und zog die Decke zurück. Doch da war der Buchhalter schon längst ganz steif. Er mußte wohl irgendwann in der Nacht gestorben sein.

Aber das war nur ein weiterer Toter, an so etwas waren alle schon gewöhnt. Einer sagte sogar: ›Laßt uns erst fertigessen, bevor wir ihn rausbringen.‹ Alle aßen still, und dann schafften ihn ein paar Stärkere von uns hinaus. Chao Chongwen und ich gehörten dazu. Wir machten seinen Koffer auf, suchten saubere Kleidung heraus und zogen sie ihm an. Dann wikkelten wir ihn in seine Bettdecke. Außerdem banden wir noch Schnüre darum, einmal am Hals, einmal um den Bauch und einmal um die Beine. Dann schleppten wir ihn auf einen freien Platz vor der Höhle.

Wir keuchten vor Anstrengung und setzten uns in die Sonne, um zu verschnaufen. In dem Moment sah ich sie wieder. Sie stand in der Höhle, den Vorhang hochgeschlagen, und beobachtete uns. Der Anblick des Toten mußte sie furchtbar erschreckt haben, und in ihr bleiches Gesicht stand das

Entsetzen geschrieben. Aber sie weinte nicht mehr. Da stieß ich Chao Chongwen an, er solle mit ihr reden und sie überzeugen, schnell nach Shanghai zurückzukehren.

So ging er in die Höhle, und ich blieb draußen sitzen, um auf ihn zu warten. Es würde bestimmt schwierig werden, sie zu überzeugen. Sie würde sicher wieder anfangen zu weinen. Ich wollte sie nicht wieder so verweifelt sehen.

Aber es dauerte keine fünf Minuten, als Chao Chongwen schon wieder aus der Höhle kam. Kein Weinen war zu hören.

›Lao Li, es geht nicht. Sie will nicht auf mich hören. Sie sagt, wir hätten uns zusammengetan, um sie hinters Licht zu führen. Sie will heute selbst das Grab suchen gehen.‹

Ich war verdutzt: ›Was? Sie will selbst suchen?‹

›Ja. Sie will nicht, daß du sie hinbringst, sie will allein zu den Gräbern gehen. Sie sagt, sie findet auf jeden Fall das richtige. Was sollen wir jetzt machen?‹

Als ich gerade mit Chao Chongwen sprach, kam sie schon aus der Höhle. Ihre Augen waren nicht mehr an das Sonnenlicht gewöhnt, auch wenn die Wintersonne nicht sehr stark war. Sie hielt eine Hand über die Augen und blickte zu uns, dann drehte sie sich um und ging in Richtung Norden. ›Hei, wohin gehen Sie?‹ rief ich ihr nach. Aber sie ging weiter, ohne zu antworten. Sie schien wirklich wütend auf mich zu sein. Ich lief ihr hinterher und stellte mich ihr in den Weg: ›Schwester Gu, es bringt nichts, das Grab zu suchen, Sie werden es nicht finden. Hunderte sind dort begraben, überall sind Gräber. Es gibt nicht mal Markierungen. Wo wollen Sie überhaupt suchen?‹

Sie blieb stehen und starrte mich an. Sie sagte kein Wort. Ihre Miene war ein einziger Vorwurf: Betrüg mich nicht! Sie ging um mich herum und setzte ihren Weg fort. Gereizt sagte ich: ›Warum hören Sie einfach nicht auf mich.‹

Da hörte ich Chao Chongwen: ›Lao Li, laß sie gehen. Soll sie doch suchen. Wenn sie das Grab nicht findet, wird sie aufgeben.‹

Ich zögerte einen Augenblick. ›Wenn Sie nicht auf unseren Rat hören wollen, dann müssen Sie eben suchen. Aber nicht in dieser Richtung. Die meisten Gräber sind auf der Südseite der Gräben. Da, wo die Verwaltung ist.‹

Sie sah mich an, drehte sich um und ging in Richtung Süden. Als sie sich ein Stück entfernt hatte, flüsterte Chao Chongwen mir zu: ›Ist Lao Dongs Grab dort?‹

›Nein, genau in der anderen Richtung.‹

›Warum schickst du sie in die falsche Richtung? Willst du, daß ihr etwas passiert?‹

›Was soll ich sonst machen? Lao Dongs Leiche ist im Norden, nicht weit von unserem Graben entfernt. Was, wenn sie ihn findet?‹

Chao Chongwen blieb ruhig. ›Soll sie suchen! Sie wird nicht aufgeben, bevor sie nicht am Gelben Fluß ankommt. Lassen wir sie zunächst ins Leere laufen, dann wird sie schon irgendwann aufgeben.‹

Wir waren der Meinung, sie würde schnell zurückkommen, wenn sie erst einmal bei den Gräbern wäre. Es gab dort nichts, nicht einmal Markierungen. Aber mittags war sie immer noch nicht zurück, und auch bei Sonnenuntergang noch nicht. Als die Dämmerung bereits hereingebrochen war, aßen wir unser Abendbrot. Immer noch keine Spur von ihr. Ich hielt es nicht mehr aus. Wenn ihr nun bei den Gräbern etwas passiert war? Ich ging zu Chao Chongwen: ›Laß uns sie suchen, damit sie nicht von Wölfen angefallen wird.‹

Als wir alle in Mingshui eingetroffen waren, hatte es dort noch keine Wölfe gegeben. Aber bald kamen sie in Rudeln. Manchmal, wenn es noch nicht ganz dunkel war, liefen sie an den Gräben entlang. Sie hatten überhaupt keine Angst vor Menschen. Sie fraßen die Leichen der Rechtsabweichler und wurden immer fetter. Ihr Fell glänzte.

Wir gingen in Richtung Süden. Vor der Gemeinschaftsküche kam ein kleiner Schatten auf uns zu. ›Schwester Gu!‹ Sie blieb stehen. Ich schimpfte: ›Was haben Sie so lange gemacht? Haben Sie keine Angst vor den Wölfen? Man hätte uns verantwortlich gemacht, wenn Ihnen etwas passiert wäre!‹ Sie sagte kein Wort.

Wir gingen zusammen zur Höhle zurück, dann fragten wir sie: ›Haben Sie das Grab von Lao Dong gefunden?‹ Sie schwieg weiter. ›Sie werden es nicht finden. Überall sind Gräber verstreut, und es gibt keine Grabsteine. Wie wollen Sie es finden? Hier, essen Sie die beiden Dampfbrötchen und schlafen Sie dann. Morgen früh fahren Sie zurück. Quälen Sie uns nicht weiter.‹

Ich legte die zwei Dampfbrötchen auf den Koffer, die ich eigens für sie zum Abendessen besorgt hatte. Weil ich fürchtete, daß jemand sie stehlen könnte, während wir nach ihr suchten, hatte ich sie in meine Tasche gesteckt. Aber sie aß wieder nichts, trank nur eine Tasse kaltes Wasser und legte sich dann hin. Sie schien müde, völlig erschöpft.

In der Morgendämmerung des vierten Tages holte ich, wie die Tage zuvor, für sie Essen und redete auf sie ein: ›Essen Sie endlich. Wenn Sie fertig sind, fahren Sie nach Hause. Quälen Sie sich nicht weiter.‹

Aber sie sagte nur: ›Xiao Li, geben Sie mir bitte eine Schaufel.‹

Ich war überrascht. ›Wozu brauchen Sie denn eine Schaufel?‹

Sie sagte leise und mit heiserer Stimme: ›Gestern, als ich dort war, habe ich auf einigen Gräbern Ziegelsteine gesehen, mit den Namen der Toten darauf. Auf anderen war aber nichts dergleichen. Ich habe versucht, mit den Händen zwei Grabhügel aufzugraben. Sie sind nicht sehr tief, nur einen halben Meter. Heute will ich eine Schaufel mitnehmen und eins nach dem anderen öffnen. Seien Sie unbesorgt, ich habe die Gräber wieder zugeschüttet.‹

Ich war völlig verdutzt: Diese Frau, was wollte sie eigentlich? Ich wischte mir die Augen. ›Schwester Gu, essen Sie. Essen Sie etwas. Nach dem Essen bringe ich Sie zu Lao Dong. Ich bringe Sie hin. Wirklich. Ich betrüge Sie nicht.‹

Da liefen auch ihr wieder die Tränen über das Gesicht. Sie war schon ganz kraftlos. Als wir aus der Höhle traten, strauchelte sie. Aber sie stand wieder auf, nahm sich zusammen und ging schwankend weiter.

An jenem Tag gingen wir nach Norden. Wir waren noch nicht am Ende des Grabens angekommen, da sahen wir schon die Leichen. Die Gräber befanden sich eigentlich in einer Sanddüne außerhalb des Grabens, aber der Beerdigungstrupp brachte die Toten manchmal nur bis zu dieser Stelle und vergrub sie in einem Sandhügel. Weil sie nicht ordentlich eingegraben waren, lagen einige bald schon wieder offen. Verschiedenfarbige Stoffetzen und graue Haare flogen raschelnd im kalten Morgenwind herum.

Ich blinzelte Chao Chongwen zu. Er sollte sie wegführen und so tun, als würden sie Leichen identifizieren. Ich fand sofort Dong Jianyis Leiche und schaufelte Sand darüber. Ich wollte ihn so gut wie möglich bedecken, damit sie nichts sah, was sie nicht aushalten würde. Ich hatte kaum seine Beine bedeckt, da mußte ich innehalten, um Luft zu holen. Ich war zu schwach, um weiterzumachen. Genau in diesem Augenblick kam sie aber auf mich zu. ›Haben Sie ihn gefunden?‹ Ich tat so, als wäre ich gerade dabei, den Sand wegzuschaufeln. ›Kommen Sie her. Sehen Sie selbst, ob er es ist. Er sieht aus wie Lao Dong.‹

Ehrlich gesagt, hatte ich Angst, sie würde ihn nicht erkennen. Wie attraktiv war Dong Jianyi früher gewesen! Mitte dreißig, stattliche Figur, grauer Anzug. Und jetzt lag er splitternackt auf der Erde, sein Körper sah aus wie ein Baum ohne Rinde, völlig ausgetrocknet. Er war ganz dürr, seine Haut war schon schwarz und hing an seinem Skelett wie Pergament. Er war erst acht oder neun Tage tot, aber sah aus wie eine Mumie, die aus einem uralten Grab geholt worden war. An seinem Hintern fehlte das Fleisch, und Knochen waren sichtbar. Ich hatte fast drei Jahre mit ihm zusammengelebt und mit angesehen, wie er von einem stattlichen Mann zu einem wandelnden Leichnam wurde. Sonst hätte ich ihn wohl nicht identifizieren können.

Sie sah ihn nur kurz an und fiel dann mit einem dumpfen Schrei auf die Knie. Sie stöhnte auf und warf sich auf die Mumie. Mir wurde ganz bange ums Herz. Sie lag ganz still und bewegungslos. Ein paar Minuten lang. Ich bekam plötzlich Angst, daß sie erstickt sein könnte, aber Chao Chongwen reagierte noch schneller als ich. Er stieß mich an. ›Hei, was ist mit ihr? Sie ist doch nicht tot? Los, schnell, wir ziehen sie weg!‹ Wir machten einen Schritt nach vorn und wollten sie fortziehen. Aber aus ihrer Kehle drang ein komisches Stöhnen.

Als sie sich etwas gefangen hatte, rüttelte sie unter Aufbietung aller Kräfte an dem Leichnam. Sie blickte zum Himmel und schrie schrill seinen Namen: ›Dong – Jian – Yi.‹ Sie rief immer wieder seinen Namen. ›Yi – yi – yi‹, hallte es im Graben wider. Chao Chongwen und ich standen daneben und warteten geduldig, daß sie sich etwas beruhigte.

Doch nach einer halben Stunde weinte sie immer noch, und

wir wurden ungeduldig. ›Schwester Gu, hören Sie auf. Wir müssen zurück.‹

Wir zogen sie weg, aber sie wollte den Leichnam nicht loslassen. Es schien, als ob sie siamesische Zwillinge seien, die man nicht trennen konnte. Wir mußten sie mit Gewalt auseinanderbringen.

Ich zog sie barsch zurück. ›In Ordnung, es ist gut. Das ist ungesund, ihn so zu umklammern. Gehen Sie! Ich grabe ihn wieder ein.‹

Aber sie rief plötzlich: ›Das gestatte ich nicht!‹

›Wie bitte? Soll er so liegenbleiben?‹

›Ich nehme ihn mit, mit nach Shanghai!‹

›Wie wollen Sie ihn mitnehmen? Huckepack im Zug?‹ fragte ich mit einem bitteren Lächeln.

›Ich werde ihn einäschern und dann die Asche mit nach Hause nehmen.‹

Ich war überrascht. Das war keine dumme Idee, aber leider unmöglich, da es kein Feuerholz gab. Um Mingshui fand sich nur welkes Gras. Damit konnte man keine Leiche einäschern.

›Gibt es in der Nähe Dörfer?‹ fragte sie mich.

›Die Volkskommune Mingshui liegt etwa acht Kilometer in nordöstlicher Richtung.‹

Sie bat mich, sie dort hinzubringen, damit sie von den Bauern Feuerholz kaufen könne. Es war ihr egal, wieviel es kostete. So dickköpfig, wie sie war, blieb mir nichts anderes übrig, als mich mit ihr auf meinen geschwollenen Füßen dorthin zu schleppen.

Wir liefen zwei Stunden und kauften bei einem Bauern ein Bündel Feuerholz. Sie fragte den Bauern, ob er ihr gegen Bezahlung helfen würde, jemanden einzuäschern. Er lehnte ab, so etwas Unglückbringendes zu tun, aber er schickte uns zwei Alte, die dazu bereit waren. Als wir uns über den Preis einig waren, mieteten wir einen Ochsenkarren. Wir packten das Feuerholz darauf und fuhren zurück. In der Ein- und Verkaufsgenossenschaft besorgten wir Petroleum. ›Leichen brennen schlecht. Deshalb sollten wir Brennstoff zur Hand haben‹, hatten die Bauern empfohlen.

Als wir beim Graben ankamen, schichteten die beiden das Feuerholz auf und legten dann den Leichnam darauf. Sie gossen das Petroleum darüber und zündeten den Haufen an. Das Feuer war stark, das Feuerholz verbrannte schnell, und der Leichnam sackte nach unten. Wir erschraken, als er sich in den Flammen plötzlich aufsetzte. Nachdem alles Holz verbrannt war, gossen wir noch Petroleum ins Feuer, aber das war auch bald aufgebraucht. In der Asche blieb ein Haufen Knochen übrig. Sie waren lang und sahen aus wie verkohlte Holzstöcke.

Ich sagte zu ihr: ›Mehr können wir nicht machen. Sammeln Sie die kleinen Knochensplitter ein und nehmen Sie sie mit nach Hause.‹

›Nein, ich will alles mitnehmen.‹

Sie nahm ihr grünes Seidentuch ab und wollte die Knochen einwickeln, aber das Tuch war zu dünn und durchsichtig. Man konnte sofort die Knochen erkennen.

›Nehmen Sie doch nur die kleinen Knochen mit, die großen sind schlecht zu transportieren. Es ist auch wirklich nicht notwendig. Im Krematorium gibt man Ihnen doch auch nicht die ganze Asche in der Urne mit. Warum müssen Sie alles mitnehmen? Außerdem wird es der Schaffner im Zug sehen.‹

Sie hörte gar nicht zu. ›Ich werde alles in den Pullover einwickeln.‹

Sie nahm die Knochen mit zurück zur Höhle, holte den

Pullover aus ihrer Tasche und wickelte alles darin ein. Aber es war eigentlich kein Pullover, sondern nur ein Pullunder. Egal, wie sie ihn hielt, er war zu klein, und die Knochen ragten heraus. Da nahm ich aus meinem Koffer eine Militärdekke. ›Die habe ich aus dem Koreakrieg mitgebracht, es ist eine amerikanische Militärdecke.‹ Ich schüttelte sie aus und zeigte ihr das Schild ›Made in USA‹. ›Ich habe sie schon seit acht oder neun Jahren. Ich kann es nicht übers Herz bringen, sie zu benutzen.‹ Nachdem ich ins Arbeitslager gekommen war, hatte ich mich von Kleidung und anderen Dingen getrennt und sie für Essen eingetauscht. Die Decke hatte ich aufgehoben. Ich brachte es nicht fertig, sie einzutauschen. Sie war für mich das Symbol einer glorreichen historischen Epoche.

Sie nahm die Decke entgegen. ›Ich werde sie Ihnen gewaschen zurückschicken, weil Sie Ihnen so wichtig ist.‹

›Das brauchen Sie nicht. Wenn Sie sie schicken, bekomme ich sie vielleicht nicht. Wer weiß, ob ich so lange lebe.‹ Lachend fügte ich hinzu. ›Keine Sorge. Behalten Sie sie einfach bei sich. Wenn ich lebend aus Mingshui herauskomme, werde ich sie mir irgendwann bei Ihnen in Shanghai abholen.‹

›In Ordnung. Ich gebe Ihnen meine Adresse.‹

Wir lachten beide gequält, und sie schrieb ihre Adresse in mein Notizbuch, das auf dem Koffer lag.

Es war schon Abend geworden, so blieb sie auch diese Nacht noch einmal in unserer Höhle. Am nächsten Morgen begleitete ich sie aus dem Graben, ich zeigte auf den kleinen Bahnhof Mingshuihe im Süden der Wüste Gobi. ›Steigen Sie dort in den Zug. Es ist viel näher als Gaotai.‹

Ich stand noch lange in der Wüste und sah ihr nach. Ich hatte ihr die Decke zu einem Rucksack zusammengebunden. Es waren so viele Knochen, deshalb war er sehr groß. Sie war schmal und der Rucksack so ausladend, daß er ihre Schultern überdeckte. Das grüne Seidentuch hatte sie wieder um den Kopf gebunden. Es war früher Morgen, Ende November. Ein eisiger Wind wehte über die Wüste hinweg. Die Zipfel ihres Tuches tanzten hin und her.

Ich hatte ihr gesagt, daß sie mir die Decke nicht schicken solle. Wenn ich Mingshui lebend verlassen sollte, würde ich nach Shanghai fahren und sie bei ihr abholen, falls ich die Gelegenheit hätte. Sie hat mir ja sogar ihre Adresse gegeben. Aber wann sollte ich je Gelegenheit haben, nach Shanghai zu fahren? Schau mich an, wie ich aussehe: ein Schafhirte. Aber vielleicht bin ich ja auch irgendwann ein freier Mann. Wenn ich wirklich nach Shanghai fahren sollte, dann nicht, um die Decke zu holen, wieviel ist die schon wert. Diese Frau hat bei mir so einen tiefen Eindruck hinterlassen, daß ich sie unbedingt wiedersehen will. Aber ich kann sie unmöglich aufsuchen. Im Dezember 1960 waren die Rechtsabweichler in Jiabiangou an der Schwelle zwischen Leben und Tod. Um uns aufzuwärmen, verbrannten wir unsere Bücher und Notizbücher. Mein Notizbuch wurde auch von jemandem ins Feuer geworfen.

Ich habe drei Jahre lang mit Li Wenhan Schafe gehütet. Dann ging ich als Arbeiter-Bauern-Soldaten-Student zum Studium an die Pädagogische Hochschule des Nordwestens. Nach dem Abschluß blieb ich als Lehrer an einer Mittelschule in Lanzhou. Ich habe ihn vorerst nicht wiedergesehen. Später hörte ich von den jungen Intellektuellen, die in die Stadt zurückkehrten, er sei rehabilitiert worden und in das Amt für Reform durch Arbeit der Provinz Gansu zurückgekehrt. Niemand wußte aber genau, in welche Abteilung.

Aber was kann nicht alles passieren! Eines Tages im Jahr 1996 besuchte ich einen meiner Kollegen aus Mittelschulzeiten. Ich war gerade am Tor der Mittelschule Nummer 2 in Lanzhou, da hörte ich jemanden meinen Namen rufen. Ich drehte mich um und war verdutzt: Wenn das nicht Li Wenhan war! Er war ein wenig kahl geworden. Oben war sein Kopf jetzt völlig glatt, hinten war das Haar weiß. Aber sonst hatte er sich nicht verändert: groß, ein dunkles, offenes Gesicht. Ich schüttelte ihm herzlich die Hand und fragte ihn, warum er hier sei.

›Ich wohne hier.‹

Er zeigte auf das Wohnhaus seiner Arbeitsstelle direkt neben der Schule. Er lud mich zu sich ein. Wir haben uns unterhalten und dabei eine ganze Flasche Schnaps geleert. Er sagte mir, daß er nach seiner Rehabilitierung mehr als zehn Jahre Leiter der Produktionsabteilung im Landwirtschaftsbetrieb Wudaping gewesen sei, danach sei er in den Ruhestand getreten. Seine ganze Familie war nach Lanzhou gezogen. Während wir uns unterhielten, brachte er das Gespräch plötzlich auf etwas anderes: ›Erinnerst du dich noch an die Frau aus Shanghai, von der ich dir erzählt habe?‹

›Ja.‹

›Ich hatte tatsächlich die Gelegenheit, nach Shanghai zu fahren. Ich habe sie gefunden.‹

›Wirklich?‹

›Erinnerst du dich noch daran, was ich dir erzählt habe? 1957 wurde ich zum Rechtsabweichler, weil ich einen Artikel geschrieben hatte. In den Jahren nach der Rehabilitierung juckte es mich in den Fingern, und ich veröffentlichte ein paar Artikel über die Arbeit im Umerziehungslager. Diesmal wurde ich nicht zum Rechtsabweichler erklärt, ein Artikel wurde sogar vom Justizministerium prämiert. Die Preisverleihung war in Shanghai.‹

Den letzten Tag in Shanghai hatten wir zu unserer freien Verfügung. Ich ging zum Einkaufen in die belebte Huaihai-Straße. In meinen Augen ist sie genauso schön wie die Nanjing-Straße: ein Geschäft ganz dicht neben dem anderen, überall Touristen, ein Riesengewühl. Ich wollte für meine Frau, die auch viel durchgemacht hatte, etwas zum Anziehen kaufen. Sie hatte mehrere Jahrzehnte in Wudaping gearbeitet und allein zwei Kinder großgezogen und deshalb noch nie etwas Modisches getragen. Ich ging in mehrere Geschäfte, aber nirgends fand ich etwas Passendes. Das Modische war zu modern, und das Unmodische gefiel mir einfach nicht.

Ich bummelte weiter durch die Läden. Auf einem Ladenschild laß ich die vergoldeten Zeichen: Elisabeth – eine Traditionsmarke für westliche Kleidung. Das Geschäft sah nicht besonders prachtvoll aus, aber elegant und geschmackvoll. Mein Herz begann zu rasen, der Name kam mir bekannt vor. Ich blieb stehen und überlegte. Es fiel mir tatsächlich ein: Vor gut dreißig Jahren hatte mir im Graben von Mingshui eine Frau aus Shanghai, die ihren Mann besuchen wollte, erzählt, daß ihre Familie vor der Kollektivierung ein Geschäft für westliche Kleidung besaß, der Name war Elisabeth. Sie hatte mir auch erzählt, daß ihre Familie in einem kleinen Haus hinter dem Laden wohnte. Die Frau hatte die sterblichen Überreste ihres Mannes in meine Decke gewickelt und mit zurück nach Shanghai genommen.

Ich war plötzlich ganz aufgeregt. Ich ging in das Geschäft. Natürlich dachte ich überhaupt nicht daran, die Decke zurückzubekommen. Ich meinte, da ich nun einmal am Eingang war, konnte ich hineingehen und nach ihr fragen. Wenn sie da wäre, könnten wir etwas trinken und über alte Zeiten reden. War das nicht eine gute Idee?

Das Geschäft war nicht groß, aber es lief gut. Es war voll mit Kundschaft. Ich überlegte einen Moment und ging dann auf einen Angestellten mittleren Alters zu, er sah aus wie Mitte dreißig, noch nicht vierzig. Ich wartete geduldig, bis er die Kunden bedient hatte. ›Entschuldigen Sie, hieß der frühere Besitzer dieses Geschäftes vielleicht Gu?‹

Er schaute befremdet drein. ›Was für ein Besitzer? Wir sind ein staatliches Geschäft und kein privates.‹

›Ich meine früher, in den fünfziger Jahren, gleich nach der Befreiung. Hieß da nicht der Besitzer Gu?‹

Er war verdutzt. ›Warum fragen Sie das? Wie soll ich wissen, was vor der Kollektivierung war?‹

Ich fragte, ob es ältere Angestellte gäbe, die etwas über die Geschichte des Geschäfts wüßten. Er überlegte einen Moment. ›Gehen Sie nach oben, fragen Sie den Buchhalter, der weiß vielleicht ein bißchen mehr.‹

Ich ging durch den Korridor nach oben und fand in einem kleinen Zimmer einen Mann in den Siebzigern. Als er begriffen hatte, warum ich gekommen war, sagte er mir, daß der Besitzer nicht Gu, sondern Zhu hieß. ›Warum hieß er nicht Gu? Die Tochter des Besitzers hat mir erzählt, daß das Geschäft ihrer Familie Elisabeth heißt. Kann es in Shanghai noch ein anderes Geschäft mit diesem Namen geben?‹

›Nein‹, sagte er bestimmt. ›Ich habe mein Leben lang in Konfektionsgeschäften gearbeitet, ob privat oder staatlich. Ich kenne alle Traditionsgeschäfte in Shanghai.‹ Er sprach voller Überzeugung.

›Dann trügt mich wohl die Erinnerung. Eine Frage noch. Ist hinter dem Geschäft ein kleines Haus in westlichem Baustil? Die Frau hat mir erzählt, daß sie mit ihrer Familie in einem kleinen zweistöckigen Haus hinter dem Geschäft wohnt.‹

Er schüttelte den Kopf. ›Nein. Hinter dem Geschäft gab es noch nie ein Haus.‹

›Sind Sie sicher? Vielleicht wurde es abgerissen?‹

›Ich habe doch gesagt, daß da kein Haus war. Ich arbeite seit über zwanzig Jahren hier. Dahinten gibt es nur große Gebäude, die wurden vor der Befreiung gebaut, keins mit zwei Etagen ...‹ Er hielt plötzlich inne und schüttelte den Kopf. Sein Ton änderte sich. ›Sprechen Sie vielleicht vom Geschäft Viktoria in der Nanjing-Straße? Der Besitzer dort hieß Gu. Nach der Kollektivierung wurde es dann von jemand anderem geführt.‹

›Wirklich? Der Besitzer hieß Gu? Sind Sie sicher?‹

›Ja, ich erinnere mich genau.‹

Aber ich konnte das noch nicht glauben. ›Aber ich meine

mich zu erinnern, daß das Geschäft den Namen Elisabeth hatte.‹

›Nein, es heißt Viktoria. Sie irren sich‹, sagte er nachdrücklich. ›Hinter dem Geschäft steht ein kleines westliches Haus. Es steht heute noch da.‹

Zögerlich sagte ich: ›Wie kann das sein? Sie hat mir doch selbst gesagt, daß das Geschäft ihrer Familie Elisabeth heißt, so wie die britische Königin.‹

›Nein, nein, was ich sage, ist richtig. Wenn Sie jemanden mit dem Namen Gu suchen, dann müssen Sie zu Viktoria gehen. Sie haben es durcheinandergebracht. Viktoria, Elisabeth, beides sind die Namen britischer Königinnen. Mit der Zeit gerät die Erinnerung durcheinander.‹

Er hatte mich überzeugt, und ich gestand ein, daß mein Gedächtnis mir einen Streich gespielt hatte. Er begleitete mich nach draußen und zeigte mir, wie ich zu dem anderen Geschäft kam. Ich bedankte mich.

Doch nachdem ich mich eine Weile von der Menschenmenge hatte tragen lassen, beschloß ich, Frau Gu nicht aufzusuchen. Es war viel zu umständlich. Was, wenn Familie Gu nicht mehr dort wohnte? Und wenn sie noch dort wäre, aber Frau Gu weggezogen war oder gar nicht mehr lebte? Wäre das nicht eine Enttäuschung für mich gewesen?«

Abschied von Jiabiangou

Es war an einem Herbstmorgen im Jahr 1960. Mehrere hundert Rechtsabweichler im Lagerteil Xintiantun, der zum Landwirtschaftsbetrieb Jiabiangou gehörte, standen um vier Uhr auf und machten sich bereit für die Abreise nach Mingshui. Im Westen des Gansu-Korridors war es um diese Uhrzeit noch tiefe Nacht. Mitte August zeigte sich in dieser Einöde erst um acht Uhr die Sonne am Horizont.

Vor mehr als zehn Tagen war in Jiabiangou eine Anordnung von höherer Stelle eingtroffen: Alle, die zur Umerziehung hergebracht worden waren, sollten nach Mingshui in den Kreis Gaotai verlegt werden. Das für die Umerziehungslager zuständige Provinzbüro hatte angeordnet, dort unverzüglich eine über 3000 Hektar große Getreideproduktionsbasis zu errichten. Dazu wurden natürlich viele Arbeitskräfte benötigt.

Zwei Gruppen aus Xintiantun, insgesamt drei- bis vierhundert Personen, waren bereits aufgebrochen. An jenem Tag sollte nun die letzte Gruppe abreisen, noch einmal vier- bis fünfhundert Insassen. Am Abend zuvor war die Mitteilung eingegangen, daß am Morgen Lastwagen das Gepäck abholen sollten. Deshalb standen alle Rechtsabweichler sofort mit Ertönen des Wecksignals auf, verschnürten ihre Sachen, nahmen rasch etwas zu essen und warteten auf die Abreise.

Da sie einen weiten Weg vor sich hatten, gab es an jenem Tag etwas Besonderes zum Frühstück: Hirsesuppe, ganz ohne Rationierung! Jeder konnte soviel haben, wie er wollte. Das freute die Rechtsabweichler ungemein. Als sie mit ihren Schalen zur Unterkunft zurückkamen, warteten sie nicht einmal ab, bis die Suppe abgekühlt war, und es kümmerte sie auch nicht, daß sie sich den Mund verbrannten. Sie schlürften die Suppe hastig hinunter, aus Angst, sie könnten keine zweite Portion mehr abbekommen. Manche waren schlau: Sie füllten die Suppe in ihre Waschschüssel um und stürzten zurück zur Kantine, um Nachschlag zu holen. Auf dem Weg dorthin wimmelte es nur so von hastig hin- und hereilenden Menschen.

Die Körper der Insassen waren völlig ausgezehrt. Sie krochen normalerweise auf den Knien ganz langsam zur Kantine. Doch jetzt, nur um noch eine zusätzliche Portion zu bekommen, nahmen sie all ihre Kraft zusammen und bewegten ihre Beine im Eiltempo. Die Schuhe, die sie um ihre Knie gebunden hatten, um die Schmerzen zu lindern, machten dabei ein schlürfendes Geräusch. Sie sahen aus wie Pinguine auf der Flucht vor Seelöwen, hastig ihre kleinen Körper und Beine schwenkend.

Auch Wang Yongxing aus der Gemüsebrigade hatte sich eine Schale Hirsesuppe geholt. Er war schon seit langem krank. In letzter Zeit war sein Bauch stark angeschwollen, und er war nicht mehr in der Lage, auf dem Feld zu arbeiten. An jenem Tag saß er wie immer mit seiner Schüssel auf einer Erderhöhung, die Beine übereinandergeschlagen. Löffel für Löffel aß er langsam die Suppe. Jemand sagte zu ihm: »Heute können wir soviel essen, wie wir wollen.«

»Das kann doch gar nicht sein!« entgegnete Wang ungläubig, dann kaute er gemächlich weiter.

Aber als er sah, daß jemand sich tatsächlich eine zweite Portion geholt hatte, geriet auch er in Bewegung. Schnell öffnete er das bereits verschnürte Gepäck und nahm eine große Tasse heraus. Hastig lief er damit zur Kantine. Er fürchtete, es sei schon zu spät, und er würde nichts mehr abbekommen. »Gibt es noch etwas?«

»Ja, mehr als genug.«

Also erhielt er tatsächlich eine zweite Portion. Er ließ die Suppe abkühlen und widmete sich der ersten Portion. Während er langsam löffelte, eilten immer wieder Rechtsabweichler an ihm vorbei zur Kantine. »Holt ihr euch noch eine dritte und vierte Portion? Schafft ihr das wirklich? Was macht ihr, wenn wir aufbrechen? Balanciert ihr dann die Schalen in euren Händen?«

Wang Yongxing war ein pragmatischer Mensch, immer sehr sorgfältig und nie vorlaut oder ungehobelt. Er fand es absurd, wie sich die anderen gierig auf den Nachschlag stürzten. »In euren Mägen ist nicht endlos Platz. Paßt auf, daß euch nicht vor Gier die Bäuche platzen.« Aber einer, der sich schon zum vierten Mal etwas holte, hatte eine einfache Lösung. Nachdem er zwei Schalen Suppe gegessen hatte, breitete er ein Handtuch auf dem Boden aus und goß die restliche Suppe hinein. Das Handtuch diente als Filter: Die klare Suppe sikkerte in den Boden, und die Hirsekörner sammelten sich im Handtuch. Er blickte zu Wang Yongxing. »Na, habe ich nicht eine gute Lösung gefunden?« Da war Wang Yongxing untröstlich, und er bereute, daß ihm nicht auch diese gute Idee gekommen war. Aber nun war es zu spät, er hatte jemanden sagen hören, es gebe nun nichts mehr.

Nach dem Essen brachten die Rechtsabweichler ihr Gepäck in den Hof. Dann sammelten sie sich und brachen geordnet auf.

Wang war nicht dabei. Er blieb mit den anderen Kranken zurück. Sie warteten, bis ihr Gepäck abgeholt wurde, und fuhren dann mit dem Lastwagen hinterher.

Um acht Uhr trafen die sechs Fahrzeuge, die das für Arbeitslager zuständige Amt in Jiuquan abgestellt hatte, in Xintiantun ein. Das Gepäck wurde aufgeladen, die Kranken und die Rechtsabweichler, die für die Ladung zuständig waren, stiegen auf. Die Wagen fuhren zwischen den Feldern entlang. Als sie ein Dorf der Kommune Yanghong durchquerten, schlossen sie zu den anderen auf, die vor ihnen aufgebrochen waren. Bis zum Bahnhof Jiuquan waren es von Xintiantun etwa vierzig Kilometer. Nach gut zehn Kilometern war die Gruppe bereits auseinandergerissen und erstreckte sich über eine Länge von zwei Kilometern.

Als die Lastwagen die verstreute Gruppe überholten, wirbelten sie eine Staubwolke auf. Wang Yongxing hörte die anderen schimpfen: »Die Mistkerle haben es vielleicht gut erwischt. Die arbeiten normalerweise nicht und werden jetzt auch noch chauffiert.«

Wang Yongxing war zu Beginn des letzten Winters krank geworden. Um genau zu sein, Ende Oktober, gerade als es eine entscheidende Wende bei der Winterbewässerung gab. Der Kanal, der aus dem Stausee Huayuan nach Jiabiangou führte, war beschädigt. Die Lagerleitung ordnete an, daß Xintiantun fünfzig bis sechzig Rechtsabweichler zur Reparatur abstellen sollte. Für die Arbeit im Freien zur Winterzeit mußten kräftige Arbeiter ausgewählt werden. Im Jahr 1959 war die Getreideration der Rechtsabweichler auf 15 Kilogramm pro Monat gekürzt worden. Die Mitglieder der Bau- und Landwirtschaftsbrigade waren vor Hunger und durch die schwere Arbeit körperlich schon völlig erschöpft. Sie konnten nur ein paar Leute stellen. Die Gemüsebrigade mußte dreißig Personen freigeben. Deren vorherige Arbeit war ein bißchen leichter, und sie waren auch etwas kräftiger, weil sie ihren Hunger zusätzlich mit Tomaten und Kürbissen stillen konnten.

Die Reparaturarbeit fand mitten in der Einöde statt, in der Nähe der zehn Kilometer entfernten Kommune Yinde im Westen von Jiabiangou. Sie waren in den Strohhütten von zwei Kommunefamilien untergebracht. Dort war so viel Stroh aufgehäuft, daß sie es erst einmal in den Hof räumen mußten, um Platz für ihre Matten zu schaffen. Über dreißig Personen drängten sich in einem Raum, so daß es sehr eng war. Man konnte nur auf der Seite liegen und sich nicht umdrehen. Es hatte überdies Gemüsesuppe gegeben, weshalb viele in der Nacht häufig austreten und vorsichtig über die anderen hinwegklettern mußten. Die ganze Nacht über waren Schreie und Flüche zu hören, so daß niemand richtig schlafen konnte. Ein über zwanzig Meter langer Abschnitt des Kanals war in die Brüche gegangen. Er lag genau in einer Senke. Nicht nur die Sperrmauer, auch der Kanalboden war weggespült worden. Zu beiden Seiten war das Wasser übergetreten und dazu noch gefroren. Für die Reparatur mußte Erde aus vielen Metern Entfernung herangeschafft werden. Das war allerdings leichter gesagt als getan. Im Westen des Gansu-Korridors war es Ende Oktober schon sehr kalt, der Boden war gefroren. Nur um ein faustgroßes Stück Erde auszuheben, mußten die Rechtsabweichler mehr als zehn Mal die Hacke schwingen. Die Hände wurden steif, die Beine weich. Nach einer halben Stunde hatten sie nicht einmal einen Korb voll Erde ausgehoben. Von Effizienz konnte da keine Rede sein. Die Lagerinsassen hatten überall Ödeme, und ihnen fehlte die Kraft. Deshalb ging die Arbeit nur sehr langsam voran. Einfach einmal eine Pause einzulegen war nicht möglich. Wenn die Wachen das sahen, gab es eine Zurechtweisung. Konnten die Rechtsabweichler wirklich nicht mehr, gaben sie vor, austreten zu müssen. Nur Wasserlassen funktionierte als Ausrede nicht. Die Wachen würden etwas sagen wie: »Zum

Pinkeln einen Platz suchen? Hast du Angst, daß jemand etwas sieht? Bis du ein Mädchen?«

Als Wang Yongxing am dritten Tag der Reparaturarbeiten zusammen mit einem anderen Rechtsabweichler Erde transportierte, war er am Mittag völlig am Ende. Kalter Schweiß bedeckte seinen gesamten Körper, und seine Beine zitterten. An jenem Tag war es äußerst kalt. Nicht einmal Sonne und Mond waren über den weiten Feldern zu sehen, denn über der Landschaft hing ein Nebel aus winzigen Eiskristallen. In Bart und Augenbrauen hatten sich schon Eisklümpchen gebildet. Die Luft war so kalt, daß das Atmen schwerfiel. Wang Yongxing sagte dem Gruppenleiter, daß er austreten müsse, und ging in eine kleine Senke, wo er von niemandem gesehen wurde. Er ließ seine Hose herunter, hockte sich hin und ruhte sich einen Moment aus. Sich mit angezogener Hose hinzuhocken war nicht möglich, denn die Wachen waren hinter die Taktik der Rechtsabweichler gekommen. Wenn jemand sein Bedürfnis verrichten mußte, beobachteten sie ihn genau, und wenn es zu lange dauerte, liefen sie hinterher. Merkten sie, daß alles nur vorgetäuscht war, dann hatte das schlimme Folgen: Ermahnungen und Beschimpfungen und den Abzug einer Essensration.

Nach ein paar Minuten dachte Wang Yongxing, es sei Zeit, zurückzugehen. Er wollte aufstehen, aber es ging nicht. Zuerst verstand er gar nicht, was passiert war. Er dachte, seine Beine seien vom Hocken taub und würden sich einfach nicht gebrauchen lassen. Er versuchte mit aller Kraft hochzukommen, aber nichts tat sich, seine Beine hörten einfach nicht auf die Anweisungen des Gehirns. Er beugte sich nach vorn und stützte sich mit den Händen auf dem Boden ab. Schließlich schaffte er es irgendwie aufzustehen, aber die Hose konnte er nicht hochziehen. Je hungriger man ist, desto mehr friert man. Je mehr man friert, desto mehr zieht man an. Wang Yongxing trug eine lange Unterhose und darüber Arbeitskleidung, eine gefütterte blaue Hose. Er hatte das Gefühl, seine Kleidung sei zentnerschwer, selbst mit beiden Händen gelang es ihm nicht, sie hochzuziehen. Er strengte sich so sehr an, daß ihm schwindlig und ganz schwarz vor Augen wurde. Sein Atem ging schwer. Er zog nur den vorderen Teil der Hose ein wenig höher, sein Gesäß blieb aber weiter der schneidenden Kälte ausgesetzt. Er stand ganz still da. Mit einem Mal wurde er unruhig. Er hatte begriffen, daß eben der Tod seine Finger nach ihm ausgestreckt hatte, ihn in dieser flachen Grassenke niederstrecken und nicht wieder aufstehen lassen wollte. Er wagte es nicht, sich zu bewegen. Er hatte Angst, daß er hinfallen könne, sobald er sich bewegte. Wang Yongxing wußte nicht, wie lange er dort gestanden hatte, vielleicht zehn Minuten, vielleicht eine halbe Stunde, als der Rechtsabweichler, mit dem er zuvor zusammengearbeitet hatte, ihn suchen kam. Er half Wang die Hose hochzuziehen und den Gürtel zu schließen. Dann rief er jemanden zu Hilfe, und gemeinsam stützten sie Wang. Sie gingen zur Wache und bekamen die Erlaubnis, ihn zur Unterkunft zurückzubringen. Nach ein paar Tagen kam Lao He aus der Gemüsebrigade mit einem Pferdewagen vorbei, und der Lagerbeamte wies ihn an, Wang mit zurück nach Xintiantun zu nehmen.

Wang Yongxing ruhte sich ein paar Tage aus. Er dachte, das Ganze sei deshalb passiert, weil er an Hunger litt, vielleicht aber auch wegen der Kälte und der Erschöpfung. Er war der Leiter der Gemüsebrigade und gab bei der Arbeit immer alles. Das zehrte zu sehr an seinen Kräften. Er war sicher, es würde ihm besser gehen, nachdem er sich ein paar Tage ausgeruht hätte. Er hätte nie gedacht, daß sich die Situation noch verschlimmern und er bald überhaupt nicht mehr in der Lage sein würde, aufzustehen. Anfangs waren nur sein Gesicht und die Unterschenkel aufgeschwemmt. Nach ein paar Tagen im Bett schwoll aber auch sein Bauch an. Seine Hüften wurden plötzlich so füllig, daß er seinen Gürtel nicht mehr zubekam, weil die Löcher nicht ausreichten. Sein ganzer Körper war von einer nie gekannten Mattigkeit durchzogen. Er konnte nicht aufstehen, sich nicht anziehen, nicht einmal die Arme heben. Wenn ihm jemand aus seiner Brigade das Essen brachte und er sich aufsetzte, hatte er in den Händen nicht genug Kraft, das Eßgeschirr zu halten.

Wang Yongxing bekam es mit der Angst zu tun. In den vergangenen anderthalb Jahren hatte es in Jiabiangou schon einige Dutzend Rechtsabweichler erwischt, die schlichtweg nicht mehr aus den Betten kamen. Würde er ihnen etwa nachfolgen? Er bat den Arzt vom Lagerteil Xintiantun, ihn ins Krankenhaus von Jiabiangou zu schicken. Dieser stellte ihm eine Bescheinigung aus, und damit fuhr Wang auf einem Pferdewagen, mit dem normalerweise Mehl transportiert wurde, zur Lagerzentrale.

Das Krankenhaus von Jiabiangou war primitiv. Außer dem Leiter namens Chen waren alle anderen Mitarbeiter Lagerbeamte. Die Ärzte und Krankenschwestern waren Rechtsabweichler, außerdem gab es Hilfspfleger, die von den Brigaden abgestellt worden waren. Dr. Deng kam vom Tianzhu-Krankenhaus, zuvor war er Arzt in einem Ziegelwerk der Stadt Lanzhou gewesen, auch ein Arbeitslager. Als er dort aus unbekannten Gründen nicht länger arbeiten wollte, wurde er in das Kreiskrankenhaus Tianzhu versetzt. Während der Anti-Rechts-Bewegung wurde er schließlich selbst zum Rechtsabweichler abgestempelt und zur Umerziehung nach Jiabiangou geschickt.

Dr. Deng ließ sich von Wang seine Krankheit schildern. Er

hörte ihn ab, tastete den Bauch ab und kniff in Oberschenkel und Wade. »Zieh dich an. Du hast Leberzirrhose.«

Diese Diagnose traf Wang völlig unerwartet. »Dr. Deng, meinen Sie das ernst?«

»Was soll das? Warum sollte ich dich belügen? Sieh dir nur an, wie aufgebläht dein Bauch ist. Das ist eine schwerwiegende Bauchwassersucht.«

»Das kann nicht sein, Dr. Deng. Es ist nur ein Ödem.«

»Quatsch. Bauchwassersucht und ein Ödem sind zwei völlig verschiedene Dinge. Das kann ich schon noch unterscheiden.«

»Bei anderen war es aber auch so, erst sind die Beine geschwollen, dann hat es sich bis zum Bauch ausgebreitet.«

»Wer hat gesagt, daß es bei den anderen auch so war? Zieh dich an, und rede nicht soviel Unsinn.«

Wang zog sich an.

»Du hast die Krankheit noch nicht lange«, fügte Dr. Deng hinzu, »ein halbes Jahr vielleicht. Leberzirrhose ist ein Prozeß. Zuerst ist es eine akute Krankheit, die Leber ist entzündet, aber dagegen kann man nichts tun. Erst dann wird es eine Leberzirrhose. Warum bist du nicht eher hergekommen?«

Wang Yongxings Stimme zitterte. »Woher hätte ich wissen sollen, daß ich eine Leberzirrhose habe? Vor einem halben Jahr, nein, vor einem Jahr fühlte ich mich ganz schwach, ich habe gedacht, es sei Müdigkeit.«

»War dir denn nicht übel? Hattest du Appetit?«

»Ob ich Appetit hatte? Ich wollte zumindest die ganze Zeit unbedingt geschmortes Fleisch essen.«

Nachdem die Leberzirrhose diagnostiziert worden war, wurde Wang ins Krankenhaus eingewiesen. Nach drei Monaten war die Schwellung im Bauch zurückgegangen, und er wurde entlassen. Danach fühlte er sich mal besser und mal schlechter. Ging es ihm gut, verbrachte er seine Zeit in der Gemüsebrigade, verschlechterte sich sein Zustand, ruhte er sich aus oder wurde in die Krankenstation gebracht.

Als nun an jenem Herbsttag im Jahr 1960 die Lastwagen den Bahnhof Jiuquan erreichten, begriff Wang Yongxing, warum am Morgen die Suppe nicht rationiert worden war. Sie warteten auf einer Nebenstrecke in offenen Güterwaggons, die sie nach Gaotai bringen sollten, auf den großen Fußtrupp, der erst mitten in der Nacht vollständig eintreffen sollte.

Am Morgen hatte jeder in der Kantine zur Suppe noch zwei Maisbrötchen zum Abendbrot bekommen, allerdings hatten die meisten ihre schon bis zum Mittag aufgegessen. Im Bahnhof gab es ein Restaurant. Viele Rechtsabweichler baten den Gruppenleiter, beim Lagerbeamten nachzufragen, ob sie dort etwas essen dürften. Aber als er zurückkam, sagte er: »Zhao Laigou hat gesagt, wir sollen einfach im Waggon sitzen bleiben.«

Erst später erfuhren sie, daß man sie nicht ins Restaurant gelassen hatte, weil man befürchtete, sie würden fliehen. Und tatsächlich ergriffen an jenem Tag einige die Gelegenheit und verschwanden. Der Zug fuhr um zwei Uhr in der Nacht vom Bahnhof Jiuquan ab. Für die 130 oder 140 Kilometer benötigte er mehr als zehn Stunden. Die Rechtsabweichler waren in den Güterwaggons zusammengedrängt. Der Zug blieb oft stehen, manchmal hielt er gleich mehrere Stunden.

Als er endlich den Bahnhof Jianquanzi passierte, schrie jemand: »Wir sind da. Wir sind angekommen. Zum Landwirtschaftsbetrieb Mingshui müssen wir hier aussteigen.« Viele Rechtsabweichler standen auf und schoben ihr Gepäck zur Tür. Mit lautem Knall plumpste es aus den Wagen.

Da schrie Zhao Laigou: »Stop! Hört auf! Wer hat gesagt, ihr sollt das Gepäck abladen? Wir müssen in Mingshuihe aussteigen und nicht hier.«

Ein paar der Rechtsabweichler sprangen aus dem Zug, um ihre Habseligkeiten wieder einzuladen. Doch in diesem Augenblick fuhr der Zug wieder an. Hastig sprangen sie auf und ließen sich hineinziehen. Manche von ihnen schrieen in Panik: »Mein Hab und Gut liegt noch da draußen!«

In der Dämmerung hielt der Zug mitten in der Wüste Gobi. Auf den Gleisen standen ein paar Pferdewagen bereit. Das Gepäck kam auf die Wagen, sie selber gingen etwa eine Stunde zu Fuß, bis sie ein weites Grasland erreichten. Dieses war von Nord nach Süd von zwei Gräben durchzogen. Die Rechtsabweichler, die schon zuvor angekommen waren, hatten in die Wände der Gräben Erdlöcher und -höhlen gegraben. Die Lagerbeamten ließen durch die Brigadeleiter Schlafplätze verteilen. Die Rechtsabweichler aus Xintiantun wohnten im westlichen Graben. Da es noch nicht genügend Höhlen gab, schliefen einige der Neuankömmlinge im Freien. Nach einer weiteren Hirsesuppe als Frühstück gruben sie am nächsten Morgen neue Wohnhöhlen in die Erde.

Die Kranken wurden in einer leeren, schummrigen Erdhöhle untergebracht, die in etwa einem Meter Tiefe in den Berghang gegraben war. Die ausgehobene Erde türmte sich etwa einen Meter hoch, darauf lagen ein Holzblock und Dachsparren, die mit Gräsern ausgebessert waren. Darüber hatte man eine dünne Schicht Erde gedrückt. An der einen Seite waren Stufen von einigen Zentimetern Höhe, etwa so lang wie die Höhle selbst. Das war das »Ofenbett«. Abends konnte man durch das Gras hindurch die funkelnden Sterne sehen und das Rascheln des Windes hören. Morgens nach dem Aufstehen war das Bettzeug immer voller Sand.

»Hey, heute ist doch der 1. Oktober, oder?«

Wang Yongxing legte gerade sein Bettzeug zusammen, als Shi Yuhu, der schon fertig angezogen war, ihn ansprach.

»Ja, das stimmt. Heute ist Nationalfeiertag.«

Nachdem er fertig war, setzte sich Wang Yongxing auf das Lager und blickte Shi Yuhu an.

»Lao Wang, kannst du für uns Wasser holen gehen?«

»Wozu brauchst du das denn?«

»Zum Rasieren. Heute ist doch Nationalfeiertag, da kann man doch mal sein Äußeres in Ordnung bringen!«

»Wozu das denn? Willst du etwa eine Rundreise machen?«

Wang bereute seine Worte sofort. In der Höhle fingen einige an zu lachen. Das war zwar gut gemeint, oder zumindest nicht bösartig, aber vielleicht dachte Shi Yuhu nun, er würde ihn verspotten. Shi konnte nämlich schon seit über einem Monat nicht mehr laufen. Er stammte wie Wang Yongxing aus dem Kreis Yongdeng, war dort Lehrer in einer Mittelschule gewesen. Zwei Monate bevor Wang Yongxing nach Jiabiangou gekommen war, hatte Shi bereits in der Baubrigade mit der Umerziehung begonnen. Er hatte Land urbar gemacht, einen Abwasserkanal gegraben und ein halbes Jahr in einer Quarzmine Steine geschlagen. Erst als er körperlich völlig erschöpft war, wurde er in die Landwirtschaftsbrigade Xintiantun zur Feldarbeit versetzt. Inzwischen konnten Shis Beine seinen ausgemergelten Körper nicht mehr tragen. Egal, ob zum Essenholen oder zur Latrine, er kroch immer auf seinen Knien, die er durch Stoffschuhe schützte. Wenn er sich bewegte, sah er aus wie ein Gnom.

Wang Yongxing kannte Shi Yuhu noch aus Yongdeng. In den Ferien hatte die Bildungsabteilung des Kreises regelmäßig für alle Grund- und Mittelschullehrer Kurse zur politischen Bildung organisiert. Shi Yuhu hatte sich dabei selten zu Wort gemeldet, aber wenn er etwas sagte, dann war es immer sehr treffend. Wang bewunderte ihn dafür sehr.

Shi Yuhu hatte Wangs Witz aber keine Beachtung geschenkt. Er wiederholte noch einmal: »Auf das Äußere muß geachtet werden. An einem neuen Ort muß auch ein neuer Wind herrschen. Schau dich an! Du bist noch nicht einmal vierzig, und dein Bart ist schon so lang wie bei einem Fünfzig- oder Sechzigjährigen. So, wie du aussiehst, verdienst du es nicht, weiterhin als Lehrer zu gelten. Du siehst vielmehr aus wie ein verbannter Dieb.«

»Wie ein verbannter Dieb? Ich bin ja auch verbannt! Aber so ein angenehmes Leben wie Lin Chong aus dem Roman *Die Räuber vom Liang-Schan-Moor*, der nach Cangzhou verbannt wurde, führen wir hier nicht.« Wang meinte es nicht ernst, er redete nur so daher.

»Genug jetzt, sonst wird es geschmacklos. War es nicht schon Lehre genug, daß wir uns mit Worten strafbar gemacht haben?« Er nahm sich eine Thermosflasche und ging hinaus.

Wang Yongxing war 1957 in den Sommerferien auf einer Versammlung der Lehrer mit dem Thema »Verbesserung des Arbeitsstils der Partei« als Rechtsabweichler abgestempelt worden. Damals hatte man in den Städten bereits begonnen, gegen das parteifeindliche Verhalten der »bürgerlichen rechten Elemente« vorzugehen. Wang Yongxing wußte, daß er nicht einfach sagen durfte, was er dachte. Aber er konnte die wiederholten Belehrungen und Mobilisierungen durch die Funktionäre nicht mehr ertragen und schrieb deshalb eine Wandzeitung mit dem Titel »Ein Ehebrecher wie Chen Shimei«. Damit kritisierte er den Direktor der Mittelschule Nummer 1 im Kreis Yongdeng. Dieser hatte seine Ehefrau verlassen und eine Schülerin geheiratet. Wang Yongxing dachte, daß Kritik am Privatleben einer Person keinen großen

Schaden anrichten würde. Aber ein paar Tage später hingen etliche Wandzeitungen aus, die besagten, er habe einen Führungskader angegriffen und damit auch die Partei. So kam es, daß Wang Yongxing zum Rechtsabweichler erklärt wurde.

Wang Yongxing trat aus der Erdhöhle hinaus. Am Eingang zögerte er einen Augenblick. Er kannte sich noch nicht gut aus und wußte nicht, wo ein Brunnen zu finden war. Schließlich ging er zur Kantine. Wenn es abgekochtes Wasser gab, würde er das holen, sonst eben kaltes. Langsam ging er zum Grabenzugang.

Als er an der Erdhöhle ankam, in der er am Abend zuvor sein Essen geholt hatte, fragte er einen Koch, der gerade Gemüseblätter schnitt: »Wo bekomme ich abgekochtes Wasser?«

»Wozu brauchst du das?«

»Zum Trinken.«

»Trinken? Du willst abgekochtes Wasser trinken?«

Wang Yongxing war verärgert, trotzdem sagte er freundlich: »Wenn es kein abgekochtes Wasser gibt, dann tut es auch kaltes. Kaltes Wasser kann ich doch holen?«

»Kaltes Wasser gibt es auch nicht. Wenn du was trinken willst, dann such dir einen Brunnen.«

Wang Yongxing wollte sich wirklich nicht mit dem Koch streiten. Dies würde er später nur büßen müssen, wenn er bei ihm Essen holte.

Zum Frühstück hatte es Gemüsebrei mit Erbsenmehl gegeben. Wang Yongxing war es zur Gewohnheit geworden, sich nach dem Essen zwei Stunden hinzulegen. Sein Argument lautete, Getreide sei zu kostbar. Wenn es einmal im Magen sei, müsse man sich ruhig hinlegen, damit es richtig verdaut würde und genügend Nährstoffe aufgenommen werden könnten.

Im Sommer 1960 fand im Landwirtschaftsbetrieb Jianquanzi eine große Versammlung statt. Auf Anordnung des Amtes für Umerziehungslager in Jiuquan nahmen die Leiter all dieser Einrichtungen und die Verantwortlichen der Produktionsbrigaden daran teil. Es ging dabei um die Umsetzung der Anordnung der Provinzregierung zur unverzüglichen Einrichtung des größten Getreideanbaugebietes in der Provinz Gansu. Konkrete Maßnahmen für den Landwirtschaftsbetrieb Mingshui wurden diskutiert. Als die Vorbereitungen abgeschlossen waren, war es schon Herbst geworden. Die Führungskader drängten die Versammlungsteilnehmer zur Rückkehr in ihre Arbeitseinheiten, um die vereinbarte Zahl an Lagerinsassen nach Mingshui zu verlegen, denn die Versammlung hatte beschlossen, daß der neue Großbetrieb so schnell wie möglich die Arbeit aufnehmen sollte. Im Herbst und Winter sollten Kanäle gegraben und Land urbar gemacht werden, damit im nächsten Frühling schon die Aussaat beginnen konnte. Außerdem hatte die Versammlung noch festgelegt, in Jiabiangou nur drei- oder vierhundert Insassen zum Schutz der Baracken zurückzulassen. Alle anderen sollten ebenfalls nach Mingshui verlegt werden. Die übrigen Umerziehungslager schoben jedoch die Umsetzung der Beschlüsse hinaus, denn die Verantwortlichen dort fragten sich, wie man in Mingshui überhaupt leben sollte. Der Winter stand bevor, es gab keine Unterkünfte, keinen Brunnen, keine Kohle, und auch die Essensrationen waren schon sehr knapp. Einzig die Lagerleitung von Jiabiangou setzte die Vorgaben schnell und entschlossen um. Bis auf die Kranken und zwei Landwirtschaftsbrigaden wurden alle Insassen nach Mingshui verlegt.

Wang Yongxing lag zusammen mit mehr als dreißig Kranken in einer Erdhöhle. Es wurde jeden Tag kälter. Die Höhle hatte keine Tür, deshalb hängt sie die Decke eines Verstorbenen an den Eingang, um Wind und Kälte notdürftig abzuhalten. Wenn es sonnig war, setzten oder legten sie sich vor die Höhle auf eine Bodenerhebung in die Sonne. An die Kälte hatten sie sich schon langsam gewöhnt, denn seit sie nach Jiabiangou gekommen waren, hatten sie in ihren Unterkünften keine Feuerstellen oder Öfen mehr gehabt.

Mitte Oktober verkündete die Lagerleitung jedoch unerwartet, daß ab dem nächsten Tag die Getreideration auf fünfzehn Pfund pro Monat reduziert würde. Die Rechtsabweichler waren zu Tode erschrocken. Anfangs waren ihnen dreißig Pfund zugeteilt worden, und trotzdem verhungerten noch viele. Nach der Sommerernte wurde die Ration auf 24 Pfund gesenkt. Jeden Tag gab es seither Tote in Xintiantun. Und jetzt waren es sogar nur noch fünfzehn Pfund. Wie sollte man da noch überleben? Aber sie konnten nichts dagegen tun. Sie waren verurteilte Rechtsabweichler. Niemand traute sich zu sagen, daß sie nicht satt werden würden, denn niemand wollte sich eine zusätzliche Strafe einhandeln. Es blieb ihnen nichts weiter übrig, als sich auf ihren müden Beinen zum Kanalbau zu schleppen. Dort standen oder saßen sie, oder sie lagen am Feldrand, denn wirklich arbeiten konnte niemand mehr. Die Lagerbeamten zwangen sie auch nicht dazu, denn ihnen war klar, daß sie bei so wenig Essen nicht arbeiten konnten. Nach ein paar Tagen verkündeten die Funktionäre eine Arbeitsunterbrechung. Sie forderten die Rechtsabweichler auf, wildes Gemüse und Gräser zu sammeln, um damit ihren Hunger zu bekämpfen. Auch überlegten sie, wie sie die Insassen überhaupt am Leben halten konnten.

Für die Kranken war die Situation sogar noch schlimmer

als für die anderen Insassen. Sie konnten nicht selbst nach wildem Gemüse graben oder Blätter pflücken. Sie wußten, daß der Tod auf sie lauerte. Es waren schon so viele gestorben, die früher kerngesund waren, konnten sie da noch hoffen davonzukommen? So lagen sie einfach ganz still und versuchten, ihren Energieverbrauch zu reduzieren, um ihre Lebenszeit zu verlängern.

Auch an einem Nachmittag Ende Oktober lagen Wang Yongxing und seine Kameraden so in der Höhle. Es war sehr kalt, selbst in der Sonne konnte man schon nicht mehr sitzen. Sie verkrochen sich einfach in die Höhle und gingen nicht ins Freie. Plötzlich wehte eine Böe zu ihren herein. Zhao Laigou, der frühere stellvertretende Leiter von Xintiantun, hob den Vorhang und trat in die Höhle. Mit lauter Stimme sagte er: »Der Parteisekretär von Jiabiangou, Liang Buyun, ist gekommen, um nach euch zu sehen.«

Er hatte den Satz kaum ausgesprochen, da trat dieser auch schon ein. Zhao Laigou wollte, daß die Kranken sich aufrichteten oder aufstanden, um den hohen Gast zu begrüßen. Aber niemand bewegte sich. Also schrie er: »Habt ihr nicht gehört? Ein Führungskader ist gekommen! Steht auf oder setzt euch wenigstens ordentlich hin!«

Manche setzten sich auf, aber die meisten blieben einfach unbeweglich liegen. Zhao Laigou riß die Augen weit auf und wollte gerade seiner Wut Luft machen, was Sekretär Liang aber mit einem strengen Blick verhinderte.

Er fragte: »Warum schlaft ihr alle? Warum sammelt ihr kein Wildgemüse?«

Shi Yuhu antwortete von seinem Lager aus: »Wir können uns nicht bewegen.«

»Es sind Kranke. Sie waren schon in Xintiantun krank«, fügte Zhao Laigou hinzu.

»Wie bitte? Kranke? Sie waren vor der Verlegung schon krank? Warum sind sie dann nicht im Krankenhaus?« fragte Sekretär Liang.

»Sie sind schon lange krank, und im Krankenhaus gibt es keinen Platz.«

»So? So viele Patienten aus Xintiantun, für die es keinen Platz im Krankenhaus gibt?« Sekretär Liang beugte sich zu Wang Yongxing. »Welche Krankheit hast du denn?«

»Leberzirrhose und Bauchwassersucht.«

»Wie lange schon?«

»Ein Jahr, ein Jahr und ein paar Tage.«

»Warst du im Krankenhaus?«

»Drei Monate, dann wurde ich entlassen. Im Herbst bin ich dann wieder krank geworden.«

»Dann mußt du eben noch einmal hingehen. Du kannst doch nicht ohne Behandlung gesund werden!«

»Ich war noch einmal da, aber sie hatten keinen Platz. Alle Krankenzimmer waren belegt.«

Sekretär Liang schwieg. Er ging ein paar Schritte den Zugangsweg entlang und kam dann in die Höhle zurück. Er sagte zu Zhao Laigou: »Eine Lösung muß her. Es ist kalt und sehr windig. Können sie den Winter überleben, wenn sie hier so herumliegen?«

»Sie müssen etwas unternehmen, Sekretär Liang. Ich habe nicht genug Autorität dafür.«

Beide gingen aus der Höhle, und die Rechtsabweichler wurden plötzlich lebhaft.

Shi Yuhu sagte: »Was könnte es denn sein, das Sekretär Liang für uns tun kann?«

Wang Yongxing antwortete: »Kann er uns vielleicht in das Krankenhaus nach Jiabiangou bringen lassen?«

Jemand bejahte. »Was Sekretär Liang sagt, wird gemacht.

Wenn er sagt, wir sollen ins Krankenhaus, dann machen die das auch so.«

Ein anderer verneinte: »Nicht unbedingt. Ich habe gehört, das Krankenhaus in Jiabiangou sei überfüllt.«

So ging es hin und her, bis die Sprache plötzlich auf Sekretär Liang persönlich kam. Jemand erzählte, daß dieser früher einmal leitender Staatsanwalt in der Region Dingxi gewesen sei. Weil er sich rechtsabweichlerisch verhalten hatte, war er im Jahr zuvor seines Amtes enthoben und als stellvertretender Sekretär nach Jiabiangou versetzt worden.

Am nächsten Tag fuhr ein Lastwagen in Richtung Jiabiangou mit dem Parteisekretär höchstpersönlich am Steuer. Auf der Ladefläche drängten sich über zwanzig Kranke samt ihrem Gepäck.

Die Verwaltungsgebäude des Landwirtschaftsbetriebes Jiabiangou waren 1954 von Rechtsabweichlern errichtet worden. Die Büros lagen in vier weißen Baracken. Nördlich davon befanden sich die Unterkünfte der Kader und ihrer Familien, das Krankenhaus sowie der Speicher, alle Bauten in Nord-Süd-Ausrichtung angeordnet wie ein großer Hof. Außerdem lagen dort auch noch die Werkstätten der Schuster, Schreiner und Friseure. An das Gelände grenzten eine Mühle und ein Lagerhaus. Von dort aus führte eine öffentliche Straße nach Xintiantun. Im Norden befanden sich Gemüsefelder. Der Hof der Baubrigade war auf der anderen Straßenseite errichtet, schräg gegenüber den Büros.

Früher war es in der Lagerzentrale von Jiabiangou sehr lebhaft zugegangen. Etwa 1500 Rechtsabweichler lebten dort, wenn man all die nicht mitrechnete, die in Xintiantun ansässig waren oder außerhalb einer Nebenbeschäftigung nachgingen. Aber jetzt waren nur zwei- bis dreihundert Kranke und ein Teil der Landwirtschaftsbrigade zur Bewässerung der Felder zurückgeblieben. Außerdem gab es noch ein paar Gelegenheitsarbeiter. Das Lager wirkte wie verlassen.

Entsprechend dem ursprünglichen Plan, gab es in Jiabiangou nur eine Krankenstation mit drei Räumen: ein Büro für den Arzt, ein Behandlungszimmer und eine Apotheke. Ursprünglich hatte man keine Krankenzimmer eingeplant. Inzwischen gab es davon aber schon mehr als zehn. Glücklicherweise waren fast alle Insassen nach Mingshui verlegt worden, so daß die Unterkünfte der Landwirtschaftsbrigade zu diesem Zweck umfunktioniert werden konnten. Als die Kranken in Jiabiangou eintrafen, wurden sie auf acht Zimmer aufgeteilt. Wang Yongxing und Shi Yuhu steckte man in ein großes Zimmer mit mehr als dreißig anderen Rechtsabweichlern.

Als Wang Yongxing das Zimmer betrat, waren seine Sorgen jedoch wie verflogen. Der Raum war sehr groß. An einer Seite befand sich die Tür, an den drei anderen Wänden hatte man Ofenbetten aufgestellt, die wie ein »U« miteinander verbunden waren. Darauf lagen mehr als dreißig Kranke, so dicht gedrängt, daß kein Blatt Papier zwischen sie paßte. Dieses Ofenbett war beheizt mit Weizenspreu vom Feld, das die Rechtsabweichler zuvor gesammelt hatten. Außerdem gab es noch einen Ofen aus Lehmziegeln, wo sie mit Kohle heizten. Keuchend breitete Wang Yongxing sein Bettzeug auf dem schmalen Streifen aus, den die Rechtsabweichler für ihn frei gemacht hatten. Er schwitzte, aber bald entspannte er sich. Auf einmal ließ ihn ein Glücksgefühl fast ohnmächtig werden: Er würde zumindest nicht erfrieren! Er hatte noch in seiner Erdhöhle in Mingshui den ganzen Tag zusammengerollt im Bett gelegen und nie die Hände oder Füße unter der Bettdecke vorgestreckt. Seit mehr als zwei Jahren hatte er nicht mehr auf einem warmen Ofenbett geschlafen, ganz zu schweigen davon, daß es eine Heizung im Raum gegeben hätte. Wenn er von der Feldarbeit zurückgekommen war und gegessen hatte, war er immer schnell ins Bett gekrochen. In der Höhle betrug die Temperatur mehr als zehn Grad unter Null. Beim Essen bildete sich auf dem Brei sogar zuweilen eine dünne Eisschicht.

Hier in der Krankenstation war es dagegen recht angenehm. Sobald man sich bewegte, fing man sogar an zu schwitzen.

Wang Yongxing mußte also nicht mehr frieren, aber die Versorgung mit Nahrungsmitteln blieb weiterhin ein Problem: Sie bekamen immer noch nur fünfzehn Pfund Getreide. Obwohl es etwas mehr Gemüse gab und das Essen besser zubereitet war als in Mingshui, wurde Wang nicht richtig satt. Den ganzen Tag dachte er voller Ungeduld ans Essen. Nach mehr als zehn Tagen war seine Bauchwassersucht zurückgegangen. Aber er war ausgemergelt, und seine Beine konnten ihn kaum mehr tragen.

Eines Tages war er auf dem Feld, um Weizenspreu für den Ofen zu holen. Als er zurückkam und sich niederlegte, klopfte sein Herz heftig, und ihm war, als würde er ohnmächtig werden.

Just in diesem Moment rief der Pfleger: »Wang Yongxing, deine Eltern sind hier.«

Verwirrt und schlotternd richtete er sich auf. Er war noch nicht vom Bett gestiegen, da ging die Tür schon auf, und seine weißhaarigen Eltern standen im Eingang. An der Hand einen kleinen Jungen, der sein Sohn Zhaoyuan sein mußte. Er war gerade drei Jahre alt, als Wang Yongxing interniert worden war. Wangs Mutter hatte kaum Platz genommen, da fing sie auch schon an zu schluchzen: »Mein Kind, was ist nur aus dir geworden?«

Der kleine Zhaoyuan war ganz verschreckt und blieb

schüchtern in der Tür zurück. Wangs Vater zog seinen Enkel herüber. »Schau mal, das ist dein Papa. Sag mal Papa.«

Das Kind tat, wie geheißen, aber begann gleich darauf zu weinen.

Wang Yongxing strich seinem Sohn über den Kopf. »Habe ich dich erschreckt?« Es machte ihn traurig, sein Kind nicht in die Arme nehmen zu können, aber er wollte es nicht noch mehr verängstigen.

Er wandte sich zu seinem Vater. »Wie habt ihr es denn geschafft, hierherzukommen?«

Der Vater saß auf einem Platz auf dem Ofenbett, den jemand frei gemacht hatte, und wischte sich die Tränen aus den Augen.

»Wir sind einen Tag und eine Nacht mit dem Zug gefahren.«

»Ich meine, nachdem ihr aus dem Zug gestiegen seid. Das sind doch zig Kilometer!«

»Zu Fuß, wir sind einen vollen Tag gelaufen.«

»Von Jiuquan gibt es doch einen Betriebsbus zur Kommune Linshui. Von da sind es nur ein paar Kilometer.«

»Das wußten wir nicht.«

»Seid ihr nicht furchtbar müde?«

»Schon, Zhaoyuan wollte allein gehen, wir durften ihn nicht tragen. Kalt ist es, so kalt, daß man fast erfriert.«

»Kommt, setzt euch zu mir auf das Ofenbett.«

Seine Eltern blieben über Nacht in Jiabiangou und machten sich am nächsten Tag auf den Rückweg. Wang hatte eigentlich gedacht, daß sich seine Eltern nach dem langen Fußmarsch noch etwas länger ausruhen sollten, aber sie brachen schon am nächsten Morgen wieder auf. Sein Vater sagte: »Eigentlich wollten wir noch bleiben, aber wir hätten nicht gedacht, daß es hier mit der Versorgung so schlecht steht. Wir können nicht bleiben. Du hast dann nichts mehr zu essen, wenn wir weg sind.«

Die Eltern hatten ihm vier Kilo geröstetes Mehl mitgebracht, drei Kilo getrocknete Zuckerrüben und gedörrtes Hundefleisch. »Du hast uns gar nichts geschrieben. Wir wußten überhaupt nicht, wie es dir geht«, erklärte sein Vater. »Wir haben erst auf Umwegen erfahren, daß du hier nicht genug zu essen bekommst. Da haben wir den Hund geschlachtet.«

Wang Yongxing wußte, daß sein Vater nicht die Wahrheit sagte. Er kannte die Situation zu Hause ganz genau. Wer würde einen Hund schlachten, wenn es genug Getreide gab? Aber Wang Yongxing sagte nichts, er war leider auf die Unterstützung der Familie angewiesen und sehr besorgt darüber, daß seine Eltern in Jiabiangou nicht genug zu essen bekämen. Während ihres Besuches wurde nur zweimal eine Portion ausgegeben. Seine Eltern und sein Sohn teilten sich diese und überließen ihm dafür die Lebensmittel, die eigentlich für den Rückweg bestimmt waren.

Wang Yongxing begleitete seine Eltern nicht aus dem Lager, denn er hatte schon keine Kraft mehr dazu. Er stand auf der Straße vor der Krankenstation und erklärte ihnen den Weg. Als sie hinter einer Sanddüne verschwunden waren, ging er in sein Krankenzimmer zurück.

Die Lebensmittel, die ihm seine Eltern mitgebracht hatten, sollten ihm das Leben retten. Er schloß sie in eine kleine Holzkiste ein, in der er eigentlich seine Bücher aufbewahrt hatte. Jeden Tag aß er ein paar Löffel davon. Die anderen versuchten ihn zu belehren, wie er sich das Essen einzuteilen habe. Viele waren so hungrig, daß sie sich an den Lebensmitteln, die sie von Verwandten oder Freunden bekamen, richtig satt aßen. Schnell war alles aufgebraucht, und sie starben. Diese Geschichten vergaß Wang Yongxing nicht. Egal, wie hungrig er war, egal, wie verlockend das Essen war, er teilte es sich gut ein.

Und er hatte eine Möglichkeit gefunden, zusätzlich an Nahrung zu kommen: Wenn er Wasser oder seine Essensration holen ging, stahl er aus der Küche ein paar hartgefrorene Karotten oder Lotusblätter und versteckte sie unter seinem Mantel. Er schnitt sie klein, legte sie in sein Eßgeschirr und kochte sie auf dem Ofen im Zimmer. Dann nahm er aus seiner Kiste zwei Löffel Mehl, eine Handvoll getrocknete Zuckerrüben und zwei Streifen gedörrtes Hundefleisch und gab alles dazu. Wenn das Ganze weichgekocht war, aß er es auf.

Aber Ende November gab es leider kein Gemüse mehr. Da entdeckte Wang Yongxing auf dem Dach einen großen Stapel getrockneter Lotusblätter. Aus Draht bog er eine Schlinge und band an ein Ende eine Schnur. In der Nacht warf er sie auf das Dach und angelte sich einige davon. Seine Diebstähle glückten immer, und fast jeden Tag kam er so an ein paar Blätter.

Sich selbst eine Extraportion Essen zu kochen war aber auch ein Wagnis. Eines Tages inspizierte Krankenhausleiter Chen die Zimmer. Als er das Eßgeschirr auf dem Ofen sah, wurde er wütend. »Manche sterben, weil sie verfaultes Gemüse essen. Das Eßgeschirr wird konfisziert!«

Wang Yongxing war erschrocken, hastig bat er: »Direktor Chen, das geht nicht. Wenn Sie mir mein Eßgeschirr wegnehmen, wie soll ich mir dann Essen holen?«

Da schüttete Direktor Chen nur den Inhalt weg und ließ Wang Yongxing die leeren Gefäße. »Wenn ich dich aber noch einmal erwische, werde ich kein Mitleid mehr mit dir haben.«

Aufgrund dieser Drohung wagt es Wang nicht noch einmal,

das Eßgeschirr zum Kochen zu benutzen. Er tauschte bei einem anderen Kranken, dem ehemaligen Leiter der Kreisbehörde für öffentliche Sicherheit, zwei Löffel Mehl und ein paar Zuckerrübenstreifen gegen einen Eisentopf mit Deckel ein. Er dachte, wenn er den Deckel fest auf den Topf setzen würde, könne niemand entdecken, daß er darin etwas kochte. Aber überraschend kam Direktor Chen wieder ins Krankenzimmer zu einem Patienten. Er roch sofort das Hundefleisch, ging direkt zum Ofen und nahm den Topfdeckel ab.

Er schäumte vor Wut. »Kochst du schon wieder verfaultes Gemüse?«

Wang Yongxing stritt schnell ab. »Ich weiß nicht, von wem das ist.«

Direktor Chen hakte noch einmal nach, dann schüttete er den Topfinhalt auf den Boden und trat alles mit seinen Wildlederschuhen breit.

Wang Yongxing mußte sich also wieder etwas Neues überlegen. Er tauschte zwei Löffel Mehl gegen eine metallene Milchpulverdose ein und band Draht als Henkel darum. Diesmal kochte er nicht auf dem Ofen, sondern schob die Dose in das Feuerloch des Ofenbettes. Er konnte es nicht ertragen, daß jedes Mal soviel Essen verlorenging, wenn der Direktor ihn ertappte. Die neue Methode war einfach und sicher. So blieb sie auch von Direktor Chen unentdeckt. Allerdings waren das Mehl und die getrockneten Zuckerrüben, die seine Eltern mitgebracht hatten, bereits aufgebraucht. Nur noch ein wenig Hundefleisch war übrig, aber das reichte auch nicht mehr weit. Hinzu kam noch, daß die Lotusblätter auf dem Dach verschwunden waren.

Eines Tages, als Wang Yongxing zur Mittagszeit draußen umherwanderte auf der Suche nach etwas Eßbarem, entdeckte er zufällig, daß an der Wand des Schweinestalls ein Stapel

Lotuswurzeln lag. Außen waren sie schon vertrocknet und runzlig, aber innen immer noch weich und zart. Er packte sie kurzentschlossen ein und ging in die Krankenstation zurück. Geduldig schälte er sie mit einem Messer und schnitt auch ein paar fasrige Stellen heraus. Er legte die Lotuswurzeln mit ein paar Streifen Hundefleisch in die Milchpulverdose. Dann stellte er sie in die Feuerstelle des Ofenbetts zum Schmoren. Als alles gar war, streute er etwas Salz darüber und aß es. Er war sehr froh über die Feuerstelle seines Ofenbettes. Zu Hause waren diese Öfen meist außen in der Mauer. Woher stammte wohl derjenige, der die Ofenbetten in Jiabiangou so ganz anders eingebaut hatte? Die Feuerstelle war im Raum, und so mußte man nicht hinausgehen, um sein Essen zuzubereiten.

Eines anderen Tages holte er in einem Korb Weizenspreu für den Ofen vom Feld, als er die abgezogene Haut von einem Eselskopf entdeckte. Die beiden haarigen Ohren waren schon steifgefroren. Wang Yongxing vermutete, daß Köche oder Gelegenheitsarbeiter das Tier heimlich geschlachtet hatten, denn ein hungriger Rechtsabweichler hätte niemals die Haut einfach so wegwerfen können. Er erinnerte sich an eine Geschichte, die ihm sein Onkel einmal erzählt hatte, als er noch klein war: Im Jahr 1929 hatten die Menschen in Peijiaying im Kreis Gulang die Lederriemen ihrer Landmaschinen oder die Ledersohlen ihrer Schuhe gekocht und gegessen. Wie einen kostbaren Schatz legte Wang Yongxing die Haut in seinen Korb und deckte sie mit Weizenspreu zu. Zurück im Krankenzimmer, kochte er sie ab. Er aß immer nur ein kleines bißchen, so daß nach drei oder vier Tagen noch etwas weniger als die Hälfte übrig war. Er goß noch einmal Wasser hinzu und stellte alles zum Schmoren auf den Ofen. Dann ging er zur Toilette. Aber als er zurückkam, war die Dose verschwunden. Wang Yan, ein Lehrer aus dem Kreis Shuzhong, hielt sie in den Händen und stopfte sich das Essen in den Mund.

Wang Yongxing schrie: »Was soll das? Was machst du da?«

Wang Yans Gesicht wurde ganz fahl, und er lächelte gequält: »Du hast doch schon ein paarmal davon gegessen, da ist es doch nicht schlimm, wenn ich mir auch einmal etwas nehme. Ich will schließlich auch am Leben bleiben.«

Wang Yongxing entgegnete nichts darauf, sondern legte sich schweigend auf sein Lager.

Mitte Dezember verschlimmerte sich die Lage der Kranken ein weiteres Mal. Jeden Tag starben ein oder zwei pro Zimmer. Auch diejenigen, die anfangs noch ganz kräftig waren, bauten immer mehr ab und mußten schließlich das Bett hüten. Die Toten wurden in ihre Bettdecken eingewickelt, vor den Eingang getragen und von eigens dafür abgestellten Leuten mit einem Karren abtransportiert. Sie wurden verfrachtet wie Getreidegarben, eine über der anderen. Sieben Leute zogen jeweils einen Karren. Anfangs brachte man die Toten hinter die Dünen, aber jetzt starben dafür zu viele, und die Kräfte derer, die für die Beerdigungen zuständig waren, ließen ebenfalls nach. Also vergrub man die Toten in einem Sandhügel direkt hinter dem Haus.

Angesichts der hohen Sterberate mußten die Führungskader sich etwas einfallen lassen. Jedem Krankenzimmer wurden zwei kräftige Pfleger zugeteilt, die die Patienten mit Essen und Trinken versorgten und ihnen bei den Toilettengängen behilflich waren. Die Pfleger waren »Knüppel«, ehemalige Lagerinsassen, die nach Verbüßung ihrer Strafe nicht entlassen, sondern als Aufseher eingesetzt worden waren oder auch als Gelegenheitsarbeiter. Die Kranken sollten sich nicht bewegen, damit sie auch das kleinste bißchen Kraft sparen konnten. Auch die Versorgung mit Nahrung verbesserte sich etwas. Zwar gab es nicht mehr Getreide, aber jeden Tag wurden einige Schafe geschlachtet, so daß es für alle zusätzlich zwei Portionen Schaffleischsuppe gab. Aber wieviel Nährgehalt hatte eine klare Brühe mit ein paar Karottenstückchen überhaupt, in der man keine einzige Fleischfaser entdecken konnte? Die Sterberate konnte dadurch jedenfalls nicht spürbar gesenkt werden, ja sie stieg sogar noch an. Viele Kranke waren körperlich so ausgezehrt, daß es für sie einfach keine Rettung mehr gab.

Auch Shi Yuhu war gestorben. Seine Familie hatte ihm zwar ein paar Pfund Mehl geschickt, aber da war es schon zu spät. Nachdem er alles aufgegessen hatte, ging es zu Ende mit ihm. Als der Arzt ihm eine Spritze geben wollte, schob er dessen Hand zurück, und er wollte auch keine Medikamente mehr nehmen. Als ein Pfleger ihm etwas brachte, was wie Vitamintabletten aussah, wies er es zurück. »Nimm es wieder mit. Gib es dem Arzt zurück, und sag ihm, ich brauche so etwas nicht mehr.«

Einmal kam sogar Direktor Chen höchstpersönlich und wollte ihn überzeugen, sich weiter behandeln zu lassen. Shi Yuhu hatte ganz teilnahmslos und unverblümt darauf geantwortet: »Spritzen und Medikamente sind sinnlos. Heben Sie sie auf, und geben Sie sie jemandem, dem sie noch helfen. Eine Schale Suppe würde mir mehr bringen.« Direktor Chen starrte ihn einen Moment ungläubig an, ohne ein Wort zu sagen.

Zwei Tage danach starb Shi Yuhu ganz leise in der Nacht.

Aus Respekt für seinen Freund kümmerte sich Wang Yongxing am Morgen danach selbst um den Leichnam und wickelte ihn in das Bettzeug ein. Als er die Bettdecke hochnahm, fand er einen großen Haufen Tabletten darunter.

In kürzester Zeit starben die Kranken in großer Zahl, meist gingen sie im Schlaf, ohne zu wimmern, ohne schmerzhaften Todeskampf. Sie schliefen einfach ganz ruhig ein, so, wie eine Flamme langsam erlischt, wenn das Lampenöl aufgebraucht ist. Ganz ruhig geht sie aus.

Die Führungskader waren der Meinung, daß es an der Nacht liegen müsse: Der Schlaf war schuld. Also legten sie fest, daß die Pfleger in der Nacht dafür zu sorgen hatten, daß stets das Feuer loderte. Sie sollten zudem auf die Kerosinlampen achten und jederzeit für die Kranken dasein. Von Zeit zu Zeit sollten sie die Patienten dazu bringen, sich zu unterhalten. Sie sollten sich aufsetzen, damit sie nicht einschliefen und dann starben. Aber den Tod konnte man so natürlich nicht wirklich aufhalten.

Neben Wang Yongxing lag Cai Zihe, der über fünfzig Jahre alt war. Da er kaum mehr Kraft hatte, zu sprechen, hatte Wang Yongxing ihn nicht nach seinen Lebensumständen gefragt, und Cai hatte auch nichts von sich aus erzählt. Schon zweimal hatte Wang Yongxing Cai Zihe morgens leblos aufgefunden und den Arzt rufen lassen. Der Arzt beatmete ihn, gab ihm eine Glukoseinjektion und holte ihn so ins Leben zurück. Tatsächlich verlängerte das sein Leben noch zwei Tage. In der dritten Nacht jedoch setzte er sich in seine Decke gewickelt auf, sein Kopf fiel ihm auf die Knie, und er war tot. Dr. Han versuchte zwar noch einmal, ihn zu beatmen, aber es nützte nichts mehr.

Seit Wang Yongxing in die Krankenstation gekommen war, waren schon drei Kranke neben ihm gestorben. Er kannte nur den Namen von Cai Zihe, die beiden anderen waren erst neu dazu gekommen. Sie hatten einfach nur auf dem Ofenbett gelegen. Die Pfleger brachten das Essen, die Kranken aßen und legten sich wieder hin. Niemand sprach ein Wort.

Wenn jemand starb, wurde der Leichnam hinausgetragen, und dann kam sofort ein neuer Patient ins Krankenzimmer. Wenn der wiederum tot war, dann kam der nächste und immer so fort.

Wang Yongxing jedoch hatte wirklich Glück. Drei Tage nachdem die Eselshaut aufgegessen war, kam ihn seine Frau Ju Qinying besuchen. Sie hatte den langen Weg auf sich genommen und brachte zwei Kilogramm Mehl und eine Tüte getrocknete Zuckerrüben mit. Sie war durch den Hunger ganz abgemagert, außerdem war sie stark erkältet. Das hohe Fieber hatte ihr ausgezehrtes Gesicht gerötet, ihre trockenen Lippen klebten am Zahnfleisch. Sie wollte, so, wie es ihr der Vater gesagt hatte, von Jiuquan aus mit dem Betriebsbus fahren, aber dafür hätte sie einen Tag warten müssen. Sie hatte Angst, daß Wang Yongxing verhungern könnte, wenn sie auch nur einen Tag zu spät käme. Also lief sie die ganze Nacht hindurch nach Jiabiangou. Wang war sehr gerührt, zugleich tat sie ihm aber auch sehr leid. In derselben Nacht noch brachte er sie zur Untersuchung zu Dr. Han, der ihr ein paar Tabletten gab. Am nächsten Morgen war ihr Fieber jedoch immer noch nicht zurückgegangen. Wang Yongxing ließ sie nicht abreisen, denn er hatte Angst, sie könne unterwegs sterben. Sie solle doch besser noch ein paar Tage bleiben und sich erst auf den Rückweg machen, wenn das Fieber gesunken war. Aber seine Frau sagte dasselbe, was schon seine Eltern gesagt hatten. »Ich bin gekommen, um dir etwas zu essen zu bringen. Wenn ich zwei Tage bleibe, dann ist alles aufgegessen, und dann mußt du doch Hunger leiden.« Ein paar Tage nach dem Besuch seiner Frau kam auch noch ihr Bruder und brachte Getreide und Eier. Selbst seine Tante schickte zwei Pfund Mehl per Post.

Obwohl ihn die Verwandten so sehr unterstützten, war das

doch nur ein Tropfen auf den heißen Stein. Die Lebensmittel waren nur eine kleine Ergänzung und sorgten dafür, daß er nicht verhungerte. Seine physischen Beeinträchtigungen aber waren irreversibel: Sein Körper fiel jeden Tag immer mehr ein, sein Kopf schwoll immer stärker an, die Ödeme aus den Waden waren schon bis in die Oberschenkel aufgestiegen. So konnte Wang Yongxing nicht mehr entlang der Mauer des Schweinestalls Gemüsewurzeln aufsammeln. Jeder Körperteil schmerzte, und keiner tat das, was das Gehirn wollte. Alles war so weich, daß er sich nicht mehr richtig bewegen konnte. Aufstehen und Zubettgehen waren äußerst schwierig. Es bedurfte seiner ganzen Kraft, wenn er sich ein wenig bewegte, das Unterbett oder die Bettdecke aufschlug, das Kissen heranzog oder sein Eßgeschirr hielt. Jede Bewegung schien so langsam zu sein wie in Zeitlupe. Er selbst hatte das Gefühl, daß ihn jede Bewegung soviel Kraft kostete, wie einen vollbeladenen Karren einen Anstieg hinaufzuziehen. Er keuchte, das Herz klopfte, ihm wurde schwindlig und schwarz vor Augen, in den Ohren summte es. Aufstehen, Zubettgehen, Anziehen, Ausziehen, Bettmachen, für alles brauchte er mehr als eine Stunde.

Ihm war klar, daß der Tod ganz nah war. So wie im Jahr zuvor, als sie in der Kommune Yinda den Bewässerungskanal reparierten und er plötzlich nicht mehr aufstehen konnte. Er wußte, er hatte nicht mehr viel Zeit. Der einzige kleine Unterschied zu jenem Vorfall war, daß er damals noch viel kräftiger gewesen war. Jetzt war jegliche Substanz aufgebraucht wie bei einer Öllampe. Wenn nicht heute, dann würde morgen das Licht verlöschen.

In Wang Yongxings Koffer war kaum noch etwas übrig von den Lebensmitteln, die ihm die Verwandten mitgebracht oder geschickt hatten, nur noch fünf oder sechs Pfund. Er ging immer noch sehr sparsam damit um, denn er wollte noch ein paar Tage durchhalten. Vielleicht passierte ja ein Wunder, und die Oberen entließen sie alle nach Hause.

Er hatte auch keine Kraft mehr, auf dem Ofen seine zusätzlichen Mahlzeiten zuzubereiten. Statt dessen funktionierte er eine Metallschachtel, in der ein Rechtsabweichler Penizillin aufbewahrt hatte, zu einem kleinen Ofen um. Er setzte sich auf das Ofenbett, gut zugedeckt, und stellte das Gerät vor sich auf. Dann plazierte er einen emaillierten Trinkbecher darauf und füllte ihn zur Hälfte mit Wasser. Dazu gab er einen Löffel gedörrtes Hundefleisch, zwei Löffel Mehl und drei Löffel getrocknete Zuckerrüben. Er hatte viele Bücher – solche, die andere weggeworfen hatten, und seine eigenen –, alle hatte er in der Schule gern gelesen. Nun aber riß er sie Seite für Seite auseinander, zündete sie an und stopfte sie in den kleinen Ofen. Darauf kochte er dann seine Suppe. Hartnäckig kämpfte er auf dem Ofenbett diesen letzten Kampf ums Überleben. Er wollte nicht sterben.

Das menschliche Leben ist zerbrechlich, aber manchmal ist es auch zäh. Wang Yongxing hielt durch bis zum Abend des 31. Januar 1961. Aus den Lautsprechern, die einsam und verlassen an den Dachsimsen hingen, kam plötzlich ein Knakken und Piepsen, jemand machte eine Sprechprobe, und dann war folgendes zu hören: »Achtung! An alle Insassen des Umerziehungslagers! Packt vor Tagesanbruch eure Sachen. Ihr werdet zu euren früheren Arbeitsstellen zurückgebracht.«

Vielleicht hatten die Rechtsabweichler nicht auf die Durchsage geachtet, oder sie glaubten den Worten nicht, die da so plötzlich zu hören waren. So gaben sie keinen Laut von sich, als die Durchsage beendet war. Es blieb totenstill. Erst nach gut einer Minute war aus einem Krankenzimmer ein schriller Schrei zu hören. »Wir fahren nach Hause!« Danach waren aus allen Zimmern verhaltene, dann wie Wellen immer mehr anschwellende Rufe zu hören. »Nach Hause! Wir fahren nach Hause!«

In der Nacht mußte kein Pfleger gerufen werden, denn alle Krankenzimmer waren hell erleuchtet. Alle Rechtsabweichler saßen ganz gerade auf ihren Betten, schwatzten und lachten und erzählten sich die ganze Nacht hindurch von ihren Familien.

Ein ehemaliger Militärkader lag mit Wang Yongxing in einem Krankenzimmer. Er war Lehrer an einer Militärschule gewesen, ein alter Revolutionär, der 1938 in die Armee eingetreten war. Er konnte seine Begeisterung und Aufregung nicht unterdrücken. Die ganze Nacht taumelte er umher, erzählte, lachte und sang. Am Morgen, als der Wagen kam, fiel er kurz vor dem Einsteigen kopfüber zu Boden. Ärzte aus dem Kreiskrankenhaus Jiuquan, die mit dem Wagen geschickt worden waren, kümmerten sich sofort um ihn. Herzstärkende Injektion, künstliche Beatmung, aber er wachte nicht mehr auf.

Auch Wang Yongxing war sehr aufgeregt. Nach dem Frühstück packte er seinen Koffer. Er konnte sogar wieder gehen! Auf dem Weg zum Wagen mußte er nicht einmal gestützt werden! Nur zum Einsteigen waren seine Arme und Beine zu schwach, so daß Dr. Han ihm in den Wagen half. Er sagte zu Wang, daß Krankenhausleiter Chen angeordnet hatte, daß er ihn persönlich bis in seinen Heimatkreis begleiten solle. Es war noch jemand aus dem Kreis Yongdeng dabei, Liu Jieming, ein Mittelschullehrer. Dr. Han hatte dafür zu sorgen, daß beide in der Heimat auch wirklich ankamen. Um die Gesundheit der beiden stand es nämlich am schlimmsten, so daß ein Arzt sie begleiten mußte.

Der Wagen sollte sie zum Bahnhof Jiuquan bringen. Da es

aber nur einen gab, konnten immer nur einige Dutzend Lagerinsassen zum Bahnhof gebracht werden. Die anderen mußten auf die nächste Fuhre warten. Diejenigen, die auf den Wagen stiegen, und die, die warten mußten, winkten einander zu. »Bis gleich. Wir sehen uns im Zug.«

Da wurde Wang Yongxing plötzlich ganz warm ums Herz, und Tränen stiegen ihm in die Augen. Auf dem Wagen saßen zwanzig oder dreißig Personen, im Hof der Krankenstation standen nicht einmal mehr einhundert. Als Wang Yongxing auf die Krankenstation gekommen war, gab es zwei- oder dreihundert Patienten, und es waren auch noch einmal genauso viele dazugekommen.

Der Wagen fuhr los. Als er an den Büros vorbeikam, sah Wang Yongxing plötzlich die Sandhaufen hinter den Häusern. Der ganze Abhang war voller dicht gedrängter Gräber, die schon bis zum Kanal reichten, nur zwanzig Meter von den Häusern entfernt. Eine Traurigkeit stieg plötzlich in Wang auf. Er dachte an Shi Yuhu und Cai Zihe. Schluchzend und mit erstickter Stimme sagte er: »Auf Wiedersehen für alle Zeit, Kameraden.«

Inhalt

»China«
im Insel und im Suhrkamp Verlag
sowie im Verlag der Weltreligionen
Eine Auswahl

Annping Chin. Konfuzius. Geschichte seines Lebens. Aus dem Englischen von Ursula Gräfe. 280 Seiten. Gebunden

Michael von Brück. Religion und Politik in Tibet. Broschur. 240 Seiten

Erzählungen aus China. Shen Congwen. Aus dem Chinesischen und mit einem Nachwort von Ursula Richter. 278 Seiten. Gebunden

Max Frisch. Bin oder Die Reise nach Peking. BS 8. 136 Seiten

Die Gärten Chinas. Marianne Beuchert. Mit Tuschzeichnungen von He Zhengqiang und farbigen Fotografien der Autorin. it 2195. 272 Seiten

Hermann Hesse. China. Weisheit des Ostens. Herausgegeben von Volker Michels. st 4106. 204 Seiten

Jinsilu. Aufzeichnungen des Nachdenkens über Naheliegendes. Texte der Neo-Konfuzianer des 11. Jahrhunderts. Aus dem Chinesischen übersetzt und herausgegeben von Wolfgang Ommerborn. Gebunden. 501 Seiten

Mo Yan. Die Sandelholzstrafe. Roman. Aus dem Chinesischen von Karin Betz. 647 Seiten. Gebunden

NF 724/1/8.09

Joseph Needham. Wissenschaft und Zivilisation in China. Aus dem Amerikanischen von Rainer Herbster. 375 Seiten. Gebunden

Peking. Ein Reisebegleiter. Susanne Messmer. Mit farbigen Fotografien und Stadtplänen. it 3358. 252 Seiten

Helwig Schmidt-Glintzer. Wohlstand, Glück und langes Leben. Chinas Götter und die Ordnung im Reich der Mitte. Mit Abbildungen. 449 Seiten. Gebunden

Yijing. Das Buch der Wandlungen. Aus dem Chinesischen übersetzt und herausgegeben von Dennis Schilling. 850 Seiten. Gebunden

Xianhui Yang. Die Rechtsabweichler von Jiabiangou. Berichte aus einem Umerziehungslager. Aus dem Chinesischen von Katrin Buchta. es 2591. 249 Seiten

Xiao Hong. Geschichten vom Hulanfluß. Aus dem Chinesischen von Ruth Keen. 283 Seiten. Gebunden

NF 724/2/8.09

filmedition suhrkamp

Alexander Kluge. Nachrichten aus der ideologischen Antike. Marx – Eisenstein – Das Kapital. Drei DVDs mit einem Essay von Alexander Kluge. 580 Min. fes 1

Bertolt Brecht/Slatan Dudow/Hanns Eisler/Ernst Ottwalt. Kuhle Wampe oder Wem gehört die Welt? 80 Min. mit Extras. fes 2

Samuel Beckett. He, Joe, Quadrat I und II, Nacht und Träume, Geister-Trio, Not I, ... nur noch Gewölk ..., Was, Wo. Filme für den SDR. Mit einem Essay von Gilles Deleuze. 180 Min. fes 3

Krista Fleischmann. Monologe auf Mallorca + Die Ursache bin ich selbst. Die großen Interviews mit Thomas Bernhard. Mit einem Essay von Raimund Fellinger. 94 Min. fes 4

Pierre Carles. Soziologie ist ein Kampfsport. Pierre Bourdieu im Porträt. Französische Originalfassung mit deutschen Untertiteln. Mit Interviews und einem Text von Pierre Bourdieu. 140 Min. fes 5

Michael Knof. Jugend ohne Gott. Nach dem Roman von Ödön von Horváth. Mit einem Essay von Reiner Niehoff. 107 Min. fes 6

Konrad Wolf. Der geteilte Himmel. Nach der Erzählung von Christa Wolf. Mit dem Film »Selbstversuch« von Peter Vogel. Zwei DVDs mit Essays von Ulla Berkéwicz, Christa Wolf und Ralf Schenk. 265 Min. fes 7

Romuald Karmakar. Hamburger Lektionen. Mit Texten von Peter Körte und Dirk Laabs. 133 Min. fes 8

NF 697/1/7.09

Chantal Akerman. Die Gefangene. Nach Motiven von Marcel Proust. Französische Originalfassung mit deutschen Untertiteln. Mit Texten von Birgit Kohler, Thilo Wydra und Ulrich Peltzer. 118 Minuten. fes 9

Jean-Luc Godard. Histoire(s) du cinéma. Zwei DVDs mit einem Essay von Klaus Theweleit. 264 Minuten. fes 10

Hans Magnus Enzensberger. Ich bin keiner von uns. Filme, Porträts, Interviews. Zwei DVDs mit Texten von Hans Magnus Enzensberger. Etwa 300 Minuten. fes 11

Christoph Rüter. Die Zeit ist aus den Fugen. Mit einem Interview und Texten von Heiner Müller. 100 Minuten. fes 12

Matthias von Gunten. Max Frisch. Citoyen. Mit einem Interview und Texten von Max Frisch. 94 Minuten. fes 13

Heinz Bütler, Manfred Eicher. Holozän – Nach Max Frischs Erzählung »Der Mensch erscheint im Holozän«. Mit einem Essay von Wolfgang Sandner. 90 Minuten. fes 14

Alexander Kluge. Früchte des Vertrauens. Finanzkrise, Adam Smith, Keynes, Marx und wir selbst: Auf wen kann man sich verlassen? Mehrere DVDs mit Materialien.
Etwa 600 Minuten. fes 15

NF 697/2/7.09